手把手教你学期权投资

胡军　蒋希华　陆丽娜◎编著

中国经济出版社
CHINA ECONOMIC PUBLISHING HOUSE
北京

图书在版编目（CIP）数据

手把手教你学期权投资/胡军，蒋希华，陆丽娜编著.
—北京：中国经济出版社，2018.2（2025.10重印）
ISBN 978-7-5136-4943-8
Ⅰ.①手… Ⅱ.①胡… ②蒋… ③陆… Ⅲ.①期权交易—基本知识
Ⅳ.①F830.91

中国版本图书馆 CIP 数据核字（2017）第 261578 号

责任编辑　叶亲忠
责任印制　马小宾
封面设计　久品轩

出版发行　中国经济出版社
印 刷 者　北京捷迅佳彩印刷有限公司
经 销 者　各地新华书店
开　　本　710mm×1000mm　1/16
印　　张　18.75
字　　数　290 千字
版　　次　2018 年 2 月第 1 版
印　　次　2025 年 10 月第 4 次
定　　价　48.00 元
广告经营许可证　京西工商广字第 8179 号

中国经济出版社 **网址** www.economyph.com **社址** 北京市西城区百万庄北街 3 号 **邮编** 100037
本版图书如存在印装质量问题，请与本社发行中心联系调换（联系电话：010-68330607）

编 委 会

前　言

PREFACE

“这是最好的时代，也是最坏的时代；这是智慧的时代，也是愚蠢的时代；这是信仰的时期，也是怀疑的时期；这是光明的季节，也是黑暗的季节……”，这段名言来自英国作家狄更斯的《双城记》。但是，如果用它来比喻当前的中国期权市场，也不可谓不合适。

目前，我们正处于国内期权市场大发展的前夕，50ETF、白糖、豆粕三个期权品种已经在国内交易所上市，更多的期权品种也在酝酿当中。可以说，我们是何其有幸，能够见证国内期权市场的起步和发展，而且能在未来期权市场大发展的浪头来袭之前，有足够的时间来学习和沉淀，成为国内期权时代的先行者。

同时，我们又有些许不幸。综观国内市场，无论是专业投资者还是普通投资者，对于期权的了解普遍缺乏，市面上对于期权介绍的书籍也非常匮乏。而且，与股票、期货等品种相比，期权投资更加复杂，不易理解。甚至，对于普通投资者而言，很难找到一条期权入门的道路。我也遇到过一些朋友，初期对期权投资兴趣非常浓厚，但因为没有遇到比较好的入门体系，觉得期权非常困难，最终选择了放弃。当然，这不妨碍你学习期权，读完本书，你会发现，期权带给投资者的魅力是无限的，可能给投资者带来的财富收益也不是其他投资工具能够媲美的。

针对以上现实情况，本书在团队多年实战经验的基础上，特别挑选了期权投资中最为关键、实践中最常用的几个方面，由简到难，对症下药，手把手为投资者解读期权。在本书编写过程中，力求兼具入门性、实战性和全面性。无论是实战中可能遇到的如何利用期权避开股灾，还是细到不同类型历史波动率的计算，本书均有涉及。而且，在语言风格上，本书力求文字轻松愉快，并配以大量的实例和图表，使得期权知识学起来不再枯燥。

本书的第一篇至第四篇，从我国已有期权品种的交易规则、期权经典定价模型、期权波动率、希腊值四个方面入手，手把手地为投资者剖析期权投资需要掌握的各种知识。在此基础上，本书的第五篇至第八篇，利用真实的交易数据，逐一阐述了实践中常用的期权策略，并对相似的期权策略进行了对比，以便于投资者理解。

可以说，本书既适合没有接触过期权的普通投资者，作为一本期权入门的参考教材，也适合希望进一步参与期权投资的专业投资者或机构，作为对已有期权知识体系的重新梳理和补充工具。

相信，在不久的将来，期权必将在我国金融市场发挥不可或缺的作用。也希望本书能够帮助更多的投资者了解期权、熟悉期权交易。

最后，衷心感谢浙期实业做市商团队的所有成员以及为这本书做出贡献的每一个人，没有你们，就不可能有这本书的诞生。

胡　军

2017 年 12 月 12 日

目 录

CONTENTS

第一篇 期权交易规则

第二篇　期权定价专题

第三篇　波动率专题

第四篇　希腊值专题

第五篇 基础策略

第六篇　进阶策略

第七篇 其他常用策略

第八篇　套利策略

第一篇　期权交易规则

第1章 知己知彼方能百战百胜之50ETF期权规则解读

生命中存在着精妙的法则，只有依法则顺势而行的人，才是必然的幸福者。

——Florence Scovel Shinn《一生的游戏规则》

导 语

2015年2月9日，我国首个股票期权产品——上证50ETF期权正式上市，相信这也是广大股民觉得最亲切的一个期权产品。俗话说，知己知彼，方能百战百胜。本书第一篇，先和大家一起来近距离了解一下50ETF期权、白糖期权和豆粕期权的“游戏玩法”吧。

1.1 什么是上证50ETF期权

上证50ETF期权合约是指由上海证券交易所制定的，规定合约买方有权在将来某一时间段内以特定价格买入或者卖出“上证50交易型开放式指数证券投资基金”的标准化合约。

温馨提示

上证50ETF由50只市场规模大（截至2017年6月30日，上证50ETF资产规模达到299.97亿元，份额规模达到117.32亿份；2017年6月30日当日成交额达4.59亿元，交易180万手50ETF）、流动性好的股票组成，所以对股指的代表性很好。

50ETF期权的买方，在付出一定数量的权利金后，就拥有了绝对的权利，合约到期时没人能强迫他执行合约；而合约的卖方，收取了买方的权利金，“拿人手短，吃人嘴短”，在一定期限内就必须无条件服从买方的选择，履行成交时的承诺。

简单一句话，收钱的要听付钱的！

从合约类型来看，和一般的期权一样，50ETF 期权也分为认购和认沽两种。

举个例子：小明买入了 8 月到期的行权价格为 2.4 元的 50ETF 认购期权，则在到期日，不论 50ETF 的价格比 2.4 元高多少，小明都可以只用 2.4 元的价格买入，50ETF 的市场价越高，小明赚的就越多。相反，如果行权到期日 50ETF 的价格低于 2.4 元，小明就可以放弃这个权利，最多亏损这个权利金。

1.2　上证 50ETF 期权合约解读

那么，50ETF 期权到底是一个什么样的东西呢？别急，不管它有多复杂，我们都可以找个“X 光机”来看透它，而期权合约就好比是我们得到的 X 光片了（见表 1－1）。

表 1－1　上证 50ETF 期权合约基本条款

合约标的	上证 50 交易型开放式指数证券投资基金（“50ETF”）
合约类型	认购期权和认沽期权
合约单位	10000 份
合约到期月份	当月、下月及随后两个季月
行权价格	5 个（1 个平值合约、2 个虚值合约、2 个实值合约）
行权价格间距	3 元或以下为 0.05 元，3 元至 5 元（含）为 0.1 元，5 元至 10 元（含）为 0.25 元，10 元至 20 元（含）为 0.5 元，20 元至 50 元（含）为 1 元，50 元至 100 元（含）为 2.5 元，100 元以上为 5 元
行权方式	到期日行权（欧式）
交割方式	实物交割（业务规则另有规定的除外）
到期日	到期月份的第四个星期三（遇法定节假日顺延）
行权日	同合约到期日，行权指令提交时间为 9：15—9：25，9：30—11：30，13：00—15：30
交收日	行权日次一交易日

续表

交易时间	9：15—9：25，9：30—11：30（9：15—9：25 为开盘集合竞价时间），13：00—15：00（14：57—15：00 为收盘集合竞价时间）
委托类型	普通限价委托、市价剩余转限价委托、市价剩余撤销委托、全额即时限价委托、全额即时市价委托以及业务规则规定的其他委托类型
买卖类型	买入开仓、买入平仓、卖出开仓、卖出平仓、备兑开仓、备兑平仓以及业务规则规定的其他买卖类型
最小报价单位	0.0001 元
申报单位	1 张或其整数倍
涨跌幅限制	认购期权最大涨幅 = Max{合约标的前收盘价 ×0.5%，Min[(2 × 合约标的前收盘价 − 行权价格)，合约标的前收盘价] ×10%} 认购期权最大跌幅 = 合约标的前收盘价 ×10% 认沽期权最大涨幅 = Max{行权价格 ×0.5%，Min[(2 × 行权价格 − 合约标的前收盘价)，合约标的前收盘价] ×10%} 认沽期权最大跌幅 = 合约标的前收盘价 ×10%
熔断机制	连续竞价期间，期权合约盘中交易价格较最近参考价格涨跌幅度达到或者超过 50% 且价格涨跌绝对值达到或者超过 5 个最小报价单位时，期权合约进入 3 分钟的集合竞价交易阶段
开仓保证金最低标准	认购期权义务仓开仓保证金 = [合约前结算价 + Max(12% × 合约标的前收盘价 − 认购期权虚值，7% × 合约标的前收盘价)] × 合约单位 认沽期权义务仓开仓保证金 = Min[合约前结算价 + Max(12% × 合约标的前收盘价 − 认沽期权虚值，7% × 行权价格)，行权价格] × 合约单位
维持保证金最低标准	认购期权义务仓维持保证金 = [合约结算价 + Max(12% × 合约标的收盘价 − 认购期权虚值，7% × 合约标的收盘价)] × 合约单位 认沽期权义务仓维持保证金 = Min[合约结算价 + Max(12% × 合约标的收盘价 − 认沽期权虚值，7% × 行权价格)，行权价格] × 合约单位

感觉看得头都晕了？没关系，下面我们来傻瓜式解读吧！

1.2.1 合约交易代码

合约的交易代码可以看作这个期权的名字。上证 50ETF 期权合约的交易代码共有 17 位，具体组成为：第 1 至第 6 位为合约标的证券代码，标的为 50ETF 的证券代码，即 510050；第 7 位为 C 或 P，分别表示认购期权（看涨期权）或者认沽期权（看跌期权）；第 8、第 9 位表示到期年份的后两位数字；第 10、第 11 位表示到期月份；第 12 位期初设为“M”，并根据合约调整次数按照“A”至“Z”依序变更，如变更为“A”表示期权合约发生首次调整，变更为“B”表示期权合约发生第二次调整，依此类推；第13至第17位表示行权价格，ETF合约为乘以1000后的整数（股票期权为合约为乘以100后的整数），不足五位前面补0。

举个例子：小明购买了将于2018年6月到期的未经过调整的行权价格为2.700元的50ETF看涨期权，那么该合约交易代码就是510050C1806M02700。

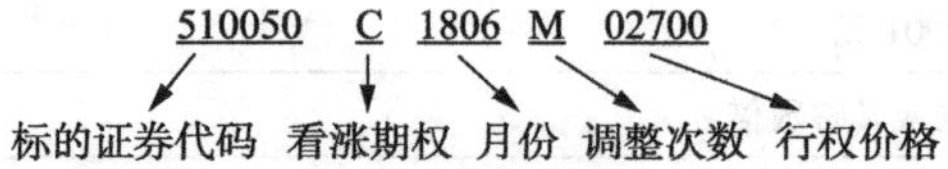

是不是觉得有点像在研究身份证号码呢！

要是觉得上面这个名字太长，还可以叫合约的小名（合约简称）。比如，“50ETF沽9月2750”就表示上证50ETF在2017年9月到期、行权价格为2.750元的认沽期权合约。

另外，每个合约还有对应的合约编码，合约编码为8位数字。上证50ETF期权合约从10000001起按序对新挂牌合约进行编排，唯一且不重复使用。

1.2.2 交易单位与报价单位

上证50ETF期权的交易单位为10000份，报价的最小变动单位是0.0001元，交易时的价格必须按最小变动单位的整数倍进行报价和交易。

也就是说，小明买一张上证50ETF期权，直接对应的标的资产为10000份50ETF份额，间接对应的标的资产为10000份50ETF对应的股票。

别小看交易单位这个数字，在实际做交易的时候非常有用：

比如期权到期行权时，如果对一张50ETF看涨期权行权，那么投资者就可以拿到10000张50ETF标的。

比如做备兑交易时，买入10000份50ETF，锁券之后，就可以卖出一张看涨期权，此看涨期权免收保证金。

1.2.3 涨跌停板幅度

期权的涨跌停板幅度（见表1-2）基于50ETF的价格（注意！注意！是根据标的计算）。

表1-2 上证50ETF期权涨跌停板幅度

认购期权最大涨幅	Max{合约标的前收盘价×0.5%，Min[(2×合约标的前收盘价-行权价格)，合约标的前收盘价]×10%}
认购期权最大跌幅	合约标的前收盘价×10%
认沽期权最大涨幅	Max{行权价格×0.5%，Min[(2×行权价格-合约标的前收盘价)，合约标的前收盘价]×10%}
认沽期权最大跌幅	合约标的前收盘价×10%

举个例子：假设某上证50ETF前收盘价为2.669元，行权价为2.75元的认购期权合约前收盘价为0.2631元，那么该期权合约当日涨停价格为0.2631+Max{2.669×0.5%，Min[(2×2.669-2.75)，2.669]×10%}=0.5219元，跌停价格为0.2631-2.669×10%=-0.0038=0.0001元（如果跌停板价格小于0，则取最小变动价位，即0.0001元）。

这个例子里，期权最大上涨百分比达到了98.4%。

温馨提示

期权的涨跌百分比可能比50ETF大许多倍，杠杆更加大，更加好玩哦！

1.2.4 期权到期月份

上证50ETF期权的到期月份为合约当月、下月及随后两个季月。

比如，小明目前可以交易的期权合约的到期月份有3月、4月、6月和9月。在任何一个交易日，都会有四个到期月份的期权供您挑选！

1.2.5 期权交易时间

上证50ETF期权的交易时间是每周一到周五9：15—9：25，9：30—11：30，13：00—15：00。

1.2.6 买卖指令

50ETF期权的买卖指令包括买入开仓、买入平仓、卖出开仓、卖出平仓、备兑开仓、备兑平仓等。

其中，备兑开仓和备兑平仓比较特殊。备兑开仓指投资者在拥有标的证券（含当日买入）的基础上，卖出相应的认购期权，在这种情况下，投资者不需要支付现金保证金，而是用现券来担保。

举个例子：投资者首先买入10000张的50ETF，然后将这部分50ETF锁券，之后即可备兑开仓1张看涨期权。此时，这些50ETF被锁定，备兑平仓之后，即可解锁这部分50ETF。

1.2.7 期权最后交易日及到期日

期权的最后交易日为买方行权的最后一天，如果到期后期权没有行权，期权合约将自动作废。上证50ETF期权最后交易日为到期月份的第四个星期三。

举个例子：如果期权合约的到期月份是2018年6月，该期权的最后交易日就是6月的第四个星期三，即6月27日。

注意：不是6月20日哦，因为是按照工作日算的星期三，而不是自然日！这点在实战中非常重要！打个比方，如果您想拿第三个星期五到期的IH和50ETF期权套利，它们到期时间差可能不是5天，而是12天！

1.2.8 期权行权价格

某一个月份的50ETF期权合约上市的第一天共设定5个行权价格（之后会慢慢增加哦）。包括一个按照行权价格间距选取的最接近50ETF前收盘价的基准行权价格，以及按照行权价格间距依次选取的2个高于和2个低于基准行权价格的行权价格（如果最接近50ETF前收盘价的行权价格存在2个时，取价格较高者为基准行权价格）（见表1－3）。

表1－3 上证50ETF期权行权价格

行权价格（元）	行权价格间距（元）
3或以下	0.05
3至5（含）	0.1
5至10（含）	0.25
10至20（含）	0.5
20至50（含）	1
50至100（含）	2.5
100以上	5

举个例子：小明买的 50ETF 前收盘价为 2.669 元，可知 3 元或以下的收盘价的行权价格间距为 0.05 元。那么按照 0.05 元的行权价格最接近 2.669 元的行权价格为 2.650 元，故基准行权价格为 2.650 元。由此得出 5 个行权价格：2.550 元、2.600 元、2.650 元、2.700 元和 2.750 元。

但是 50ETF 期权存在一个很严重的问题，如果当天 50ETF 涨停，即 2.669×(1+10%)=2.9359 元，那么之前上市的 5 个行权价（2.550 元、2.600 元、2.650 元、2.700 元、2.750 元）就无法覆盖这个涨停板了。所以非常抱歉地告诉您，这一天您没有平值和虚值的看涨期权可以交易了，也没有平值和实值的看跌期权可以交易了，因为这个时候，看涨期权全部变成实值了，看跌期权则全部变成虚值了。

1.2.9 期权行权方式

由于 50ETF 期权是欧式期权，所以买方只能在到期日才能行权哦。

温馨提醒

行权也有行权费的哦，具体行权费以市场实时报价为准。

1.2.10 期权交割方式

50ETF 交割方式为实物交割，即行权时双方进行 ETF 的现金与证券的交收。

对于认购期权，权利方根据行权价将对应的资金交给义务方，义务方将 50ETF 交给权利方；对于认沽期权，权利方将 50ETF 交给义务方，义务方根据行权价将对应的资金交给权利方。

1.3 上证 50ETF 期权交易制度规则

想要做到知己知彼，了解 50ETF 期权的竞价、履约和风控制度自然也是必不可少的啦！

1.3.1 50ETF 期权的竞价方式

50ETF 期权竞价方式采用集合竞价、连续竞价方式。每天 9：15—9：25 是集合竞价时间，9：30—11：30 与 13：00—15：00 为连续竞价时间。

1.3.2 50ETF 期权的行权

在期权合约行权日，如果期权买方决定行权，买方可以进行申报。

注意：50ETF 期权在到期日的 9：15—9：25 的集合竞价时间也可以行权，且下午会延迟半小时至 15：30 都可以行权。

行权指令申报仅当日有效，当日可以撤销。行权申报可多次申报、多次撤销，行权数量累计计算。行权日买入的期权，当日可以行权，甚至最后一分钟买的都可以行权！对认沽期权行权，如认沽期权行权数量超过持有标的数量（含当日买入），则超过部分无效。

温馨提示

行权日 50ETF 期权行权需要记得手工行权哦，有些券商是不会给您自动行权的！

具体行权流程如下：

Step1：（E 日 15：30 前）投资者提交行权申报指令。

冻结对应的期权合约持仓。

被行权方不需要进行任何动作，行权方提交申报指令。

例如，看涨期权行权方（持有实值期权）需要有足够的钱买入 50ETF，否则合约将变为一张废纸，亏损巨大。看跌期权多头手上要有足够的证券。

Step2：（E 日收盘后）行权资金、证券足额检查。

（资金、证券不足的部分→行权申报失败）

行权指派：分配行权/被行权方冻结行权涉及的资金、证券。

经纪商和中国结算对行权申报进行资金和证券的检查。

认沽期权的行权方需要持有足额的标的证券（$\sum$ 合约乘数 × 行权数量）。

认购期权的行权方在衍生品账户（即期权账户）需要有足额的现金（$\sum$ 行权价×合约乘数×行权数量），否则行权申报失败，投资者无法进入接下来的行权指派环节。这里要注意，即使投资者有足够的资金和证券进行 Step4 中轧差后的交收而不违约，仍然需要为所有的合约准备足额的证券和资金，否则将因为行权申报失败而无法进入 Step4。

Step3：（E+1 日盘中）投资者准备行权或被行权所需的资金、证券。

在 E+1 日（第 E 日行权），如对于认购期权，被分配行权的投资者可于 E+1 日买入标的证券。这意味着被行权方仍有最后的机会补足行权交收所需的资金和证券。

Step4：（E+1 日收盘后）资金、证券轧差后净额交收。

（资金、证券不足的部分→行权交收违约）

中国结算将对所有投资者进行资金和证券轧差后净额交收。例如，如果投资者同时拥有等量的认购期权的权利方（获得证券）和认沽期权的权利方（付出证券），那么最终轧差后需要交收的证券量为 0，也就是无须进行证券交收。此时，投资者在 Step2 中为认沽期权的权利方行权所准备的证券并不会在交收环节中被用到。

如果被行权方没有足够的证券和资金，就会违约，而违约金非常高。

Step5：（E+2 日盘中）投资者处置交收的资金和证券。

由于提交行权指令后并不是马上可以处理证券，需要多等两天，承担两天的风险，因此很多投资者更愿意卖出而不是行权。

1.3.3 保证金制度

在期权交易中，卖方收了买方的钱（权利金），如果卖方跑路了或者没钱履行承诺怎么办？为了避免这种情况的发生，就需要卖方缴纳一定的保证金。

如此一来，期权卖方“跑得了和尚，跑不了庙”。

具体来说，卖方在开仓和之后的持续阶段都要满足一定的保证金要求，具体见表 1-4。

表 1－4　上证 50ETF 保证金标准

开仓保证金最低标准	认购期权义务仓：［合约前结算价＋Max(12%×合约标的前收盘价－认购期权虚值，7%×合约标的前收盘价)］×合约单位 认沽期权义务仓：Min［合约前结算价＋Max(12%×合约标的前收盘价－认沽期权虚值，7%×行权价格)，行权价格］×合约单位
维持保证金最低标准	认购期权义务仓：［合约结算价＋Max(12%×合约标的收盘价－认购期权虚值，7%×合约标的收盘价)］×合约单位 认沽期权义务仓：Min［合约结算价＋Max(12%×合标的收盘价－认沽期权虚值，7%×行权价格)，行权价格］×合约单位

其中，认购期权虚值＝Max(行权价－上证 50ETF 前收盘价，0)；认沽期权虚值＝Max(上证 50ETF 前收盘价－行权价，0)。

1.3.4　期权限仓制度

限仓制度意味着投资者也有一个“天花板”，即使有足够的资金也不能无限制地持有期权仓位。期权投资者对单个合约品种的权利仓持仓数量、总持仓数量、单日买入开仓数量，以及个人投资者持有的权利仓对应的总成交金额，均不得超过交易所规定的额度。

1.3.5　强行平仓制度

在某些情况下，交易所或结算所可以强行平仓头寸。最常见的情况是，如果小明的结算准备金余额小于 0，且不能在规定时间内补足或自行平仓；或者小明的持仓量超出持仓限额且未能及时平仓；或者小明的备兑证券不足，且未能在规定时间补足或自行平仓，机构有权对小明按规定进行强平。

1.3.6　熔断机制

熔断机制是 50ETF 期权特有的一种交易机制，其目的在于防止炒作。它指的是，在连续竞价期间，如果期权合约盘中交易价格较最近参考价格涨跌幅度达到或者超过 50% 且价格涨跌绝对值达到或者超过 5 个最小报价单位时，期权合约将进入 3 分钟的集合竞价交易阶段。

举个例子：期权最近参考价为 0.2 元，如果最新市场价格达到了 0.3 元或者 0.1 元（0.2×150% 或 0.2×50%），且价格涨跌绝对值 0.1 元

(0.2×50%) 大于5个最小报价单位0.0005元 (5×0.0001), 即进入集合竞价交易阶段。

期权交易在11：27至11：30达到熔断标准即进入集合竞价的，若在11：30前未完成集合竞价阶段，延至13：00后的交易时段继续进行。期权交易达到熔断标准进入集合竞价阶段，其最后一分钟内不接受撤单申报；在14：54至14：57达到熔断标准，直接进入收盘集合竞价，收盘前1分钟内不接受撤单申报。

1.4 上证50ETF期权合约运作管理

对于50ETF期权，还需要特别注意的一个地方就是合约运作的机制。主要包括合约新挂、合约加挂和合约调整三个方面。

1.4.1 合约新挂

上交所对新增合约标的进行合约新挂。目前，标的证券新增所需新挂的合约包括认购，认沽，四个到期月份，五个行权价格（平值一个、实值两个、虚值两个）组合共40个合约。

其中，平值期权的价格为合约标的（510050）前收盘价的靠档价（除权除息日，按照调整后的价格）。收盘价的靠档价指最接近收盘价的行权价格间距整数倍的数值，如果出现两个符合条件的值，则取较大值。

举个例子就很好懂了。比如前收盘价为2.630元，最接近它的靠档价就是2.65元（2.65元比2.60元更接近2.630元）；如果前收盘价为2.625元，最接近的靠档价就有两个，分别为2.60元和2.65元，此时取较大值2.65元（此时行权间距均为0.05元）。

1.4.2 合约加挂

合约加挂主要分为到期加挂、波动加挂和调整加挂。

（1）到期加挂

当月合约到期摘牌，需要挂牌新月份不同合约类型合约，以保证有四个到期月份，分别为当月、下月、下季月和隔季月。

到期加挂按照认购，认沽，五个行权价格（平值一个、实值两个、虚值两个）需挂牌10个新合约。

举个例子：本月为6月，期权到期月份有6月、7月、9月和12月。当时间到6月第四个星期三之后，所有6月到期的期权均过了到期日而被摘牌，此时就应当加挂8月到期的10个新合约，保证期权有4个到期月份：7月、8月、9月、12月。

（2）波动加挂

合约存续期间，当与标的证券收盘价靠档价相比，实值合约或虚值合约少于2个时，需在下一个交易日按行权价格间距依序增挂新行权价格合约，至实值或虚值合约数至少2个为止。

注意：是下一个交易日加挂，本交易日市场上可能就没有2个实值或2个虚值了。

举个例子：50ETF前收盘价为2.669元，上市的5个合约的行权价分别为2.55元、2.60元、2.65元、2.70元和2.75元。而50ETF在当天上涨4%，价格上升到了2.669×(1+4%)=2.77元，这时市场上的合约不足，因此要加挂期权合约。当价格低于3元时，行权价格间距为0.05元。因此应当加挂行权价格为2.80元和2.85元的50ETF期权合约，以满足实值或虚值合约数达到至少2个的条件。

（3）调整加挂

当标的证券除权除息时，除对原合约进行调整外，将按照标的证券除权除息后价格新挂合约（具体内容将在之后介绍），所需新挂的合约包括认购，认沽，四个到期月份，五个行权价（平值一个、实值两个、虚值两个）组合共40个合约。

但是，合约到期日三个交易日（含）以内，在以上三种情况下均不加挂该月份的新合约。

1.4.3 合约调整

当标的证券发生权益分配、公积金转增股本、配股、股份合并、拆分等情况时，会对该证券做除权除息处理，此时期权合约的条款需要做相应调整，以维持期权合约买卖双方的权益不变。记住两个原则：一是合约金额（名义价值，即合约单位×行权价格）不变，二是调整后合约市值与调整前接近。

其中，合约调整日为标的证券除权除息日，主要调整行权价格、合约单位、合约交易代码和合约简称。合约调整时，将按照标的证券除权除息后价格进行调整加挂。但是，调整后的期权合约在存续期内，不再加挂新合约。

具体来说，合约调整时，先调整合约单位，再计算行权价格。

新合约单位 = [原合约单位 ×（1 + 流通股份变动比例）× 除权（息）前一日标的证券收盘价]/[（前一日标的收盘价格 - 现金红利）+ 配（新）股价格 × 流通股份变动比例]（行权价格四舍五入，股票保留 2 位小数，ETF 保留 3 位小数）

新行权价格 = 原行权价格 × 原合约单位/新合约单位

除权除息日调整后的合约前结算价 = 原合约前结算价（或结算参考价）× 原合约单位/新合约单位。

是不是都看晕了？下面来举个例子就懂了。

假设 2013 年 8 月挂牌了三个工商银行认购期权合约，合约编码、合约交易代码、合约简称、行权价格和合约单位见表 1 - 5。

表 1 - 5 合约调整实例（1）

合约编码	合约交易代码	合约简称	行权价格（元）	合约单位
调整前				
10000001	601398C1308M00550（0）	工商银行购 8 月 550	5.5	10000
10000002	601398C1308M00500（0）	工商银行购 8 月 500	5.0	10000
10000003	601398C1308M00475（0）	工商银行购 8 月 475	4.75	10000

然后，在某个交易日，股票进行分红，每股分红 0.25 元（假设合约标的前收盘价为 5.0 元）。此时，新合约单位 = 10000 × 5/(5 - 0.25) = 10526，10000001 的新行权价格为 10000 × 5.5/10526 = 5.22 元，合约简称由“工商银行购 8 月 550”改为“工商银行购 8 月 522A”，合约交易代码中的“M”改为“A”，代表已经调整过了一次。

同时，由于之前的合约被调整掉了，因此还要新挂三个合约，分别为 10000004、10000005 和 10000006。合约交易代码中括号里的 0 变为 1。

具体见表 1 - 6（10000002、10000003 以此类推）。

表 1-6 合约调整实例（2）

合约编码	合约交易代码	合约简称	行权价格（元）	合约单位
第一次调整，分红（每股 0.25 元，合约标的前收盘价格 5.0 元）				
原合约调整				
10000001	601398C1308A00550（0）	工商银行购 8 月 522A	5.22	10526
10000002	601398C1308A00500（0）	工商银行购 8 月 475A	4.77	10526
10000003	601398C1308A00475（0）	工商银行购 8 月 451A	4.51	10526
新合约加挂				
10000004	601398C1308M00500（1）	工商银行购 8 月 500	5.0	10000
10000005	601398C1308M00475（1）	工商银行购 8 月 475	4.75	10000
10000006	601398C1308M00450（1）	工商银行购 8 月 450	4.5	10000

之后，在某个交易日，如果股票第二次分红，每股分红 0.25 元（假设此时合约标的前收盘价为 4.75 元）。此时，对于之前的调整过的合约和新挂的合约，都要进行调整。

对于调整过的合约，新合约单位 = 10526 × 4.75/(4.75 - 0.25) = 11111，10000001 的新行权价格为 10526 × 5.22/11111 = 4.95 元，合约简称由“工商银行购 8 月 522A”改为“工商银行购 8 月 495B”，合约交易代码中的“A”改为“B”，代表已经调整过了两次。对于之前先挂的合约，新合约单位 = 10000 × 4.75/(4.75 - 0.25) = 10556，10000004 的新行权价格为 10000 × 5/10556 = 4.74 元，合约简称由“工商银行购 8 月 500”改为“工商银行购 8 月 474A”。具体见表 1-7（10000002、10000003 以此类推）。

同时，由于之前的合约被调整掉了，因此又要新挂三个合约，分别为 10000007、10000008 和 10000009。合约交易代码中括号里的 1 变为 2。

表 1-7 合约调整实例（3）

合约编码	合约交易代码	合约简称	行权价格（元）	合约单位
第二次调整，分红（每股 0.25 元，合约标的前收盘价格 4.75 元）				
原合约调整				
10000001	601398C1308B00550（0）	工商银行购 8 月 495B	4.95	11111
10000002	601398C1308B00500（0）	工商银行购 8 月 450B	4.5	11111
10000003	601398C1308B00475（0）	工商银行购 8 月 428B	4.28	11111
10000004	601398C1308A00500（1）	工商银行购 8 月 474A	4.74	10556

续表

合约编码	合约交易代码	合约简称	行权价格（元）	合约单位
第二次调整，分红（每股0.25元，合约标的前收盘价格4.75元）				
原合约调整				
10000005	601398C1308A00475（1）	工商银行购8月450A	4.5	10556
10000006	601398C1308A00450（1）	工商银行购8月426A	4.26	10556
新合约加挂				
10000007	601398C1308M00475（2）	工商银行购8月475	4.75	10000
10000008	601398C1308M00450（2）	工商银行购8月450	4.5	10000
10000009	601398C1308M00425（2）	工商银行购8月425	4.25	10000

对于这些调整过的合约，如果有一天不再有持仓量了，该合约就会被摘牌。

现在，是不是对上证50ETF期权的交易规则有了比较清晰的认识了呢？千万别觉得枯燥哦，“千里之堤溃于蚁穴”，任何一点规则的不熟悉都可能给我们带来灾难！

第2章　步步为营方能百战不殆之豆粕期权规则解读

不要懵懵懂懂地随意买股票，要在投资前扎实地做一些功课，才能成功。

——威廉·欧奈尔

导 语

豆粕期权合约于2017年3月31日在大连商品交易所（DCE）挂牌交易，这是国内期权市场继2015年50ETF期权上市后的又一重大发展，意味着我国金融衍生品市场翻开新的篇章。这是国内首个上市的商品期权品种，相对于期货，期权交易到底有哪些优点呢？不妨就让我们仔细分析一下吧！

2.1　什么是豆粕期权

豆粕期权合约是指由大连商品交易所制定的、规定合约买方有权在将来某一时间段内以特定价格买入或者卖出相应豆粕期货的标准化合约（如图2-1所示）。

通俗来讲，对于合约的买方，支付了一定数量的权利金为代价，拥有了一定的权利，不用承担买入或卖出的义务，合约到期时没有人强迫买方一定要买或者卖；对于合约的卖方，收取了买方的权利金，“拿人钱财，替人消灾”，就在一定期限内必须无条件服从买方的选择，履行成交时的承诺。

举个例子：小明买入了1月到期的行权价格为3100元/吨的豆粕1801期货合约的认购期权，则在行权到期之前，不论豆粕1801期货合约的价格

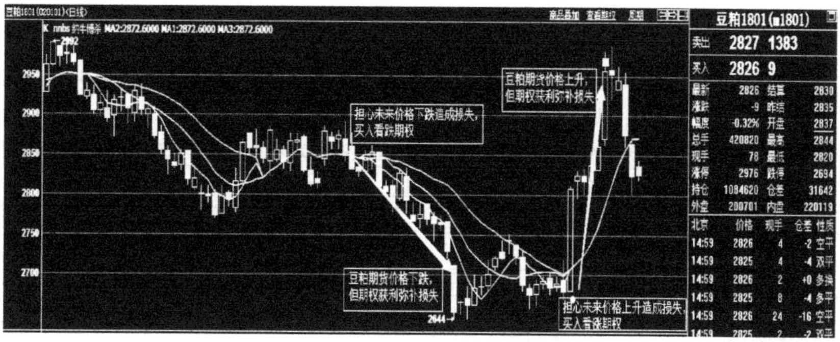

图 2-1　豆粕 1801 期权合约走势

比 3100 元/吨高多少，小明都可以只用 3100 元/吨买入。此时，期权合约的卖方需要无条件履行承诺，那么问题来了，如果行权到期日之前豆粕 1801 期货合约的价格低于 3100 元/吨呢？买方还要将它买入吗？答案是不必要的，买方有权利放弃行权，也就是说，对于买方，亏的最多就是把权利金搭进去，而赚的却有可能无限多。

2.2　豆粕期权合约解读

那么，豆粕期权的庐山真面目到底长什么样呢？我们先从它的合约入手来一探究竟（见表 2-1）。

表 2-1　大连商品交易所豆粕期货期权合约

合约标的物	豆粕期货合约
合约类型	看涨期权、看跌期权
交易单位	1 手（10 吨）豆粕期货合约
报价单位	元（人民币）/吨
最小变动单位	0.5 元/吨
涨跌停板幅度	与豆粕期货合约涨跌停板幅度相同
合约月份	1 月、3 月、5 月、7 月、8 月、9 月、11 月、12 月
交易代码	看涨期权：M—合约月份—C—行权价格 看跌期权：M—合约月份—P—行权价格
交易时间	每周一到周五 9：00—11：30，13：30—15：00，以及交易所规定的其他时间
最后交易日	标的期货合约交割月份前一个月的第五个交易日

续表

到期日	同最后交易日
行权价格	行权价格覆盖豆粕期货合约上一个交易日结算价上下浮动 1.5 倍当日涨跌停板幅度对应的价格范围。行权价格≤2000 元/吨，行权价格间距为 25 元/吨；2000 元/吨 < 行权价格≤5000 元/吨，行权价格间距为 50 元/吨；行权价格 > 5000 元/吨，行权价格间距为 100 元/吨
行权方式	美式。买方可以在到期日之前任一交易日的交易时间，以及到期日 15：30 之前提出行权申请
合约挂牌	标的期货有成交后下一个交易日（上市日到期日前一个交易日闭市后不再挂牌新合约）
合约摘牌	可以对无成交合约保留权利
交易指令	限价指令、限价止损（止盈）指令
到期日自动行权	交易所对到期日，根据当日结算价对实值期权申请自动行权
放弃行权	可在到期日取消自动行权，取消后可以手动行权
配对原则	按照随机均匀抽取原则进行行权配对
双向期权对冲平仓	可申请同一交易编码下的双向期权持仓进行对冲平仓，可申请同一交易编码下的行权或履约后的双向期货持仓进行对冲平仓
行权费用	收取行权费，不收取行权后期货开仓费用
上市交易所	大连商品交易所

2.2.1 合约交易代码

期权合约的交易代码可以看作这个期权合约的名字。以 2017 年 1 月交割的豆粕期货合约为基础资产，行权价为 3600 元/吨的认购期权为例，交易代码如下：

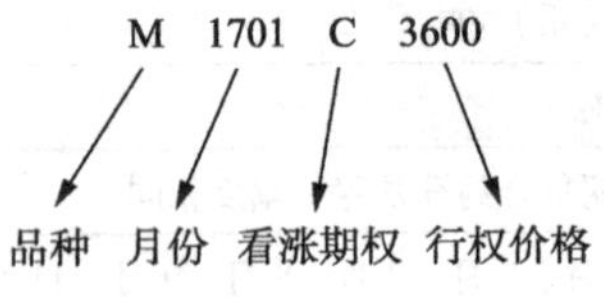

2.2.2 交易单位与报价单位

豆粕期权的交易单位为 1 手（10 吨）豆粕期货合约，报价的最小变动单位是 0.5 元/吨。

也就是说，小明买一张期权，直接对应的标的资产为 1 手期货，间接对应的标的资产为 10 吨豆粕。

2.2.3 涨跌停板幅度

与豆粕期货合约涨跌停幅度相同（此处应睁大双眼：是幅度不是百分比）。

举个例子： 假设豆粕期货昨日结算价为 3000 元，涨跌停幅度为 5%，豆粕期权合约昨日结算价为 100 元。那么，豆粕期权合约当日的涨停价格为 $100+3000\times5\%=250$ 元，跌停价格为 $100-3000\times5\%=-50<0$，取最小值 0.5。

豆粕期权的涨跌停板幅度可能比期货大许多倍!

2.2.4 期权合约月份

与标的期货合约月份一致，豆粕期权合约的月份是 1 月、3 月、5 月、7 月、8 月、9 月、11 月、12 月。

2.2.5 期权交易时间

豆粕期权的交易时间是每周一到周五 9：00—11：30，13：30—15：00，以及交易所规定的其他时间，即与豆粕期货交易时间相同。

2.2.6 期权最后交易日及到期日

豆粕期权最后交易日设立在期货交割月份前一个月的第五个交易日。

举个例子： M1705 期货合约的交割月份是 2017 年 5 月，该期权的最后交易日就是前一个月的第五个交易日，即 4 月 7 日。

2.2.7 行权价格

豆粕期权的行权价格是以豆粕期货前一个交易日结算价上下浮动 1.5 倍当日涨跌停板幅度对应价格范围。其中每个价格范围对应不同的行权间隔（见表 2－2）。

表 2-2 豆粕期权行权价格

行权价格	行权价格间距
2000 元/吨以下	25 元/吨
2000～5000 元/吨	50 元/吨
5000 元/吨以上	100 元/吨

举个例子：M1705 合约结算价是 2798 元/吨，涨跌停板幅度为 2798 × 5% = 139.9，因此行权价格上下变动 139.9 × 1.5 = 209.85 点，平值行权价格为 2800 元/吨，所以行权价格为 2550～3050 元/吨，则行权价格分别为 2550 元/吨、2600 元/吨、2650 元/吨、2700 元/吨、2750 元/吨、2800 元/吨、2850 元/吨、2900 元/吨、2950 元/吨、3000 元/吨和 3050 元/吨。

2.2.8 期权行权方式

买方可以在到期日之前任一交易日的交易时间，以及到期日 15：30 之前提出行权申请。

2.3 豆粕期权的交易制度规则

2.3.1 豆粕期权的竞价方式

与期货交易一样，期权竞价方式也采用集合竞价、连续竞价方式。

2.3.2 豆粕期权的行权与履约

在期权合约到期日及之前，期权买方（包括实值、平值和虚值期权）可提交行权申请，行权申请仅当日有效。在期权合约到期日，交易所根据当日结算价对实值期权申请自动行权，但我们是可以放弃行权或者对虚值期权申请行权的（因为交易所根据结算价计算，我们需要用收盘价去计算）。

买方行权时，必须准备好满足期货交易保证金要求的资金，不足的部分不能行权，而期权卖方负有履约义务。

每日交易闭市后，交易所按随机均匀抽取原则，选择卖方为申请行权的买方配对。行权结束后，买卖双方期权合约相应减少，并按照行权价格建立相应的期货头寸，建立的期货头寸按照当日的结算价进行结算。即小明比小黑申请行权早，并不意味小明的行权更有利。

期权到期日结算时，对未在规定时间内提交行权或放弃申请的期权持仓，按实值期权（期货结算价 VS 行权价）自动行权，虚值期权自动放弃处理。

投资者有三种方式对持仓进行了结，分别为平仓、行权和放弃行权。

平仓：买入或卖出与持有期权合约的数量、标的物、月份、到期日、类型和行权价格相同但交易方向相反的期权合约，了结权利或义务。

行权：期权合约买方按规定行使权利，以行权价格买入或卖出豆粕期货合约。

放弃行权：期权合约到期，买方不行使权利以了结期权持仓。

举个例子：小明买入 1 手 M1701C3600。平仓：小明卖出 1 手 M1701C3600；行权：小明按 3600 元/吨的执行价买入豆粕期货；放弃行权：到期日，若豆粕期货价格低于 3600 元/吨，小明放弃行权。

2.3.3 保证金制度

在期权交易中，买方向卖方支付一笔权利金，买方获得了权利但没有义务，因此除权利金外，买方不需要缴纳保证金。但是卖方就不同了，对于卖方来说，获得了买方的权利金，只有义务没有权利，因此，卖方需要缴纳保证金，以保证买方执行期权时卖方可以履行期权合约。

具体来说，收取标准为以下两者之中的较大值：

（1）期权合约结算价 × 标的期货合约交易保证金 + 标的期货合约交易保证金 − 1/2 × 期权虚值额

（2）期权合约结算价 × 标的期货合约交易单位 + 1/2 × 标的期货合约交易保证金

期权的虚值额如何计算呢？

看涨期权的虚值额 = Max（期权合约的行权价格 − 标的期货合约结算价，0）× 交易单位

看跌期权的虚值额 = Max（标的期货合约结算价 − 期权合约行权价格，0）× 交易单位

2.3.4 限仓制度

限仓制度意味着投资者即使有足够的资金也不能无限制地持有期权仓位。持仓限额按照单边持仓计算单月期权合约投机持仓的最大数量不超过300手。

比如小明买入的看涨期权+卖出的看跌期权和他买入的看跌期权+卖出的看涨期权分别计算。

2.3.5 交易所强平制度

在某些情况下，交易所可以强行平仓头寸。最常见的情况是，如果小明的结算准备金余额小于0，且不能在规定时间内补足或自行平仓，或者小明的持仓量超出持仓限额，交易所有权对小明按规定进行强平。另外，如果行权导致期权超仓，在次日的规定时间投资者要进行平仓，否则会被强平。

2.3.6 合约挂牌

标的期货有成交后的下一交易日上市，到期日前一个交易日闭市后不再挂牌新合约。

2.3.7 到期日行权

到期日仅对实值期权申请自动行权（由真正最后交易价确定期权的实值、虚值情况），在到期日点击“取消自动行权”可以实行手动行权。

2.3.8 配对原则

随机均匀抽取买卖双方进行配对。

2.3.9 双向对冲平仓

做市商同时持有多头和空头时，在收盘后可填写表格向交易所申请对冲平仓。

2.3.10 强制减仓

期权合约连续三个交易日出现同方向涨跌停板单边无连续报价，交易所实行强制减仓。

2.3.11 行权导致超仓

行权不得导致超仓，否则仅部分行权或不予行权。

2.3.12 行权费用

目前收行权费1元/手，不收取在行权后的期货开仓费。

结语

看到这里，您是不是对豆粕期权了解了不少呢？相比于期货，期权的交易方式确实更加灵活多样，而且机会和挑战也更多，相信您此刻已经跃跃欲试，迫不及待地想要去和各位高手一较高下了。

第3章　稳扎稳打方能愈战愈勇之白糖期权规则解读

风险来自你不知道自己正在做什么。

——沃伦·巴菲特

导 语

继豆粕期权在大连商品交易所挂牌上市后，白糖期权于2017年4月19日在郑州商品交易所正式亮相。三个多月过去了，许多投资者纷纷好奇，这个据称已在郑商所准备了22年的“高龄”衍生品到底长什么样？有什么特点？应该怎么玩？本章带您走进白糖期权，揭开其神秘面纱。

3.1　什么是白糖期权

白糖期权合约是指由郑州商品交易所制定的、规定合约买方有权在将来某一时间段内以特定价格买入或者卖出相应白糖期货的标准化合约（如图3－1所示）。

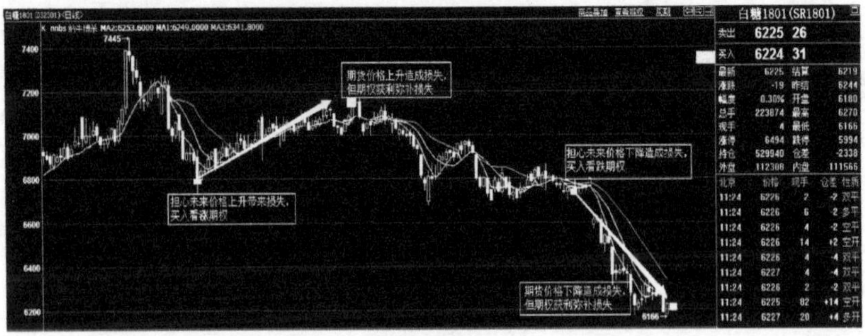

图3－1　白糖1801期权合约走势图

举个例子：小明买入了1月到期的行权价格为6200元/吨的白糖1801期货合约的认购期权，则在行权到期之前，不论白糖1801期货合约的价格比6200元/吨高多少，小明都可以只用6200元/吨买入。此时，期权合约的卖方需要无条件履行承诺，如果行权到期日之前白糖1801期货合约的价格低于6200元/吨，买方有权利放弃行权，也就是说，对于买方，亏的最多就是把权利金搭进去，而赚的却有可能无限多。

3.2 白糖期权合约解读

那么，白糖期权到底长什么样呢？第一步，就是要看清它的“脸”——读懂它的合约（见表3-1）。

表3-1 郑州商品交易所（ZCE）白糖期货期权合约

合约标的物	白糖期货合约
合约类型	看涨期权、看跌期权
交易单位	1手（10吨）白糖期货合约
报价单位	元（人民币）/吨
最小变动单位	0.5元/吨
涨跌停板幅度	与白糖期货合约涨跌停板幅度相同
合约月份	1月、3月、5月、7月、9月、11月
交易代码	看涨期权：SR—合约月份—C—行权价格 看跌期权：SR—合约月份—P—行权价格
交易时间	每周一到周五：9：00—11：30，13：30—15：00，以及交易所规定的其他时间
最后交易日	标的期货合约交割月份前两个月的倒数第五个交易日，以及交易所规定的其他日期
到期日	同最后交易日
行权价格	以白糖期货前一个交易日结算价为基础，按行权价格间距挂出5个实值期权、1个平值期权和5个虚值期权。行权价格≤3000元/吨，行权价格间距为50元/吨；3000元/吨＜行权价格≤10000元/吨，行权价格间距为100元/吨；行权价格＞10000元/吨，行权价格间距为200元/吨
行权方式	美式。买方可在到期日前任一交易日的交易时间提交行权申请；买方可在到期日15：30之前提交行权申请、放弃申请
合约挂牌	标的期货上市后下一个交易日

续表

合约摘牌	无
交易指令	限价指令、市价指令、套利指令
到期日自动行权	交易所对到期日，根据当日结算价对实值期权申请自动行权
放弃行权	可在到期日对部分或全部合约申请放弃行权，放弃后不能手动行权，要取消放弃的操作
配对原则	按投机、套利、套保的顺序选择卖方配对，同一持仓属性，按持仓时间最长原则选择卖方配对
双向期权对冲平仓	无
行权费用	不收取行权费，收取行权后期货开仓费用
上市交易所	郑州商品交易所

是不是感觉合约解释太简单，有很多地方不明白？没关系，下面就来划重点。

3.2.1 合约交易代码

与豆粕期权类似，合约交易代码可以看作白糖期权合约的名字，它们拥有统一的格式。以 2017 年 7 月交割的白糖期货合约为基础资产，行权价为 5500 元/吨的看涨期权为例，这个期权的名字就是 SR707C5500：

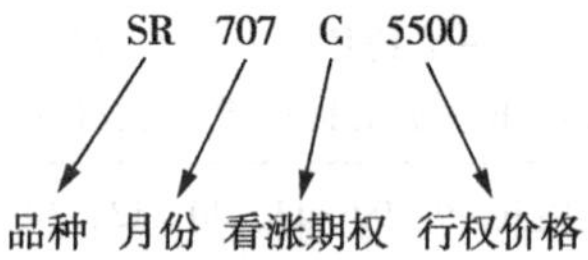

3.2.2 交易单位与报价单位

白糖期权的交易单位为 1 手（10 吨）白糖期货合约，报价的最小变动单位是 0.5 元/吨，交易时必须按最小单位的整数倍进行。

也就是说，小明买一张期权，直接对应的标的资产为 1 手期货，间接对应的标的资产为 10 吨白糖。

3.2.3 涨跌停板幅度

与白糖期货合约涨跌停幅度相同。

举个例子：假设白糖期货昨日结算价为 5010 元/吨，涨跌停幅度为

4%，白糖期权合约昨日结算价为300元/吨。那么，白糖期权合约当日涨停价格为300+5010×4%=500.5元/吨，跌停价300-5010×4%=99.5元/吨（如果跌停板价格小于0，则取最小变动价位，即0.5元/吨）。

同样，白糖期权的涨跌停板幅度可能比期货大许多倍！

3.2.4 期权合约月份

与标的期货合约月份一致，白糖期权合约月份是1月、3月、5月、7月、9月、11月。

3.2.5 期权交易时间

白糖期权的交易时间是每周一到周五9：00—11：30，13：30—15：00，以及交易所规定的其他时间，即与白糖期货交易时间相同。

3.2.6 期权最后交易日及到期日

期权的最后交易日为买方行权的最后一天，如果到期后期权没有行权，期权合约将自动作废。白糖期权最后交易日一般设立在标的期货合约交割月份前两个月的倒数第5个交易日，所以不用担心行权后拿到的期货没有足够时间平仓。

举个例子：SR805期货合约的交割月份是2018年5月，该期权的最后交易日就是3月的倒数第五个交易日，即3月26日。

3.2.7 期权行权价格

期权的行权价格是以白糖期货前一个交易日结算价为基础，按行权价格间距挂出5个实值期权、1个平值期权和5个虚值期权。其中每个价格范围对应不同的行权价格间隔（见表3-2）。

表3-2 白糖期权行权价格

行权价格	行权价格间距
3000元/吨以下	50元/吨
3000~10000元/吨	100元/吨
10000元/吨以上	200元/吨

举个例子：SR805 合约前一交易日结算价是 6197 元/吨，平值行权价为 6200 元/吨，则行权价分别为 5700 元/吨、5800 元/吨、5900 元/吨、6000 元/吨、6100 元/吨、6200 元/吨、6300 元/吨、6400 元/吨、6500 元/吨、6600 元/吨和 6700 元/吨。

只要您想交易，绝对不用担心当天没有平值或者虚值的合约给您交易！

3.2.8 期权行权方式

买方可以在到期日之前任一交易日的交易时间，以及到期日 15：30 之前提出行权申请。

温馨提醒

行权也有行权费的哦，具体行权费以市场实时报价为准。

3.3 白糖期权的交易制度规则

3.3.1 白糖期权的竞价方式

与期货交易一样，期权竞价方式也采用集合竞价、连续竞价方式。

3.3.2 白糖期权的行权与履约

在期权合约到期日及之前，期权买方（包括实值、平值和虚值期权）可提交行权申请，行权申请仅当日有效。在期权合约到期日，交易所根据当日结算价对实值期权申请自动行权，但我们是可以放弃行权或者对虚值期权申请行权的（因为交易所根据结算价计算，我们需要用收盘价去计算）。

买方行权时，必须准备好满足期货交易保证金要求的资金，不足的部分不能行权，而期权卖方负有履约义务。行权结束后，买卖双方期权合约相应减少，并按照行权价格建立相应的期货头寸，建立的期货头寸按照当日的结算价进行结算。

表 3-3 期权行权后买卖双方持仓情况

	看涨期权	看跌期权
买方	获得期货买持仓	获得期货卖持仓
卖方	获得期货卖持仓	获得期货买持仓

举个例子：小明买了一个2018年3月26日到期的期权，他在3月26日及以前的任一交易日都可以行使该权利。小明以白糖期货为标的物的看涨期权行权后，他就持有了一个对应的白糖期货头寸。

与豆粕期权不同，每日交易闭市后，交易所按投机、套利、套保的顺序选择卖方持仓配对，对于同一持仓属性，按持仓时间最长的原则，选择卖方为申请行权的买方配对。

与豆粕期权一样，小明同样可以通过平仓、行权和放弃行权三种方式对自己的持仓进行了结。

期权到期日结算时，对未在规定时间内提交行权或放弃申请的期权持仓，按实值期权自动行权，虚值期权自动放弃处理。

3.3.3 保证金制度

在期权交易中，买方想要获得权利，自然需要付出一定的“代价”——向卖方支付一笔权利金。对于卖方来说，自然没有白拿的好处，从买方处获得了权利金，他就只有义务没有权利，为了防止卖方违约，卖方需要缴纳一定额度保证金，以保证买方执行期权时卖方可以履行期权合约。

具体来说，收取标准为以下两者之中的较大者：

（1）期权合约结算价×标的期货合约交易保证金+标的期货合约交易保证金-1/2×期权虚值额

（2）期权合约结算价×标的期货合约交易单位+1/2×标的期货合约交易保证金

那么期权的虚值额如何计算呢？

看涨期权的虚值额=Max(期权合约行权价格-标的期货合约结算价，0)×交易单位

看跌期权的虚值额=Max(标的期货合约结算价-期权合约行权价格，0)×交易单位

温馨提示

跨式、宽跨式、备兑期权组合实施大边保证金优惠。比如，卖出跨式或宽跨式套利，交易保证金收取标准为卖出看涨期权与卖出看跌期权交易保证金较大者加上另一部分权利金。

3.3.4 限仓制度

限仓制度意味着投资者也有一个“天花板”，即使有足够的资金也不能无限制地持有期权仓位。持仓限额按照单边持仓计算单月期权合约投机持仓的最大数量，共分为两边。

比如小明买入的看涨期权+卖出的看跌期权持仓量不能超过规定，以及买入的看跌期权+卖出的看涨期权持仓量不能超过规定。

3.3.5 交易所强平制度

白糖期权的强平制度与豆粕期权类似，此处不再赘述。

3.3.6 合约挂牌

标的期货上市后下一个交易日挂牌。

3.3.7 到期日行权

到期日仅对实值期权申请自动行权（由真正最后交易价确定期权的实值、虚值情况），在到期日先点击“取消放弃”再点击“手动行权”可以实行手动行权。

3.3.8 配对原则

按投机、套利、套期保值的顺序选择卖方配对，同一持仓属性按持仓时间最长原则选择卖方配对。

3.3.9 强制减仓

期权合约连续三个交易日出现同方向涨跌停板单边无连续报价，交易所实行强制减仓。

3.3.10 行权导致超仓

行权导致超仓后，次日规定时间内平仓，否则强平。

3.3.11 行权费用

不收行权费，但在行权后收取期货开仓费3元/手。

结语

看了这么多，您是否对白糖期权有了初步的了解呢？感觉期权也没有想象中那么难懂，对吧！但其实这只是一个对白糖期权“冰山一角”的介绍，想要成为交易高手，还需一步一步慢慢积累。

第 4 章 期权规则小贴士

在筑围墙之前，我先要弄清，我把什么围在墙外，什么围在墙里。

——弗罗斯特《修墙》

4.1 期权小知识之“结算”

期权市场的结算价，是计算期权卖方交易保证金、确定期权价格涨跌停板幅度的基础。期权交易的盈亏通过权利金收支的形式体现。

对于期权合约结算价，大商所规定为，除最后交易日外，根据隐含波动率确定各期权合约的理论价，作为当日结算价。期权价格明显不合理时，交易所可以调整期权合约的结算价。

4.1.1 买卖双方开仓时支付费用情况

买方开仓时，按照成交价支付权利金，买方平仓时，按照成交价收取权利金；卖方开仓时，按照成交价收取权利金，卖方平仓时，按照成交价支付权利金。

注意：卖方开仓时还需要缴纳保证金，交易所根据上一个交易日结算时期权合约保证金标准收取期权卖方交易保证金。每日结算时，按当日结算价收取卖方新的交易保证金。

每日结算时，交易所将符合条件的期权和期货持仓自动确认为备兑期权套利持仓，包括备兑看涨套利、看跌套利。

备兑看涨套利：持有看涨期权卖持仓，同时持有相同数量标的期货买持仓。

备兑看跌套利：持有看跌期权卖持仓，同时持有相同数量标的期货卖持仓。

4.1.2 结算价确定方法

注意： 由期权行权转化的期货持仓不参与当日期货结算价计算。

（1）50ETF 期权结算价

50ETF 期权合约的结算价为，该合约当日收盘集合竞价的成交价格。若当日收盘集合竞价未形成成交价格或价格明显不合理，上交所另行计算合约的结算价格，具体参见上交所和中国结算于 2015 年 12 月 28 日发布的《关于优化不活跃期权合约结算价格计算方法的通知》。

（2）白糖期权和豆粕期权结算价

有最后交易日和非最后交易日之分：

最后交易日时，

豆粕期权合约结算价为：

看涨期权 = Max(标的期货合约结算价 - 行权价格，最小变动价位 0.5)

看跌期权 = Max(行权价格 - 标的期货合约结算价，最小变动价位 0.5)

白糖期权合约结算价为：

看涨期权 = Max(标的期货合约结算价 - 行权价格，0)

看跌期权 = Max(行权价格 - 标的期货合约结算价，0)

非最后交易日时，大商所采用 BAW 理论定价模型计算当日结算价，无风险利率参照一年定期存款基准利率（1.5%），若计算中出现异常数据，大商所会将其剔除或调整。

BAW 模型采用的波动率按下列方法确定：

①若某月份期权合约有成交，先找出有成交的合约，每个合约以当日成交价格，按成交量加权算出一个平均价格，由平均价推导隐含波动率（标的期货合约价格采用当日结算价），再将这些有成交合约的隐含波动率按照相应合约成交量加权平均，作为该月份每一期权合约的隐含波动率，即该月份所有期权合约的隐含波动率都一致。

②若某月份期权无成交，有其他规则确定结算价。相较于大商所，郑商所对非最后交易日期权合约结算价格计算规则的披露比较模糊：郑商所会根据隐含波动率确定各期权合约的理论价，作为当日结算价，当期权价格明显不合理时，交易所会调整期权合约结算价。

4.2 期权小知识之“竞价交易”

竞价交易是在交易的特定时间内，由投资者按照自己所能接受的心理价格自由地进行买卖申请。

4.2.1 集合竞价时间

开盘集合竞价：9：15—9：25，其中9：15—9：20投资者提交订单后可撤单，9：20—9：25不接受撤单指令。

收盘集合竞价：14：57—15：00，其中14：59—15：00不接受撤单申报。

熔断后有三分钟集合竞价，最后一分钟不接受撤单申报。

4.2.2 集合竞价成交价格确定原则次序

可实现最大成交量的价格；

高于该价格的买入申报和低于该价格的卖出申报全部成交的价格；

与该价格相同的买方或卖方至少有一方全部成交的价格；

有两个以上申报价格符合上述条件时，以在该价格以上的买入申报累计数量与在该价格以下的卖出申报累计数量之差最小的申报价格为成交价格；

仍有两个以上申报价格符合上述条件时，以最接近前结算价格的申报价格为成交价格；

仍有两个申报价格符合上述条件时，以其中间价为成交价格。

注意：集合竞价的所有交易以同一价格成交！

4.2.3 连续竞价

交易日的9：30—11：30，13：00—14：57为连续竞价交易时间。

期权合约连续竞价交易按照价格优先、时间优先的原则撮合成交。

以涨跌停板价格申报的指令（包括所有以市价剩余转涨跌停板价格的订单，以涨跌停板价格申报的限价订单），按照平仓优先（涨停时买入平仓优先，跌停时卖出平仓优先）、时间优先的原则撮合成交。

4.3 期权小知识之“订单类型”

期权中常见的订单类型如下：

限价订单

投资者可设定价格，买入时成交价不超过该价格，卖出时成交价不低于该价格。限价订单当日有效，未成交部分可以撤销。

市价剩余转限价订单

投资者无须设定价格，仅按照当时市场上可执行的最优报价成交（最优价为买一或卖一价）。市价订单未成交部分转为限价订单（按成交价格申报）。

市价剩余撤销订单

投资者无须设定价格，仅按照当时市场上可执行的最优报价成交（最优价为买一或卖一价）。市价订单未成交部分自动撤销。

FOK（fill or kill）限价申报订单

立即全部成交否则自动撤销订单，限价申报（必须设定价格）。

FOK 市价申报订单

立即全部成交否则自动撤销订单，市价申报（无须设定价格）。

FAK（fill and kill）

仅在期货期权合约中存在，能成交多少成交多少，成交不掉的部分自动撤单。

注意：期货撤单有次数上限，但 FOK、FAK 并不计入撤单次数。

第二篇　期权定价专题

第5章　零基础玩转“万能”的BS期权模型

证券分析的目的并不是要确定某一证券的内在价值多少，它只试图摸清这一价值到底能否为某一证券提供保障，或判断购买某种股票是否合适，抑或是该价值大大高于还是低于市场价格。对于这样的目的而言，对内在价值进行大致估算可能就够了。

——本杰明·格雷厄姆《证券分析》

导语

作为金融工程最著名也是最重要的公式之一，Black-Scholes 模型（也称 Black-Scholes-Merton 模型）对于交易员如何对期权定价以及对冲都产生了重大影响。那么，这个听起来很厉害，看起来形式简单，用起来却不那么容易的公式到底是什么？不同情况下应该怎么计算？如何推广到不同期权类型中使用呢？

现在，就让小编和大家一起，由浅入深，一步步揭开 BS 期权定价模型并不神秘的面纱吧！

针对不同人士的不同需求，我们量身定做了一步到位版、清晰理解版和高级进阶版三个版本！包教包会！保证零基础的同学在看完本章后也能正确使用 BS 模型，对数学推导很有热情的朋友在读完后也能收获多多！

三个版本融入在一章中，大家可根据自己的实际情况挑选阅读！

（1）一步到位版：想直接套用公式，迫不及待想知道当前期权理论价格的读者——可直接跳到本章末附录部分“一步到位公式套用教程”！

（2）清晰理解版：想简单了解 BS 模型原理，但对具体数学推导过程兴趣不大的读者——重点关注下文非公式部分哦！

（3）高级进阶版：不一字一句地把整章内容看完怎么对得起“高级进阶”四个字呢？

话不多说，我们这就开始学习“万能”的BS期权定价模型！

5.1 什么是BS模型

顾名思义，BS模型（也称BSM模型）是一个叫Black的大师、一个叫Scholes的大师，外加一个叫Merton的大师提出并完善的期权定价模型，所以又称Black-Scholes Model或者Black-Scholes-Merton Model。

那这个模型具体是干啥的呢？简单来说，它就是一个为期权等金融衍生工具定价的数学模型。可别因为它的定义如此简单就小看它哟，这可是一个获得过诺贝尔经济学奖，可称作期权发展史中“里程碑”的模型呢！

温馨提示

一般来说，BS模型只适用于欧式期权的定价。所以本章中如果没有特殊说明，就默认为欧式期权的情况！

5.2 BS模型基本公式

BS模型的整个推导过程需要用到一定广度和深度的数学知识，所以先告诉大家不同情况下BS公式的具体形式，保证人人都能玩得转。有兴趣的读者可以在5.4节探究BS公式的详细推导过程哦！

5.2.1 无股息股票欧式期权BS公式

我们先从最常用的开始吧，经过数学家和经济学家的证明，无股息股票欧式期权的BS公式如下：

看涨期权：

$$C = S_0 N(d_1) - K e^{-rT} N(d_2)$$

看跌期权：

$$P = K e^{-rT} N(-d_2) - S_0 N(-d_1)$$

式中：

$$d_1=\frac{\ln\left(\frac{S_0}{K}\right)+(r+\sigma^2/2)T}{\sigma\sqrt{T}}$$

$$d_2=\frac{\ln\left(\frac{S_0}{K}\right)+(r-\sigma^2/2)T}{\sigma\sqrt{T}}=d_1-\sigma\sqrt{T}$$

需要说明的是，d_1和d_2看起来虽然很烦琐，但它们确实具有实际意义——d_1描述了期权对股价的敏感程度，d_2描述了期权最后被执行的可能性。

下面我们来一一说明公式中的各个参数，注意千万别用错了！

C：欧式看涨期权的价格；

P：欧式看跌期权的价格；

S_0：股票的起始价格；

K：执行价；

r：连续复利的无风险利率；

σ：股票价格的波动率；

T：期权的期限；

$N(x)$：标准正态分布的累计概率分布函数。

总之，通过 BS 公式，可以把无股息股票欧式看涨期权和看跌期权理论价格表示成股票起始价格、执行价、无风险利率、股票价格波动率和期权期限的代数表达式。

整个 BS 公式现在看起来就十分简单明了。

5.2.2 无股息股票美式期权

一般来说，BS 模型只适用于欧式期权定价。但可以证明，在无股息股票美式看涨期权这种特殊情况下，BS 公式同样适用。然而，BS 模型不适用于美式看跌期权。

对于美式期权，期权的价值由时间价值和内在价值两部分组成。其中时间价值至少包括在到期前准备购入资产所付出钱的利息和由于波动率可能获得更多利润的价值。因此，提前执行无股息股票的美式看涨期权相当于花钱获得股票，这并不是最好的选择。投资者可以将买股票的钱存入银行，获得固定利息收益，等期权到期时，再用同样的钱去买同样价格（执行价）的股票。这样一来既获得利息，又可能获得股票未来上涨所带来的利润。

因此，提前行使无股息股票的美式看涨期权永远不会是最优的，那么上述欧式看涨期权的定价公式，自然也适用于无股息股票上的美式看涨期权。

然而，对于美式看跌期权，因为它给予期权持有者在有效期内卖出标的资产的权利，这就需要比较现在卖和未来卖哪个更划算。我们不妨都分析一下：如果现在卖，就可以把卖掉股票所获得的钱存在银行里，获得固定利息；如果到期卖，从现在至到期日的这段时间内，股票有可能大跌，也有可能大涨。综合来看，这两者哪个更有利我们并不清楚，现在卖和到期卖的结果并不确定，因此提前行使美式看跌期权不一定好也不一定差，也就不能用 BS 模型来定价了。

5.3 扩展的 BS 模型

5.3.1 已知股息的欧式股票期权

上一节我们给出了 BS 模型最基本的形式。那么，如果标的资产是有股息的股票，我们能否得到相应期权的价格？在股息已知的情况下，答案是肯定的。

首先，如果我们已知标的股票在未来的股息收益，我们可以假设股票价格是由一个有风险的部分（可用波动率体现）和一个无风险部分（期权有效期内，股息以无风险利率从除息日贴现到今天的现值）组成。当期权到期时，这些股息已被付出，无风险部分不再存在。因此，只要S_0表示有风险的部分的价格，σ 表示其波动率，BS 模型依然适用。

总之，对于已知股息的欧式股票期权，只要在股票现价中剔除掉期权有效期内已知股利的贴现值，BS 模型依然适用。

举个例子：小明买了一个欧式股票看涨期权，股票在 1 个月及 2 个月后分别有一个除息日。预计除息日的股息分别为 0.2 元和 0.4 元，股票目前价格是 50 元，执行价是 48 元，股票价格波动率为 20%，无风险利率为 5%，期权期限为 6 个月。

依题意，股息的贴现值是 $0.2e^{-0.05\times1/12}+0.4e^{-0.05\times2/12}=0.5958$。

BS 公式中参数值：

$S_0=50-0.5958=49.4042$，$K=48$，$r=0.05$，$\sigma=0.2$，$T=6/12=0.5$

$$d_1=\frac{\ln\left(\frac{49.4042}{48}\right)+\left(0.05+\frac{0.2^2}{2}\right)\times 0.5}{0.2\times\sqrt{0.5}}=0.4514$$

$$d_2=\frac{\ln\left(\frac{49.4042}{48}\right)+\left(0.05-\frac{0.2^2}{2}\right)\times 0.5}{0.2\times\sqrt{0.5}}=0.3099$$

$$N(d_1)=0.6741\quad N(d_2)=0.6217$$

期权价格为 $C=49.4042\times 0.6741-48e^{-0.05\times 0.5}\times 0.6217=4.198$ 元。

5.3.2 支付已知股息率的股票期权

如果我们已知的是股息率呢？在除息日开市前，股票前一个交易日的收盘价会自动扣减掉股利的价值。这样一来，支付连续股息的股票由现在的价格S_0增长到 T 时刻的价格 S_T，相当于在无股息的情况下，股票价格会从现在的价格S_0e^{-qT}增长到 T 时刻的价格S_T。

因此，当对期限为 T，且支付连续股息收益率为 q 的股票欧式期权定价时，我们可以将今天的股票价格由S_0降到S_0e^{-qT}，然后将期权按照无股息股票期权来处理。

在已知连续股息率的情况下，用S_0e^{-qT}代替 S_0，BS 公式仍然成立。

BS 公式如下：

$$C=S_0e^{-qT}N(d_1)-Ke^{-rT}N(d_2)$$

$$P=Ke^{-rT}N(-d_2)-S_0e^{-qT}N(-d_1)$$

$$d_1=\frac{\ln\left(\frac{S_0}{K}\right)+(r-q+\sigma^2/2)T}{\sigma\sqrt{T}}$$

$$d_2=\frac{\ln\left(\frac{S_0}{K}\right)+(r-q-\sigma^2/2)T}{\sigma\sqrt{T}}=d_1-\sigma\sqrt{T}$$

总之，对于已知股息率的欧式股票期权，只要将股票现价按股息率贴现后代入公式，BS 模型依然适用。

5.3.3 欧式股指期权

股指可以看作一个支付连续股息收益率的股票投资组合。因此，如果股指中标的股票支付的股息收益率为 q，股指期权的定价公式就与支付已知连续股息率的股票期权定价方法相同了。

举个例子：小明买了一个欧式股指看涨期权，期权期限为 3 个月，股指的当前值 S_0 为 3000 元，执行价 K 为 2950 元，无风险利率 r 为每年 5%，波动率 σ 为每年 20%，年股息率 q 为 2%。

依题意：

$$d_1=\frac{\ln\left(\frac{S_0}{K}\right)+\left(r-q+\frac{\sigma^2}{2}\right)\times T}{\sigma\times\sqrt{T}}$$

$$=\frac{\ln\left(\frac{3000}{2950}\right)+\left(0.05-0.02+\frac{0.2^2}{2}\right)\times 3/12}{0.2\times\sqrt{3/12}}$$

$$=0.2931$$

$$d_2=\frac{\ln\left(\frac{S_0}{K}\right)+\left(r-q-\frac{\sigma^2}{2}\right)\times T}{\sigma\times\sqrt{T}}$$

$$=\frac{\ln\left(\frac{3000}{2950}\right)+\left(0.05-0.02-\frac{0.2^2}{2}\right)\times 3/12}{0.2\times\sqrt{3/12}}$$

$$=0.1931$$

$$N(d_1)=0.6152\quad N(d_2)=0.5766$$

期权价格为 $C=3000\times 0.6152\times e^{-0.02\times 0.25}-2950\times 0.5766\times e^{-0.05\times 0.25}=156.55$ 元。

5.3.4 欧式货币期权

与支付连续股息收益率股票类似，外汇可以看作收益率等于外币汇率 r_f 的资产。因此以外汇标的欧式期权的定价公式，与支付有连续股息收益率的股票期权一致。

定义 S_0 为即期汇率，即一个单位的外币所对应的美元数量。一个外币持有者的“股息收益率”就等于外币无风险利率 r_f。用 r_f 替代 q，得到欧式货币期权的定价公式如下：

$$C=S_0e^{-r_fT}N(d_1)-Ke^{-rT}N(d_2)$$

$$P = K\mathrm{e}^{-rT}N(-d_2) - S_0\mathrm{e}^{-r_f T}N(-d_1)$$

$$d_1 = \frac{\ln\left(\frac{S_0}{K}\right) + (r - r_f + \sigma^2/2)T}{\sigma\sqrt{T}}$$

$$d_2 = \frac{\ln\left(\frac{S_0}{K}\right) + (r - r_f - \sigma^2/2)T}{\sigma\sqrt{T}} = d_1 - \sigma\sqrt{T}$$

5.3.5 欧式期货期权

欧式期货期权的价格同样可以由 BS 模型得到。直观来看，由于进入期货合约长头寸或短头寸时不需要支付任何费用，因此在风险中性世界里期货的预期收益率为 0，即 $r - q = 0$。欧式期货期权的公式相应可以表示为

$$C = \mathrm{e}^{-rT}\left[F_0N(d_1) - KN(d_2)\right]$$

$$P = \mathrm{e}^{-rT}\left[KN(-d_2) - F_0N(-d_1)\right]$$

$$d_1 = \frac{\ln\left(\frac{F_0}{K}\right) + \sigma^2 T/2}{\sigma\sqrt{T}}$$

$$d_2 = \frac{\ln\left(\frac{F_0}{K}\right) - \sigma^2 T/2}{\sigma\sqrt{T}} = d_1 - \sigma\sqrt{T}$$

5.4 BS 模型数学推导

温馨提示

本节内容有一定难度，如果您对 BS 公式的数理推导感兴趣，可以继续阅读；如果您不关心 BS 公式的推导过程，可以跳过哦！

5.4.1 股票价格变化过程

我们以标的资产为无股息股票的期权为例，对 BS 模型进行推导。

在推导 BS 模型之前，首先要对股票价格的变化行为进行描述。在 BS 模型中，我们总是假设股票价格满足伊藤过程。

什么是伊藤过程呢？先给出伊藤过程的表达式：

$$dx = a(x,t)dt + b(x,t)dz$$

其中：x 表示变量，即标的股票的价格；a 表示每单位时间内 x 变化的期望值，它有个十分形象的名字——漂移率；b^2 表示单位时间内的方差率；$\Delta z = \varepsilon\sqrt{\Delta t}$，$\varepsilon \sim N(0, 1)$，表示 z 满足维纳过程。

简单来说，服从伊藤过程的变量，其变化由两部分组成：漂移项带来的变化和随机扰动项带来的变化。其中，变量的漂移率 a 和方差率 b^2 都可以表示为变量当前值 x 和时间 t 的函数，同时与变量的历史值完全无关（这个假设具有一定的现实意义，如果股价与其历史价格有关，那么现在股价可以被完全预测，这显然是不合理的）。

这也说明，我们假设的股票价格变化是服从马尔科夫过程的。服从马尔科夫过程的变量，其未来的预测值仅与标的变量的当前值有关，与变量的所有历史值及变量从过去到现在的变化路径完全无关。总之，与股票未来价格相关的唯一信息就是股票当前时刻的价格。

举个例子：假设当前万科 A 的股价为 16 元，若其股价服从马尔科夫过程，那么昨天、一星期以前、一个月以前、一年以前股价都完全不会影响我们对未来某时刻股价的预测，只有当前股价 16 元是有意义的。

下面我们解释下维纳过程。在我们的假设中，变量 z 需要满足维纳过程，维纳过程是漂移率 a 为 0，方差率 b^2 为每年 1.0 的特殊马尔科夫过程。

它在数学上需要满足两个性质：

性质 1：变量 z 在一小段时间内的变化量满足 $\Delta z = \varepsilon\sqrt{\Delta t}$，$\varepsilon \sim N(0, 1)$。

性质 2：任何两个不重叠的 Δt 内变化量 Δz 相互独立。

那么，股票价格的变化中漂移率和方差率应如何表示呢？显然，方差率可以用股票价格的波动率来描述。那么漂移率呢？使用固定数值的漂移率肯定是不合理的——如股票在价格为 10 美元时预期收益为 5 美元，投资者不可能在股票价格为 50 美元时预期收益还是 5 美元。考虑用股价的百分比变化来表示漂移率更加合适。

因此，我们可以假设现实世界中的股票价格满足如下的伊藤过程：

$$\Delta S/S = \mu\Delta t + \sigma\varepsilon\sqrt{\Delta t}$$

$$\Delta S = \mu S\Delta t + \sigma S\varepsilon\sqrt{\Delta t}$$

其中：μ 表示股票在单位时间内的收益率期望；σ 表示股票价格的波

动率标准差；S 表示股票的价格。股票的价格变化由漂移和波动两个部分组成。

总之，在 BS 模型中，假设股票价格服从伊藤过程，股票价格变化只与股票当前值有关，与历史价格无关。股票价格的变化由两个部分组成：一是预期资产回报率；二是随机波动。

5.4.2 伊藤引理

在 BS 模型推导中，伊藤引理是一个非常关键的结论。伊藤引理的得到需要严格的数学证明。

伊藤引理证明的结论：

如果变量 x 服从伊藤过程

$$\mathrm{d}x = a(x,t)\mathrm{d}t + b(x,t)\mathrm{d}z$$

那么 x 和 t 的函数 G 有以下表达式：

$$\mathrm{d}G = \left(\frac{\partial G}{\partial x}a + \frac{\partial G}{\partial t} + \frac{1}{2}\frac{\partial^2 G}{\partial x}b^2\right)\mathrm{d}t + \frac{\partial G}{\partial x}b\mathrm{d}z$$

其中，漂移率为：

$$\frac{\partial G}{\partial x}a + \frac{\partial G}{\partial t} + \frac{1}{2}\frac{\partial^2 G}{\partial x}b^2$$

方差率为：

$$\left(\frac{\partial G}{\partial x}\right)^2 b^2$$

对于 5.4.1 小节中描述的股票价格变化过程而言，由 $\mathrm{d}S = \mu S\mathrm{d}t + \sigma S\mathrm{d}z$，用 S 和 t 表示的函数 G 服从以下表达式：

$$\mathrm{d}G = \left(\frac{\partial G}{\partial S}\mu S + \frac{\partial G}{\partial t} + \frac{1}{2}\frac{\partial^2 G}{\partial S^2}\sigma^2 S^2\right)\mathrm{d}t + \frac{\partial G}{\partial x}\sigma S\mathrm{d}z$$

总之，伊藤引理是推导 BS 公式的重要基础。伊藤引理说明，如果一个变量满足伊藤过程，那么对这个变量和时间构成的某一函数求导，会得出特殊的表达式。

5.4.3 BS 公式简单推导

(1) 模型假设

在正式推导公式前给出一系列不太实际，但却十分必要的假设：

①股票价格服从 $\Delta S/S=\mu\Delta t+\sigma\varepsilon\sqrt{\Delta t}$；

②可以卖空证券，并且可以完全使用所得收入；

③无交易费用和税收，所有证券均可无限分割；

④在期权期限内，股票不支付股息；

⑤不存在无风险套利机会；

⑥证券交易连续进行；

⑦短期无风险利率 r 为常数，并对所有期限相同。

（2）BS 微分方程推导

根据我们对股票价格行为的描述，我们已经假设 $dS=\mu S dt+\sigma S dz$，假设 f 为关于 S 的看涨期权，且 f 是 S 和 t 的函数。

根据伊藤引理，得出：

$$df=\left(\frac{\partial G}{\partial S}\mu S+\frac{\partial G}{\partial t}+\frac{1}{2}\frac{\partial^2 G}{\partial S^2}\sigma^2 S^2\right)dt+\frac{\partial G}{\partial x}\sigma S dz$$

为了先解决掉很难进行公式运算的维纳过程部分，我们将得出的式子写成离散形式：

$$\Delta S=\mu S\Delta t+\sigma S\Delta z$$

$$\Delta f=\left(\frac{\partial G}{\partial S}\mu S+\frac{\partial G}{\partial t}+\frac{1}{2}\frac{\partial^2 G}{\partial S^2}\sigma^2 S^2\right)\Delta t+\frac{\partial G}{\partial x}\sigma S\Delta z$$

我们发现，以上两个公式中，唯一不确定的项就是 Δz。我们可以巧妙地选择股票与衍生品期权构造组合，来消除维纳过程部分。

选取组合为：

-1 份衍生产品和 $\frac{\partial f}{\partial S}$ 份股票，即一个衍生产品空头和 $\frac{\partial f}{\partial S}$ 数量的股票。

定义 π 为组合的价值，由定义 $\pi=-f+\frac{\partial f}{\partial S}S$，变化量 $\Delta\pi=-\Delta f+\frac{\partial f}{\partial S}\Delta S$

$$\Delta\pi=\left(-\frac{\partial f}{\partial t}-\frac{1}{2}\frac{\partial^2 f}{\partial S^2}\sigma^2 S^2\right)\Delta t$$

由无套利原理可知，该证券组合必须与其他无风险证券有相同的瞬时收益率，因此 $\Delta\pi=r\pi\Delta t$，其中 r 为无风险利率。我们得到：

$$\left(\frac{\partial f}{\partial t}+\frac{1}{2}\frac{\partial^2 f}{\partial S^2}\sigma^2 S^2\right)\Delta t=r\left(f-\frac{\partial f}{\partial S}S\right)\Delta t$$

进一步得到：

$$\frac{\partial f}{\partial t}+rS\frac{\partial f}{\partial S}+\frac{1}{2}\frac{\partial^2 f}{\partial S^2}\partial^2 S^2=rf$$

上式就是著名的 B－S－M 微分方程。下面来进一步得到 BS 定价公式。

如果只考虑微分方程的解，由于常数项的存在会使解的个数为无穷多个，我们无法得到唯一结果。我们需要利用边界条件来求得唯一解：

欧式看涨期权的关键边界条件为：$t=T$ 时，$f=\text{Max}(S-K,\ 0)$；

欧式看跌期权的边界条件为：$t=T$ 时，$f=\text{Max}(K-S,\ 0)$。

另外，我们还可以证明，如果 S 满足以上假设的变化路径，当 $G=\ln S$ 时，由伊藤引理得到：

$$\ln S_T \sim \varphi\left[\ln S_0+\left(\mu-\frac{\sigma^2}{2}\right)T,\ \sigma^2 T\right]$$

即 $\ln S_T$ 服从正态分布。

由以上微分方程、边界条件限制和 $\ln S_T$ 的性质，我们最终可以得到 BS 模型定价公式唯一的表达形式：

$$c=S_0N(d_1)-K\mathrm{e}^{-rT}N(d_2)$$

$$p=K\mathrm{e}^{-rT}N(-d_2)-S_0N(-d_1)$$

其中：

$$d_1=\frac{\ln\left(\frac{S_0}{K}\right)+(r+\sigma^2/2)T}{\sigma\sqrt{T}}$$

$$d_2=\frac{\ln\left(\frac{S_0}{K}\right)+(r-\sigma^2/2)T}{\sigma\sqrt{T}}=d_1-\sigma\sqrt{T}$$

附录： 一步到位公式套用教程

接下来，就是一步到位版的同志们的福音了！下面马上教大家如何一分钟速成 BS 公式！

虽然 BS 模型的定价公式形式简单，但经过试验，一个个取值代入公式也是很花时间的。所以，我们贴心的 IT 哥哥在网站上也为大家提供了 BS 模型的定价小工具。您只要了解各个所需参数的含义，就能分分钟得到期权的价格了。

下面就来手把手教您怎么套这些参数了：

1. S：标的资产起始价格

如果标的资产为股票，且现在的价格是35元，那么S就是35元。

2. K：期权执行价

如果期权的执行价是36元，那么K就是36元。

3. r：连续复利的无风险利率

如果无风险利率为5%，那么$r=0.05$。

温馨提示

模型中的无风险利率是连续复利的形式，一个简单的或不连续的无风险利率（设为r_0）一般是一年计息，而r要求利率连续复利，r_0必须转化为r才能进行计算，两者的换算关系为：$r=\ln(1+r_0)$，$r_0=e^r-1$。

4. q：分红率或融券利息

针对前文分析，不同情况下q的值如下：

（1）如果标的资产为不支付股息的股票

$q=0$

（2）如果标的资产为支付连续股息的股票

$q=$连续股息收益率

如当前连续股息收益率为2%，$q=0.02$。

（3）如果标的资产为股指期权

$q=$股指中标的股票的连续股息收益率

如当前股指连续股息收益率为3%，$q=0.03$。

（4）如果标的资产为外汇

$q=$外币的无风险收益率

如当前外币的无风险收益率为6%，$q=0.06$。

（5）如果标的资产为期货合约

$q=r$

5. T：期权期限

T是期权距离到期的时间，单位为年。

如果期权距到期还剩1个月，则 $T=1/12=0.0833$。

也可以采用交易日天数来确定 T，单位同样为年。

例如，今年总共有252个交易日，现在距到期还有3个交易日，那么 $T=3/252=0.0119$。

6. σ：波动率

如果期权的年波动率为30%，那么 $\sigma=30\%$。

通过以上几个参数，就可以得到BS定价模型下的期权理论价了。

是不是突然觉得零基础也能进行BS模型定价了呢，那么赶快去我们网站的期权计算小工具上试试吧！

网站地址：http：//121.196.203.249/

第 6 章　手把手教你二叉树期权定价

股票价格距真正的价值很远，这就创造了赚钱的良机。

——乔治·索罗斯

导语

目前，股票、期货、股指、货币等越来越多的金融工具开始成为期权的合约标的。不少人依靠期权实现了财富传奇。

读到这里，有人可能会想，是不是能预测出期权价格就能走上致富的道路了呢？只能说，价格预测这事就交给老天爷吧！但我可以偷偷告诉你们期权的理论价格是多少。

事实上，实践中期权理论价的运用也非常广泛。下面，就跟大家来聊聊一种经典的期权理论价格确定方法——二叉树定价模型（CRR）。

提到价格计算，是不是很多人头脑中都浮现出了那些根本不知所云的数学公式？

没关系，针对广大人士，本章同样提供了一步到位版、大白话版和学霸版！（三个版本融入在一篇文章中，大家可根据自己的实际情况挑选阅读哦。）

（1）一步到位版：想直接套用公式，迫不及待想知道当前期权理论价格的人群可直接跳到本章末附录部分哦。

（2）大白话版：想了解一些原理，但对数学公式发晕的人群可重点关注下文大白话部分哦。

（3）学霸版：学霸当然是要一字一句把整章内容看完啦！

6.1 什么是二叉树

首先，什么是二叉树呢？二叉树代表了在期权期限内可能会出现的股票价格变动路径的图形（在每一个时刻，股票价格都可能以某种概率向上移动一定的比率，或以某种概率向下移动一定的比率，所以股票价格会形成多个可能的路径），可以看图 6－1 感受下（假设 $u \times d = 1$）。

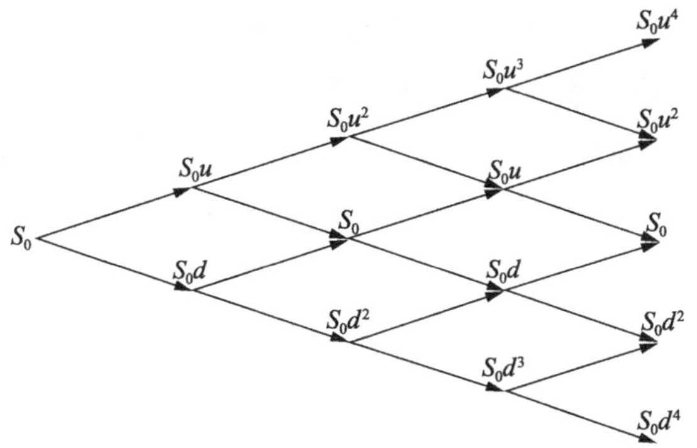

图 6－1 四步二叉树中股票价格变化

大白话：二叉树就像一个醉汉在走直线，每一步都可能向左走一段距离或向右走一段距离，那么几步之后，他可能在很左边了，也可能在很右边了，甚至可能回到直线上了，而所有这些可能的路径合起来就是二叉树。

6.2 二叉树定价原理概述

二叉树模型就是在假设标的资产价格具有上述可能变动路径的基础上，对期权进行定价。在推导模型前，有两个假设：第一，市场上没有套利的机会；第二，假设投资者风险中性。

大白话：在整个二叉树推导过程中，记住两点：（1）天上不会掉馅饼，即市场上白捡钱的机会已经被别人捡光了；（2）假设随着投资风险的增加，投资者并不要求额外的投资回报率（只是假设，可证明在对期权定价时投资者对风险的态度并不重要）。

本节，我们先以无股息的股票期权为例，用无套利定价方法进行说明。

6.2.1 一步二叉树的无套利定价

先从最简单的一步二叉树入手吧。

(1) 实例说明

举个例子：我们假设一只股票的当前价格为30元，并且我们知道在3个月以后这只股票价格会变成33元或者27元。现在我们希望找出3个月后能以31元买入股票的看涨期权价格。首先我们可以很轻松得知在3个月后该期权有以下两个可能价格：如果股票价格变为33元，期权价格将为Max(33 - 31, 0) = 2元；如果股票价格变为27元，期权价格将为Max(27 - 31, 0) = 0元。具体情形如图6-2所示，该图即为简单的一步二叉树模型。

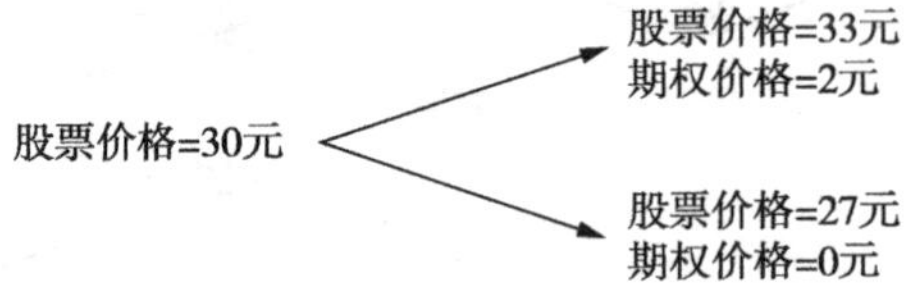

图6-2 股票价格的数值化实例

随后，我们先构造一个股票和期权的组合，并让这个组合在3个月后的价值没有不确定性，也就是说，让这个组合没有任何风险。因为这个组合没有任何风险，所以该组合的收益率一定等于无风险利率。所以我们只要得到构造这一交易组合的成本，就能通过减去股票成本得知期权的价格了。

我们现在考虑一个由Δ单位的股票多头和一份看涨期权空头组成的交易组合。我们将求出让交易组合成为无风险的Δ。当股票价格从30元变成33元时，所持股票的价值变成33Δ，期权价值变为2元，交易组合的整体价值为$33\Delta - 2$；当股票价格从30元变成27元时，所持股票的价值变成27Δ，期权价值变为0元，交易组合的整体价值为27Δ。正如之前所提到的，如果交易组合在以上两个条件下价值相等，那么该组合不存在任何风险。

所以，$33\Delta - 2 = 27\Delta \Rightarrow \Delta = 1/3$。因此，无风险交易组合为：多头：1/3单位股票；空头：1份期权。3个月后该交易组合的价格为$33 \times 1/3 - 2 = 9$元。

我们假设无风险利率为每年 10%，那么该交易组合现值等于 3 个月后的 9 元钱在当前时刻的贴现值，即 $9\ \mathrm{e}^{-0.1\times3/12}=8.78$ 元。

如果将期权的价格记为 f，交易组合在今天的价值等于 $30\times0.33-f=10-f=8.78$，可得 $f=1.22$ 元。

以上例子说明，在无套利前提下，期权的当前价格为 1.22 元。

（2）一步二叉树的一般化推导

接下来我们用公式来推导上述一步二叉树的一般结论。我们假设某股票的初始价格为 S_0，股票期权的现值为 f_0，期权的期限为 T。在 T 时间后，也就是期权到期时股票价格变化存在两种可能：股票价格可能从 S_0 上涨到 $S_0u(u>1)$，涨幅为 $u-1$，期权价值变为 f_u；也可能从 S_0 下跌到 $S_0d(d<1)$，跌幅为 $1-d$，期权价值变为 f_d，如图 6-3 所示。

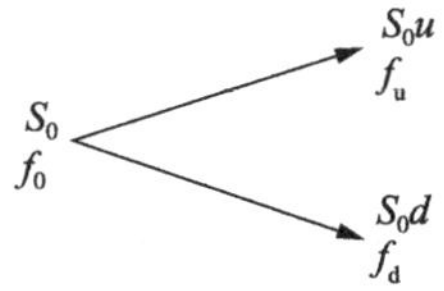

图 6-3 股票价格与期权价格

我们再通过 Δ 单位的股票多头和一份看涨期权空头组成一份无风险交易组合。无风险交易组合意味着 T 时间后两种情况下的交易组合价值相等，即：

$$S_0u\Delta-f_u=S_0\mathrm{d}\Delta-f_d$$

$$\Delta=\frac{f_u-f_d}{S_0u-S_0d}$$

由于该交易组合无风险，因此其收益率等于无风险收益率。设无风险收益率为 r，该交易组合现值等于 T 时间后的价值以无风险收益率 r 贴现到现在，等于：

$$(S_0u\Delta-f_u)\mathrm{e}^{-rT}$$

同时，交易组合的现值又等于当前股票价值与期权价值之差，即：

$$S_0\Delta-f_0$$

因此，

$$S_0\Delta-f_0=(S_0\mu\Delta-f_\mu)\mathrm{e}^{-rT}$$

$$f_0=S_0\Delta(1-\mu\ \mathrm{e}^{-rT})+f_u\mathrm{e}^{-rT}$$

将前式得出的Δ公式代入上述公式进行化简，得到：

$$f_0 = S_0\left(\frac{f_u - f_d}{S_0 u - S_0 d}\right)(1 - \mu e^{-rT}) + f_u e^{-rT}$$

$$f_0 = \frac{f_u(1 - de^{-rT}) + f_d(\mu e^{-rT} - 1)}{u - d}$$

最终我们得到公式 A：

$$f = e^{-rT}[pf_u + (1-p)f_d] \quad \text{(A)}$$

其中：

$$p = \frac{e^{rT} - d}{u - d}$$

$$f_u = \text{Max}(S_0 u - X,\ 0)$$

$$f_d = \text{Max}(S_0 d - X,\ 0)$$

大白话：先构造一个期权和股票的组合，在一定的比例下，一定可以保证这个组合在无论上涨还是下跌的情况下未来的价值都是一样的。为了满足市场上没有白捡钱的机会的假设，未来的价值按无风险利率贴现到现在的价值就等于当前持有股票和期权的成本。由此可以得到，期权的价值可以表示成无风险利率、期权期限、上涨下跌幅度、标的资产起始价格和执行价的表达式。

而且，我们可以惊奇地发现，在这个表达式里，期权的价值居然与股票上涨或下跌的概率无关！可以简单理解成，股票涨跌概率因素已经包含在股票价格变化之中，所以在定价的时候不用考虑了。

6.2.2 两步二叉树（欧式期权）

接下来延伸到对欧式期权的两步二叉树定价。投资者可能都会有一个根深蒂固的概念，欧式期权用 BS 公式定价，美式期权用二叉树定价。其实二叉树的极限就是 BS 公式哦！欧式期权因为有显性表达式，所以更多的是利用 BS 公式去定价。当然啦，二叉树也可以为欧式期权定价，就是耗时更多一些。

(1) 实例说明

举个例子：假设某股票价格每 3 个月涨 10%或跌 10%，股票的现价为 30 元。我们想要知道以该股票为标的物，执行价为 31 元，到期时间为 6

个月的看涨期权的价格。假设无风险利率为 10%。这时我们就可以利用两步二叉树方法来计算期权价格。如图 6－4 所示，当期股票价格在上，当期期权价格在下。

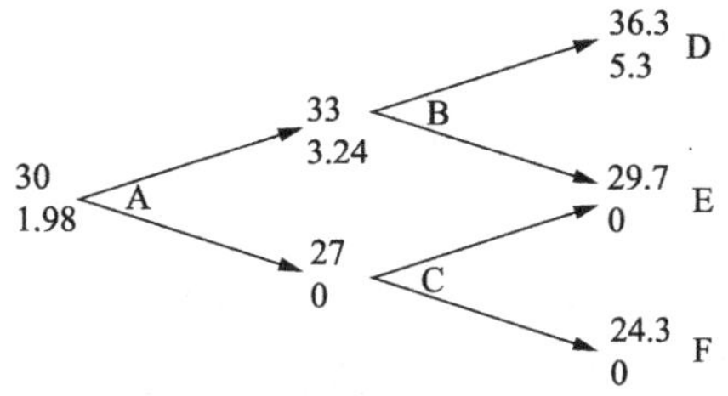

图 6－4 两步二叉树的股票价格及期权价格

这时候，我们就需要从后往前分步计算期权价值，直到当前时刻为止。6 个月后股票可能出现三种情形：D 阶段：股票价格为 36.3 元，期权价值为 5.3 元；E 阶段：股票价格为 29.7 元，期权价值为 0 元；F 阶段：股票价格为 24.3 元，期权价值为 0 元。我们再通过 D 阶段与 F 阶段计算 B 阶段期权价值，计算方法就是先前介绍的一步二叉树方法。将数据代入公式 A 中即可得出结果。需要注意的是，这里每一步的 T 为 3 个月，两步合起来才为 6 个月。我们得到在 B 阶段期权价格 3.24 元。再同理计算 C 阶段与 A 阶段价格。最后得到 C 阶段期权价值为 0 元，A 阶段期权价值为 1.98 元。

（2）二步二叉树的一般化推导

设股票初始价格为S_0，每个阶段股票可能涨到原先价格的 u 倍，也可能跌到原先价格的 d 倍。每个阶段的时间间隔为 Δt，无风险利率为 r。各个阶段股票价格与期权价格符号如图 6－5 所示。

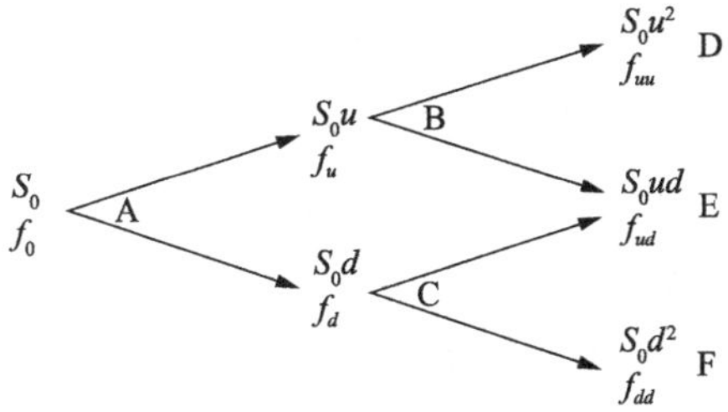

图 6－5 一般两步二叉树的股票价格与期权价格

同样根据一步二叉树的原理。由于步长为Δt，公式A变为：

$$f = e^{-r\Delta t}[pf_u + (1-p)f_d]$$

$$p = \frac{e^{r\Delta t} - d}{u - d}$$

重复上式的应用，我们得到：

$$f_u = e^{-r\Delta t}[pf_{uu} + (1-p)f_{ud}]$$

$$f_d = e^{-r\Delta t}[pf_{ud} + (1-p)f_{dd}]$$

$$f = e^{-r\Delta t}[pf_u + (1-p)f_d]$$

再将上述式子合并化简，我们得到了两步二叉树公式B：

$$f = e^{-2r\Delta t}[p^2 f_{uu} + 2p(1-p)f_{ud} + (1-p)^2 f_{dd}] \tag{B}$$

类似地，二叉树模型还可以分出更多步数，并根据类似方法进行推导。

大白话：对于欧式期权而言，当二叉树的步数增加后，可以根据类似一步二叉树的原理，从后往前，看作多个一步二叉树来得到期权的理论价格。同样，期权的价值可以表示成无风险利率、期权期限、上涨下跌幅度、标的资产起始价格和执行价的表达式。

6.2.3 两步二叉树（美式期权）

与欧式期权唯一不同的是，美式期权的持有者可以提前行权。所以在对美式期权定价时，需要考虑在某个节点上提前行权是否为最优选择。在树的最后节点上，美式期权的价格等于欧式期权的价格，之前的任何一个节点上美式期权的价格等于以下数量的较大值：

- 由一步二叉树公式A所计算得到的值
- 提前行使期权的收益

举个例子：我们考虑一个两年期执行价为52元的美式看跌期权，股票的当前价格为50元。我们假定股票价格服从步长为1年的两步二叉树。在二叉树的每一步上，股票价格或者按比例上涨20%，或者按比例下跌20%，假设无风险利率为5%。

如图6-6所示，和欧式期权定价一样，美式定价从后往前推导。D、E、F三个为期末价格。我们利用D与E计算B，利用一步二叉树公式计算得到结果为1.41元，此时若行权，相应收益为-8，因此不应当提前行

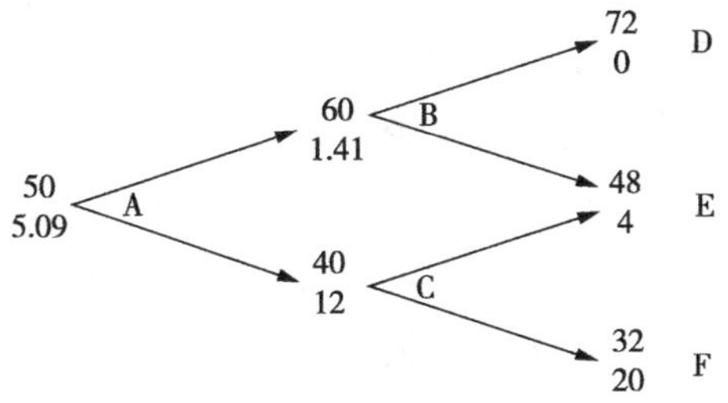

图 6－6 利用两步二叉树来对美式看跌期权定价

权。在计算 C 阶段过程中，利用一步二叉树公式计算得到结果为 9.46 元。若此时行权，相应收益为 12 元，因此应当提前行权。从而期权的相应价格变为 12 元。计算 A 时同上。

大白话：对于美式期权而言，根据与欧式期权同样的原理从后往前推导每个时刻的期权价格，唯一的不同是，如果在某个时刻提前行权更加划算，则提前行权。毕竟，怎么赚钱怎么来！由于有了更多的选择权，相等条件下，美式期权的价格不低于欧式期权的价格。

6.2.4 多步二叉树（美式期权）

在现实中，标的资产的价格变化非常频繁。为了得到更加精确的价格，我们可以将二叉树扩展到更多的步数。

图 6－7 所示为一个四步二叉树的示意图，在时刻 $i\Delta t$，价格有 $i+1$ 种可能，可以表示成：

$$S_0u^jd^{i-j},\ j=0,\ 1,\ \cdots,\ i$$

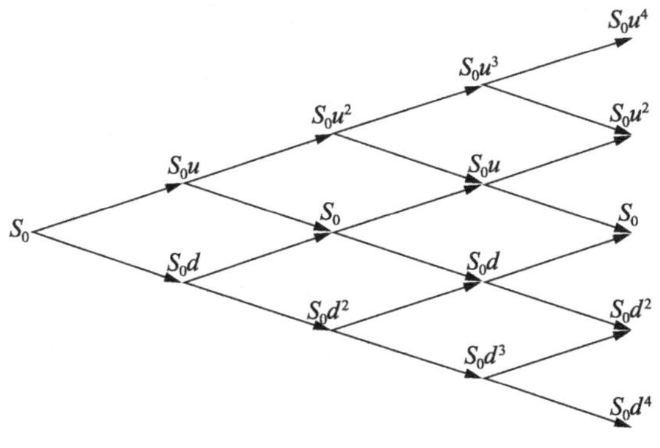

图 6－7 四步二叉树示意图

多步二叉树的定价原理与二步二叉树一样，但是对于美式期权，在每一步都需要比较提前行权是否有利。

我们假设把一个美式期权的期限分成 N 个长度为 Δt 的时间区间。我们称在时间 $i\Delta t$ 的第 j 个节点为 $(i,\ j)$ 节点，其中 $0\leqslant i\leqslant N$，$0\leqslant j\leqslant i$。简言之，i 代表经过了多少个 Δt 的时间，确定了节点在树中所在列；j 确定了节点在树中所在行。在第 i 列中，最底下的节点 j 值为 0，最顶上的节点 j 值为 i，每一列 j 值有 $i+1$ 个。令 $f_{i,j}$ 为期权在 $(i,\ j)$ 节点上的值，标的资产在 $(i,\ j)$ 节点上的价格为 $S_0u^jd^{i-j}$。

在 $i\neq N$ 和不提前行使期权的前提下，$(i,\ j)$ 节点期权的价格可以由 $(i+1,\ j)$ 节点和 $(i+1,\ j+1)$ 节点的期权价格推出，p 是标的物价格上涨的概率，即：

$$f_{i,j}=e^{-r\Delta t}\left[pf_{i+1,j+1}+(1-p)f_{i+1,j}\right]$$

其中，美式看涨期权和美式看跌期权每一步的期权价格需要通过如下表达式比较得到：

看涨美式期权：

$$f_{i,j}=\mathrm{Max}\{S_0u^jd^{i-j}-K,e^{-r\Delta t}[pf_{i+1,j+1}+(1-p)f_{i+1,j}]\}$$

看跌美式期权：

$$f_{i,j}=\mathrm{Max}\{K-S_0u^jd^{i-j},e^{-r\Delta t}[pf_{i+1,j+1}+(1-p)f_{i+1,j}]\}$$

式中：K 表示期权执行价；S_0 表示股票在 $T=0$ 时价格；f 表示期权价格；p 表示标的物上涨概率。

6.3 二叉树参数确定

前面我们已经推导出，在二叉树定价模型中，期权的价值可以表示成标的资产起始价格（S）、执行价（K）、无风险利率（r）、期权期限（T）和上涨下跌幅度（u 和 d）的表达式。S、K、r 和 T 的值都容易确定，问题是 u 和 d 如何确定。

简单来说，我们选择的 u 和 d 要保证二叉树的波动率与标的资产（此处以股票为例）的波动率吻合，且二叉树的价格预期等于标的资产的价格预期。我们定义波动率为 σ，使得 $\sigma\sqrt{\Delta t}$ 为股票价格在一个长度为 Δt 的短时间段上收益的标准差，p^* 为现实世界中的上涨概率，μ 为现实世界中的回报预期值。

以一步二叉树为例进行说明：

二叉树价格预期等于现实世界标的资产价格预期可以表示为：

$$p^* \times u + (1 - p^*) d = e^{\mu \Delta t} \tag{C}$$

股票价格变动的预期为：

$$p^* \times (u - 1) + (1 - p^*)(d - 1)$$

股票价格变动的方差就是：

$$p^*(M - 1)^2 + (1 - p^*)(d - 1)^2 - [p^*(M - 1) + (1 - p^*)(d - 1)]^2$$

为了使股票价格波动率与二叉树波动率一致，有：

$$p^*(M - 1)^2 + (1 - p^*)(d - 1)^2 - [p^*(M - 1) + (1 - p^*)(d - 1)]^2 = 6^2 \Delta t \tag{D}$$

由式 C 和式 D，将一些高级项删去后，可以得到 u 和 d 的解，如下：

$$u = e^{\sigma \sqrt{\Delta t}} \tag{E}$$

$$d = e^{-\sigma \sqrt{\Delta t}} \tag{F}$$

$$p^* = \frac{a - d}{u - d}$$

其中，$a = e^{\mu \Delta t}$。

同样，在风险中性世界中，由于预期回报率为无风险利率，所以：

$$p = \frac{a - d}{u - d} \tag{G}$$

$$a = e^{r \Delta t} \tag{H}$$

由此，我们可以得到二叉树模型下期权价格确定需要的参数的值。

大白话：为了得到期权的理论价，在之前得到的代数表达式中，还需要确定标的资产上涨下跌的幅度。根据二叉树波动率与标的资产波动率吻合，且二叉树的价格预期等于标的资产的价格预期两个原则，可以把标的资产上涨下跌幅度表达为波动率和时间的代数表达式。由此，期权的理论价可以表达为无风险利率、期权期限、波动率、标的资产起始价格和执行价的表达式了。

于是，万事俱备，可以计算期权的理论价了。

6.4 其他标的资产期权定价

6.4.1 支付连续股息收益率股票的期权

如果标的资产是一个支付连续股息收益率的股票，那么标的资产的资本收益应该等于无风险收益率减去连续股息收益率。如果连续股息收益率为 q，那么对应期权计算公式中，u、d、p 计算公式（即 E、F、G）三式不变，只需将 $a=e^{r\Delta t}$ 改成 $a=e^{(r-q)\Delta t}$ 即可。

大白话：简单理解，想象你买的期权对应着一定数量的股票，由于连续支付股息，一部分收益就以股息的形式拿走了，你对应的股票价格上的收益就少了，反映到期权上，期权的价格就要除掉这个因素。股指期权和外汇期权也类似。

6.4.2 股指期权

股指可以看作一个支付连续股息收益率的股票投资组合，因此，如果股指中标的股票支付的股息收益率为 q，对股指期货的定价公式就与支付已知连续股息率的股票期权定价相同了。

6.4.3 外汇期权

与支付连续股息收益率股票类似，外汇可以看作收益率等于外币汇率 r_f 的资产，所以外汇标的的资本收益同样应该等于无风险收益率减去外币无风险利率。在期权定价公式中，只需将 $a=e^{r\Delta t}$ 改成 $a=e^{(r-r_f)\Delta t}$ 即可。

6.4.4 期货期权

由于进入期货合约的多头或空头时不需要支付任何费用，因此在风险中性世界中期货的预期收益率为 0。因此 $a=e^{r\Delta t}$ 中 $r=0$，即 $a=1$，$q=\frac{1-d}{u-d}$。u 和 d 的公式不用改变。

大白话：因为进入期货合约只需要保证金，而保证金一般是可以获得利息的，所以进入期货合约一般不需要成本，没有付出没有回报，预期收益率也就是 0 了。

附录：　一步到位公式套用教程

讲了这么多，一步到位版的同志们是不是都睡去了？醒一醒，擦把脸，下面就教大家如何套公式了！

随着步数的增加，二叉树的表达式会越来越繁杂，一般也都需要借助于计算机等工具。所以，我们贴心的 IT 哥哥在网站上也为大家特别制作了二叉树定价的小工具。您只要了解各个所需参数的含义，就能分分钟得到期权的价格了。

下面就来手把手教您怎么套这些参数了：

1. S：标的资产起始价格

如果标的资产为股票，且现在的价格是 50 元，那么 S 就是 50 元。

2. K：期权执行价

如果期权的执行价是 48 元，那么 K 就是 48 元。

3. r：无风险利率

如果无风险利率为 5%，那么 $r=0.05$。

4. q：分红率或融券利息

针对前文分析，不同情况下 q 的值如下：

（1）如果标的资产为不支付股息的股票

$q=0$

（2）如果标的资产为支付连续股息的股票

$q=$ 连续股息收益率

如当前连续股息收益率为 2%，$q=0.02$。

（3）如果标的资产为股指期权

$q=$ 股指中标的股票的连续股息收益率

如当前股指连续股息收益率为 3%，$q=0.03$。

（4）如果标的资产为外汇

$q=$ 外币的无风险收益率

如当前外币的无风险收益率为 6%，$q=0.06$。

（5）如果标的资产为期货合约

$q=r$

5. T：期权剩余到期时间（年化）

T 是期权距离到期的时间，单位为年。

如果期权距到期还剩 1 个月，则 $T=1/12=0.0833$。

也可以采用交易日天数来确定 T，单位同样为年。

比如，今年总共有 252 个交易日，现在距到期还有 3 个交易日，那么 $T=3/252=0.0119$。

6. n：步数

n 是希望计算的二叉树的步数。如 $n=50$，那么希望用于计算的二叉树的步数为 50 步，如果期权期限 $T=0.0119$ 年，那么每一步的期限 $\Delta t=0.0119/50=0.000238$ 年。

温馨提示

步数越多，计算得越精确哦，但计算会变慢。

7. σ：波动率

如果标的资产的年波动率为 40%，那么 $\sigma=40\%$。

通过以上 7 个参数，就可以得到二叉树定价模型下的期权理论价了。

是不是突然觉得二叉树定价很简单了呢，那么赶快去我们网站的期权计算小工具上试试吧！

网站地址：http：//121.196.203.249/

第三篇　波动率专题

第 7 章　小白学波动率系列之历史波动率

历史本身是自然史的一个现实的部分，是自然生成为人这一过程的一个现实的部分。

——马克思《1844 年经济学——哲学手稿》

我们都知道，波动率在期权定价和交易中有着非常重要的作用。但真实的波动率往往是难以预测的。那么，在实际的交易中，我们应该如何来较为准确地估计波动率呢?

一种最直接的方法就是参考历史波动率的变化。历史波动率是基于过去的标的资产价格数据统计得到的波动率，在实践中有着较大的参考意义。

有人可能会说，那还不简单！既然是历史波动率，把所有的行情数据拿过来算一下肯定很精确了吧。然而，这样的计算量显然是难以想象的。所以，我们一般只能选取一些比较有代表性的价格数据，来构建估计量，从而估计历史波动率。

到目前为止，业界和学术界已经提出过无数种估计历史波动率的方法。为了方便学习，本章为大家总结了最常用的五种波动率估计量，并教大家怎么计算。

7.1　Close – To – Close（收盘价—收盘价估计量）

顾名思义，这种波动率的估计方法采用收盘价来估计波动率。

由于波动率的标准定义是变量方差的平方根，所以只需要根据方差的无偏估计的定义就可以得到历史波动率的计算公式:

$$\sigma = \sqrt{\frac{\sum (x_i - \bar{x})^2}{N-1}}$$

$$\bar{x} = \frac{1}{N}\sum x_i$$

$$x_i = \log\left(\frac{P_t}{P_{t-1}}\right)$$

其中，σ 为历史波动率；x_i为对数收益率；$\bar{x}$为样本的收益率的均值；N 为样本规模，即参与计算的x_i的个数；P_t是 t 时刻的收盘价格。

温馨提示

在计算收益率时一般都采用对数收益率，而不是算术收益率。一个重要的原因是对数收益率具有可加性。比如，股票从 t_1 到 t_2 及 t_2 到 t_3 时刻的对数收益率分别为 r_1 和 r_2，那么从 t_1 到 t_3 时刻的对数收益率刚好为 r_1+r_2。

但是，以上计算公式可能会存在一个很明显的问题。举个极端的例子，我们假设在一段时间，每天股票价格都上涨 3%，股票价格实际发生了很大的波动。但在上述公式中，由于$\bar{x}=3\%$，计算得到的波动率竟然为 0！特别是在小样本情况下，类似情况很有可能发生。所以，在利用 Close－To－Close 的方法估计时，往往假设收益率的均值$\bar{x}=0$。

于是，均值为 0 的条件下，历史波动率的计算公式就变成：

$$\sigma = \sqrt{\frac{\sum x_i^2}{N-1}}$$

$$x_i = \log\left(\frac{P_t}{P_{t-1}}\right)$$

此外，一般情况下，我们都需要将波动率以年化的形式表示，即需要乘以以年为单位的频数长度（也就是一年的交易周期）的平方根。例如，当我们使用的是日数据时，如果年交易天数是 252 天，那就需要乘以 $\sqrt{252}$，年波动率变为 $\sigma\sqrt{252}$。

另外，从数学上还可以证明，我们只需要将计算结果除以校正因子 b 即可得到总体标准差的无偏估计。校正因子的公式如下：

$$b(N) = \sqrt{\frac{2}{N}}\frac{\Gamma\left(\frac{N}{2}\right)}{\Gamma\left(\frac{N-1}{2}\right)}$$

其中，N 为样本容量。

可以证明，随着 N 的增大，b 的值越来越接近 1，这意味着增加样本容量，可以得到更加精确的估计结果。

从以上收盘价 - 收盘价估计量的计算公式，我们可以发现收盘价—收盘价估计量具有抽样特性很容易理解、偏差容易纠正的优点，但这个估计量只使用了收盘价数据，所以收敛速度很慢。

如果看到这里还有点困惑，看看下面的例子就知道怎么用这种方法求历史波动率了。表 7 - 1 是上证 50ETF 2017 年 6 月 1 日—6 月 28 日的收盘价，我们以 Excel 为例为大家求解一遍吧。

假设用过去 20 个交易日数据作为样本求解 6 月 28 日的历史波动率。首先利用公式 $x_i = \log\left(\frac{P_t}{P_{t-1}}\right)$ 计算这 20 个交易日的对数收益率如表 7 - 1C 列所示，之后套用均值为 0 的波动率公式 $\sigma = \sqrt{\frac{\sum x_i^2}{N-1}}$，并将结果乘以 $\sqrt{252}$，就可以得到 Close - To - Close 的历史波动率为 0. 1226。

表 7 - 1 上证 50ETF 2017 年 6 月 28 日历史波动率计算

Excel 第 1 行	时间 Excel A 列	收盘价（P） Excel B 列	对数收益率（x_i） Excel C 列	先计算（x_i^2） Excel D 列	历史波动率 （C - C，mean = 0） Excel D 列
第 2 行	2017 - 05 - 31	2. 475	/		
第 3 行	2017 - 06 - 01	2. 49	= ln(B3/B2) (ln（2. 49/2. 475)) =0. 006042	= C3^2 =0. 006042^2 =0. 00003651	
第 4 行	2017 - 06 - 02	2. 47	ln(B4/B3) (ln(2. 442/2. 47)) = -0. 008064	= C4^2 =(-0. 008064)^2 =0. 00006504	
第 5 行	2017 - 06 - 05	2. 442	依此类推 -0. 011400775		
第 6 行	2017 - 06 - 06	2. 457	0. 006123718		
第 7 行	2017 - 06 - 07	2. 48	0. 009317467		
第 8 行	2017 - 06 - 08	2. 501	0. 008432092		
第 9 行	2017 - 06 - 09	2. 517	0. 006377064		

续表

Excel 第1行	时间 Excel A列	收盘价（P）Excel B列	对数收益率（x_i）Excel C列	先计算（x_i^2）Excel D列	历史波动率（C－C，mean＝0）Excel D列
第10行	2017－06－12	2.514	－0.001192606		
第11行	2017－06－13	2.512	－0.000795862		
第12行	2017－06－14	2.482	－0.012014562		
第13行	2017－06－15	2.465	－0.006872879		
第14行	2017－06－16	2.46	－0.002030458		
第15行	2017－06－19	2.497	0.014928661		
第16行	2017－06－20	2.483	－0.005622505		
第17行	2017－06－21	2.509	0.010416761		
第18行	2017－06－22	2.524	0.005960677		
第19行	2017－06－23	2.543	0.007499542		
第20行	2017－06－26	2.554	0.004316271		
第21行	2017－06－27	2.564	0.003907781		
第22行	2017－06－28	2.548	－0.006259801		＝SQRT(AVERAGE(D3:D22)＊SQRT(252)＝0.1226

7.2 Parkinson 估计量

与 Close－To－Close 估计量不同，Parkinson 估计量选取交易时间的最高价和最低价来构造波动率估计量，其公式可以表示为

$$\sigma = \sqrt{\frac{1}{4N\ln 2}\sum_{i=1}^{N}\left(\ln\frac{h_i}{l_i}\right)^2}$$

其中，h_i 为交易时段的最高价；l_i 为交易时段的最低价；N 为样本容量，如果使用了 20 个样本，则 N 就是 20。

同收盘价－收盘价估计量一样，为了将估计量年化，需要将其乘以每年交易周期的平方根。比如，当我们使用的是日数据时，如果年交易天数是 252 天，那年波动率就是 $\sigma\sqrt{252}$。

与 Close－To－Close 估计量相比，Parkinson 估计量利用最高价和最低价两个数据，提供了更加全面的信息，效率更高。特别是较好地反映了日

内波动程度。

但是，由于市场只能以离散的交易单位进行交易，Parkinson 估计量没有考虑到在实践中没有观察到的、可能成为最高价或者最低价的价格，所以往往会系统地低估波动率。而且，Parkinson 估计量也不能解决开盘价格跳空的问题。另外，最高价和最低价可能是“肥手指”等极端价格，会带来“脏数据”。

同样，利用最高价、最低价数据并套用公式，可以得到 Parkinson 估计量的历史波动率。图 7－1 展示了 50ETF 上市至今的 Close－To－Close 和 Parkinson 估计量下的历史波动率（样本容量为 20）。可以看到，在某些时间区间，Parkinson 波动率明显大于 C－C 波动率，说明这些时间段的真实波动率主要由日内极差造成。

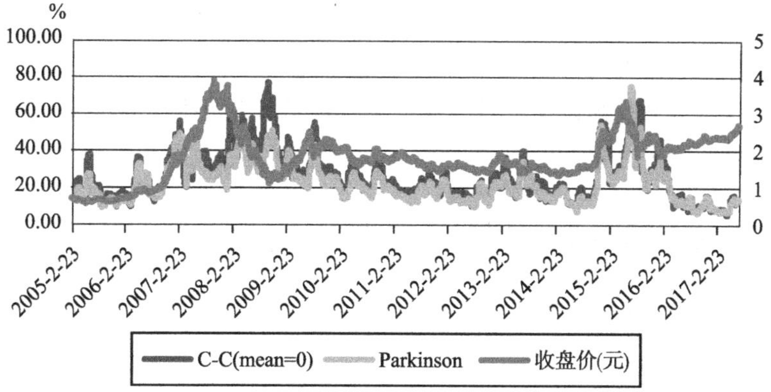

图 7－1　50ETF 历史波动率（C－C&Parkinson）

7.3　Garman－Klass 估计量

Garman－Klass 估计量同时考虑了收盘价、最高价、最低价和开盘价。

$$\sigma = \sqrt{\frac{1}{N}\sum_{i=1}^{N}\frac{1}{2}\left(\ln\frac{h_i}{l_i}\right)^2 - \frac{1}{N}\sum_{i=1}^{N}(2\ln 2 - 1)\left(\ln\frac{c_i}{o_i}\right)^2}$$

其中，h_i为交易时段的最高价；l_i为交易时段的最低价；c_i为收盘价；o_i为开盘价；N为样本容量。

同样，为了将估计量年化，需要将其乘以每年交易周期的平方根。如我们使用的是半个交易日的数据时，如果年交易天数是 252 天，那年波动

率就是 $\sigma\sqrt{252\times2}$。

由于使用了更全面的价格信息，所以 Garman - Klass 估计量的效率更高。但它同样没有考虑开盘跳空的情况。同样由于离散取样，该估计量会低估实际波动率。

7.4　Rogers - Satchell 估计量

Rogers - Satchell 估计量的公式如下所示，同时用到了最高价、最低价、收盘价和开盘价的数据。与上述估计量明显不同的是，该估计量放宽了交易是连续的假设。但同样没有考虑开盘跳空的情况。

$$\sigma = \sqrt{\frac{1}{N}\sum_{i=1}^{N}\left(\ln\frac{h_i}{c_i}\right)\left(\ln\frac{h_i}{o_i}\right)+\left(\ln\frac{l_i}{c_i}\right)\left(\ln\frac{l_i}{o_i}\right)}$$

其中，h_i为交易时段的最高价；l_i为交易时段的最低价；c_i为当期收盘价；o_i为当期开盘价；N为样本容量。

同收盘价 - 收盘价估计量一样，为了将估计量年化，需要将其乘以每年交易周期的平方根。

7.5　Yang - Zhang 估计量

Yang - Zhang 估计量实际上是 Close - To - Close 估计量、开盘价—收盘价估计量和 Rogers - Satchell 估计量的一个加权平均。所以这个估计量能够同时处理价格漂移和价格跳空的问题。但如果是由跳空主导的行情，该估计量的作用就不明显了，因为只赋予了跳空一部分的权重。

$$\sigma = \sqrt{\sigma_o^{\ 2} + k\,\sigma_c^{\ 2} + (1-k)\,\sigma_{rs}^{\ 2}}$$

$$\sigma_o^2 = \frac{1}{N-1}\sum_{i=1}^{N}\ln\left(\frac{o_i}{c_{i-1}}\right)^2$$

$$\sigma_c^2 = \frac{1}{N-1}\sum_{i=1}^{N}\ln\left(\frac{c_i}{c_{i-1}}\right)^2$$

$$\sigma_{rs}^{\ 2} = \frac{1}{N-1}\sum_{i=1}^{N}\left(\ln\frac{h_i}{c_i}\right)\left(\ln\frac{h_i}{o_i}\right)+\left(\ln\frac{l_i}{c_i}\right)\left(\ln\frac{l_i}{o_i}\right)$$

$$k = \frac{0.34}{1+\dfrac{N+1}{N-1}}$$

其中，h_i为交易时段的最高价；l_i为交易时段的最低价；c_i为当期收盘价；o_i为当期开盘价；N为样本容量。

同收盘价－收盘价估计量一样，为了将估计量年化，也需要将其乘以每年交易周期的平方根。

图7－2是在不同历史波动率估计量下，50ETF自上市以来的几种历史波动率（每个波动率的样本容量为20）。

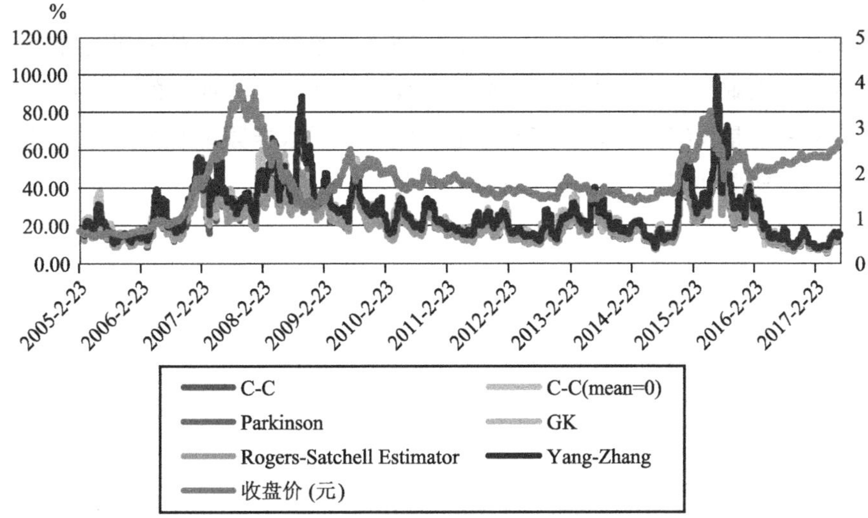

图7－2　50ETF历史波动率对比

温馨提示

从图7－2中也可以明显地看出，这几种历史波动率有着非常大的相关性。

看了之前的介绍，您是不是大致了解了这几种历史波动率应该怎么计算了呢？

最后，笔者再来和大家稍微聊下关于波动率取样频率的问题。一般而言，随着取样频率的提高，会使得在同样的测量时间段内有了更多的数据点，往往能够改善估计的质量。但是，上述规律并不意味着频率越高越好，如果数据的频率非常高，我们反而可能丧失解读真实价格的能力，受到更多短期噪音信号的干扰。

举一个简单的例子，假如我们使用15分钟间隔的价格数据估计波动率，由于采用了可能含有噪音的价格数据，必然会存在一定的波动率偏差。如果15分钟的波动率偏差是0.1%，那么根据252个交易日，每个交易日6个半小时交易时间来分析，将波动率年化后，波动率偏差会变成8%（$0.1\% \times \sqrt{26 \times 252}$）。而且该问题会随着抽样频率的提高而越来越明显。

这就好比我们看行情时，使用的技术指标MA5、MA20，5天的价格平均能够更加真实地反映价格的平均走势，但是过于短期的均线会让投资者的交易受到干扰，价格也带有更多的噪音和毛刺。而20天均线不像5天均线那么敏感，会比较迟钝，更加能够反映大的趋势，但是对短期的价格反转等就不太敏感。总的来说，指标的取样频率还是因人而异的，看您是短线交易者还是长线交易者。当然您也可以将不同取样频率的指标叠加起来观察，给您更加多的信号和对趋势的把握。

第8章　小白学波动率系列之隐含波动率

投资必须是理性的！如果你不能理解它，那么就不要做。

——沃伦·巴菲特

导语

对于交易员而言，隐含波动率往往比历史波动率更受关注。历史波动率是站在现在这个时点去回顾历史上已经发生过的标的资产价格波动，而隐含波动率是反映现在这个时点到期权到期日的年化波动率，是根据所有期权投资者交易出来的价格所计算出来的隐含波动率，即所有期权投资者认为的从现在起到期权到期这段时间内资产的波动率。所以，如果说历史波动率是一个反映过去的指标，那隐含波动率就是一个前瞻型的指标。打个比方，历史波动率就像赌马的时候，通过以前的比赛结果来预测哪匹马会赢，而隐含波动率就好像实时观察庄家盘口的变化来预测马赛一样。

8.1　什么是隐含波动率（Implied Volatility）？如何计算

隐含波动率指期权的市场价格所隐含的波动率。例如，最常用的方法是将期权现在的市场价格代入 Black - Scholes - Merton 公式，倒推出隐含波动率。

举个例子：在2017年7月3日，上证50ETF基金的收盘价为2.543元，同年9月27日到期的某一个对应50ETF看涨期权合约的执行价为2.55元，这一天期权收盘价格为0.0662元，设年利率为5%，代入BS公式，其中 $c=0.0662$，$S_0=2.543$，$K=2.55$，$r=0.05$，$T=0.238$，由于BS

公式中波动率没有关于期权价格的显式解，所以需要通过迭代计算。

不妨首先设 $\sigma=0.2$，代入 BS 公式：

$$C=S_0N(d_1)-Ke^{-rT}N(d_2)$$

$$d_1=\frac{\ln\left(\frac{S_0}{K}\right)+(r+\sigma^2/2)T}{\sigma\sqrt{T}}$$

$$d_2=\frac{\ln\left(\frac{S_0}{K}\right)+(r-\sigma^2/2)T}{\sigma\sqrt{T}}=d_1-\sigma\sqrt{T}$$

得到 $c=0.1105>0.0662$。由于期权价格随着波动率的增加而增加，因此将 σ 减小，设为 0.05，再次代入 BS 公式，得到 $c=0.0379<0.0662$，所以波动率应该在 0.05～0.2，采用二分法，继续迭代，可以逐渐逼近隐含波动率，得到隐含波动率为 0.1093。

8.2 波动率微笑曲线

通过上面的例子我们得到某一个时刻某个执行价下的隐含波动率。在实际交易中，交易员经常会使用波动率微笑曲线来分析和寻找交易机会。波动率微笑曲线指隐含波动率随着期权执行价的变化所表现出来的规律，是描述期权隐含波动率与执行价函数关系的图形。

为了形象地说明这一点，我们随机选取了四个交易日，以 2017 年 9 月到期、行权价格不同的白糖期权为例，画出了隐含波动率和执行价的关系曲线（即波动率微笑）。可以看到，曲线两边高中间低，是不是很像一个嘴角微微上扬的笑脸呢?

当然，还可以使用其他的方式来定义波动率微笑曲线，常用的刻画波动率微笑的执行价函数主要有以下四种：

（1）K/F　　（2）$\ln(K/F)$

（3）$\frac{\ln\left(\frac{K}{F}\right)}{\sqrt{T}}$　　（4）$\frac{\ln\left(\frac{K}{F}\right)}{IV_{atm}\sqrt{T}}$

举个例子：如果把波动率微笑曲线的横轴设置为标的执行价与标的资产价格的差值，我们就可以得到某交易日所有月份白糖期权的波动率微笑曲线，如图 8－2 所示。

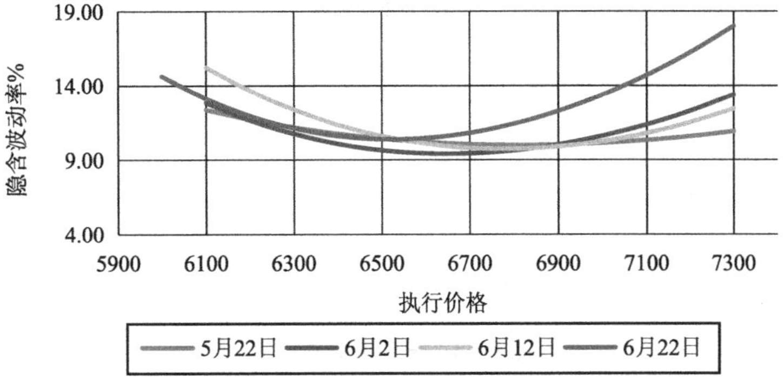

图 8－1　白糖期权 SR1709 波动率微笑曲线

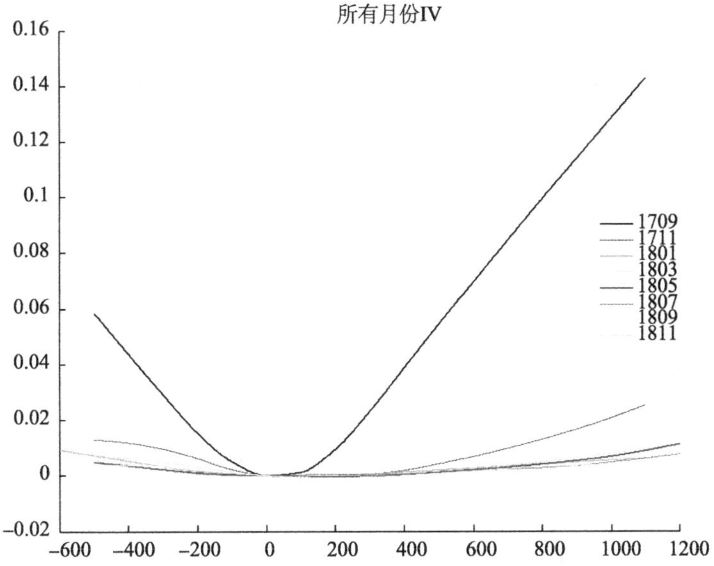

图 8－2　白糖期权不同月份波动率微笑曲线

利用图 8－2 的波动率微笑曲线，我们可以更明显地看到，该交易日实值期权和虚值期权的波动率高于平值期权的波动率，使得波动率曲线呈现出中间低两边高的形状。

需要特别注意的一点是，在实际中，波动率曲线不一定呈现出两边高中间低的“微笑”形态，也可能出现倾斜的形态，如图 8－3 所示。

那么，为什么会出现波动率微笑呢？到目前为止还没有一个准确的答案，但相关学者提出了不少可能的解释。比如，BS 模型假设标的资产价格

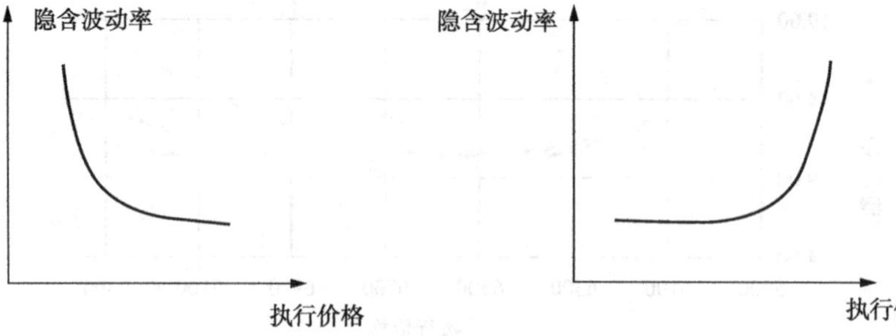

图 8－3 波动率倾斜曲线

服从对数正态分布，收益率服从正态分布，但现实中，金融资产的收益率往往表现出尖峰肥尾的分布特征，在这种分布下，收益率出现极端值的概率高于正态分布，最终导致 BS 公式低估了深度实值和深度虚值期权的价格。另外，也有学者认为波动率微笑来源于交易员的恐惧，当市场大跌时，交易员害怕出现暴跌，所以会给予深度虚值看跌期权更大的价值，也就意味着更高的波动率。

8.3 隐含波动率的长期特征

上一部分，我们简单谈了不同执行价下隐含波动率的特征（也就是那个笑脸啦）。最后，再来聊一聊隐含波动率的长期特征吧。由于我国上市的期权时间还比较短，这里用 CBOE 推出的 VIX 指数做一个说明。图 8－4 是S&P500（标准普尔 500 指数）指数期权从 2004 年到 2017 年的隐含波动率走势。

从图 8－4 中我们可以明显看到，VIX 指数的一些特征：

（1）VIX 有两种类型的变化模式：一种是暴涨暴跌模式，当 VIX 暴涨之后往往伴随着暴跌，因为无法一直维持在很高的波动率，越高的波动率越难以维持；另一种是低位震荡模式，隐含波动率会在较低的取值附近进行较小幅度的震荡，且往往会持续很长时间。

（2）隐含波动率具有均值回复性。总体来看，VIX 曲线在达到局部最高点后往往会下降，达到局部最低点后则开始上升，说明波动率长期来看均值回复性。

（3）隐含波动率在某些时期具有明显的爆发性。比如，在 2008 年金

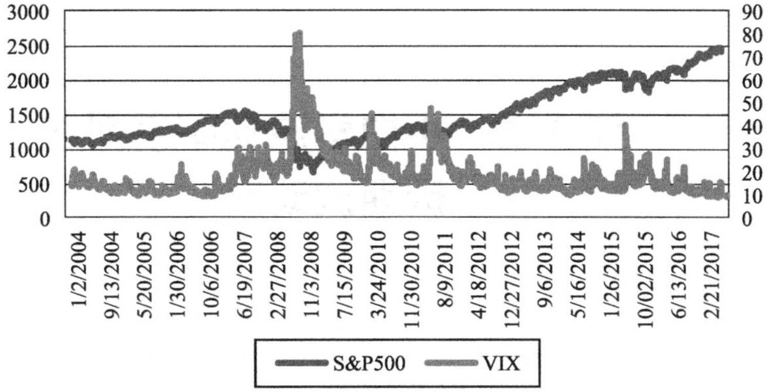

图 8－4　VIX 与 S&P500 指数历史走势

融危机和之后欧债危机期间，波动率出现了快速的上涨。而且，波动率呈现出快涨慢跌的形态，而对应的指数走势却呈现出慢涨快跌的形态。

第9章　小白学波动率系列之远期波动率

我只管等，直到有钱躺在墙角，我所要做的全部就是走过去把它捡起来。

——吉姆·罗杰斯

在开始聊远期波动率之前，先给大家讲个小故事。

【小故事】小明在国外一家上市公司工作，他干活很卖力，脑子也很好用。公司觉得小明是个非常有价值的员工，正逢公司目前处于一个非常关键的发展期，希望核心员工在这几个月能够安心为公司工作，不要有人员的流动。于是，在今年的7月1日，领导告诉小明，如果你在今年的12月31日之前都不离开公司的话，我们就会给你一大笔从明年1月1日开始的半年期的看涨期权，行权价等于明年1月1日当日公司股票的股价。这样一来，如果小明为这家公司效力到今年底，就可以拿到不少的平值期权，期权的到期日为明年的6月30日。

然后，小明就很想知道在明年的1月1日，这些看涨期权到底值多少钱呢?

在朋友的帮助下，小明得知可以通过BS定价公式来得到这份期权的理论价值。于是，小明就打算一个个数据往BS公式上套。套到第一个数据σ的时候，小明就犯难了。市场上有明年1月1日到期的期权，也有明年6月30日到期的期权，所以从现在到这两个时间的隐含波动率都很容易得到。那么，从明年1月1日到明年6月30日的隐含波动率是多少呢?

这个从未来的某个时点到另一个时点的隐含波动率就称为远期波动率。

在现实世界中，每个标的资产往往都只有部分到期日的合约能够上市。如目前50ETF期权的到期日为当月、下月以及下两个季月。假设今天是9月1日，上市的50ETF期权就是9月、10月、12月和3月到期。由于没有相应的期权价格，我们也就无法直接知道 10 月和 12 月之间的远期波动率了。

但是，我们可以利用已有的期权隐含波动率来倒推出隐含波动率。我们假设当前时刻为t_0，期权到期时间为 T，已知t_0时刻到某时刻 t 的隐含波动率为 $\sigma_{t_0,t}$，t_0时刻到 T 时刻的隐含波动率为$\sigma_{t_0,T}$，我们希望得到 t 时刻到 T 时刻的远期波动率$\sigma_{t,T}$。在无套利的假设下，如果下式不满足的话，就可以通过买进近期合约卖出远期合约或者买进远期合约卖出近期合约进行无风险套利。

$$(t-t_0)\times\sigma_{t_0,t}^2+(T-t)\times\sigma_{t,T}^2=(T-t_0)\times\sigma_{t_0,T}^2$$

由上式可以得到 t 时刻到 T 时刻的远期波动率的计算公式如下：

$$\sigma_{t,T}=\sqrt{\frac{(T-t_0)\sigma_{t_0,T}^2-(t-t_0)\sigma_{t_0,t}^2}{T-t}}$$

举个例子：某期权今天 90 天到期的隐含波动率是 15%，180 天到期的隐含波动率是 14%。即 $\sigma_{0,0.25}=0.15$，$\sigma_{0,0.5}=0.14$。

如果我们想要找到 91 天到 180 天的远期波动率，利用上述公式，就可以得到

$$\sigma_{0.25,0.5}=\sqrt{\frac{0.5\times0.14^2-0.25\times0.15^2}{0.25}}=12.92\%$$

温馨提示

由于商品期权每一个月份的标的期货不同，所以商品期权的 Forward Volatility 没有意义哦！

还是有疑问？那我们再举个例子吧！

表 9－1 所示为标的为 Barclay 股票、行权价为 272 的平值看涨期权在 2014 年 1 月 31 日的隐含波动率。

表 9－1 Barclay 股票隐含波动率

标的名称	(t_0, T)	在 T 时刻的隐含波动率$\sigma_{0,T}$
BARC	30	31.65%
BARC	60	27.54%
BARC	90	26.64%
BARC	120	26.18%

续表

标的名称	(t_0, T)	在 T 时刻的隐含波动率 $\sigma_{0,T}$
BARC	150	26.35%
BARC	180	26.03%
BARC	360	26.15%

数据来源：ivolatility. com。

假设初始时刻 $t_0=0$，应用上面的方法求远期波动率，我们可以采用列表的方式，见表9－2。

表9－2　Barclay股票远期波动率计算

	(t_0, T)	$\sigma_{0,T}$	$\sigma^2_{0,T}$	$\sigma^2_{t,T}$	$\sigma_{t,T}$
BARC	30	31.65%	10.02%	10.02%	31.65%
BARC	60	27.54%	7.58%	5.15%	22.70%
BARC	90	26.64%	7.09%	6.12%	24.74%
BARC	120	26.18%	6.85%	6.13%	24.75%
BARC	150	26.35%	6.94%	7.30%	27.02%
BARC	180	26.03%	6.78%	5.93%	24.37%
BARC	360	26.15%	6.84%	6.90%	26.27%

我们再把它画出来看看，如图9－1所示。

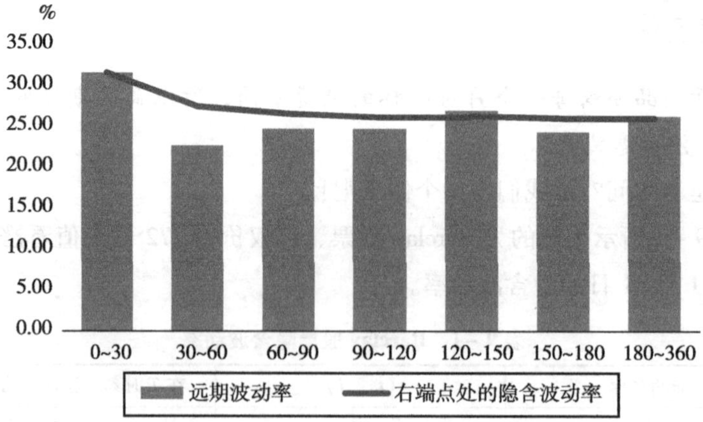

图9－1　Barclay股票远期波动率示意图

需要注意的是，隐含波动率是每个时间点计算出的，而远期波动率是由已知时间段隐含波动率推导出的一段时间内的隐含波动率。

第 10 章　小白学波动率系列之隐含概率分布

冰山在海上之所以显得庄严宏伟，是因为它只有八分之一露出水面。

——海明威

导语

在“小白学波动率系列之隐含波动率”一章中，我们简单介绍了期权波动率微笑的概念及可能的形态结构，包括波动率微笑、波动率倾斜等。

如果只看波动率微笑的话，不少人可能会觉得理解起来不够直观。那么，我们能不能从期权波动率微笑背后挖掘出标的资产的一些特征呢？答案是可以的。其实，每一个波动率微笑都对应了标的资产价格走势的一种概率分布，这一概率分布也称为隐含概率分布。今天，我们就一起来聊一聊这个话题。

温馨提示

看到概率分布这样的数学词汇是不是头都大了，别怕，一定要继续往下看哦，本章保证就算你没学过数学，也能看懂！

10.1　看图说话：基础数学知识“0 基础”普及

在进入正题前我们先看三张图，看懂这三张图，需要的数学知识就都具备了。

（1）概率分布

图 10 - 1 的曲线表示一个均值为 20、标准差为 5 的正态分布的概率分

布。它的意思是，假设整条曲线以下的面积为 1，那么横轴上某两个点中间对应的面积就是标的资产价格落在这两个点之间的概率。举个例子，在图 10－1 中，阴影部分的面积为 0.1583，说明价格落在 10 元和 15 元之间的概率为 15.83%。

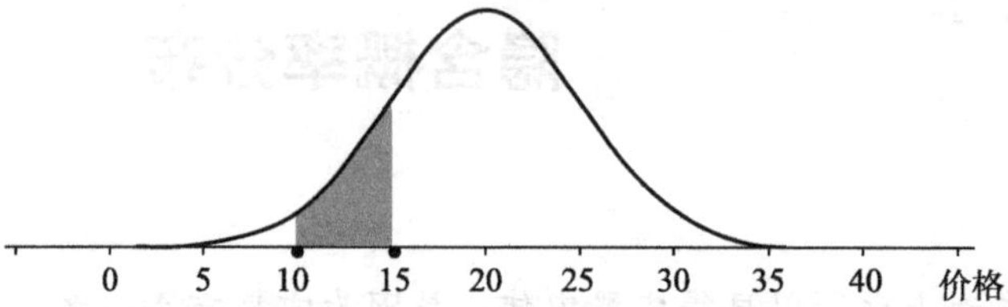

图 10－1　概率分布图（1）

同样，图 10－2 的阴影面积为 0.0228，表示价格落在 10 元以下的概率为 2.28%。

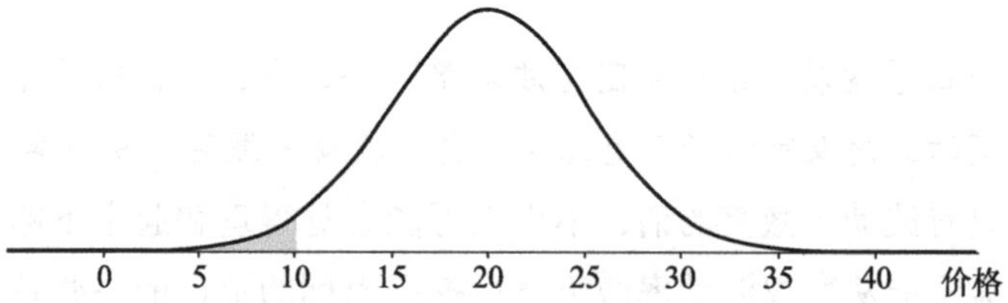

图 10－2　概率分布图（2）

现在，你是不是已经掌握了概率分布的意思呢？那我们来看另外两张图吧。

（2）峰度

图 10－3 由一个正态分布曲线（实线）、一个具有正峰度的分布曲线和一个具有负峰度的分布曲线组成。

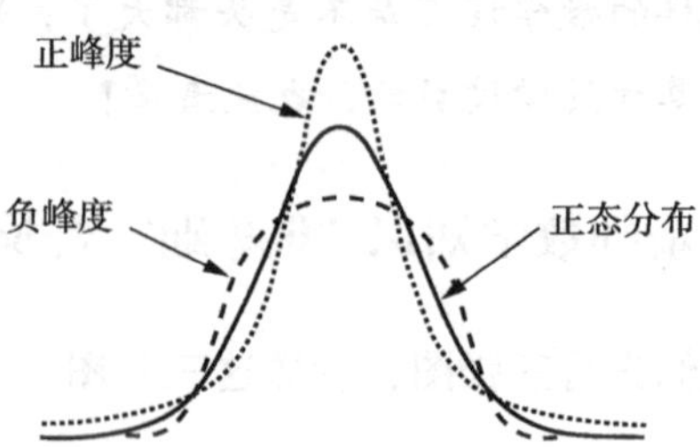

图 10－3　正态分布曲线峰度示意图

需要注意的是，正峰度和负峰度都是相对于具有相同均值和标准差的正态分布来说的。正峰度曲线比正态分布有更重的尾部和更陡的峰值。

结合我们前面一幅图介绍过的概率分布来看，在正峰度曲线下，标的资产价格落在最左边、最右边和正中间的概率比正态分布的要大，而在相对中间位置的概率要小。这意味着在正峰度分布下，标的资产价格发生大涨、大跌或者非常小的波动的可能性更大，而发生中等波动的可能性更小。负峰度则刚好相反，相对比正态分布，该分布具有更轻的尾部和更平坦的峰值，标的资产发生大涨、大跌或者非常小的波动的可能性较小。

（3）偏度

图 10－4 由一个正态分布曲线（实线）、一个具有正偏度的分布曲线（右侧曲线）和一个具有负偏度的分布曲线（左侧曲线）组成。看图就很容易明白了，右侧曲线的尾巴相对于正态分布往右偏，所以称它为正偏度（右偏度）；而左侧曲线的尾巴相对于正态分布往左偏，称它为负偏度（左偏度）。

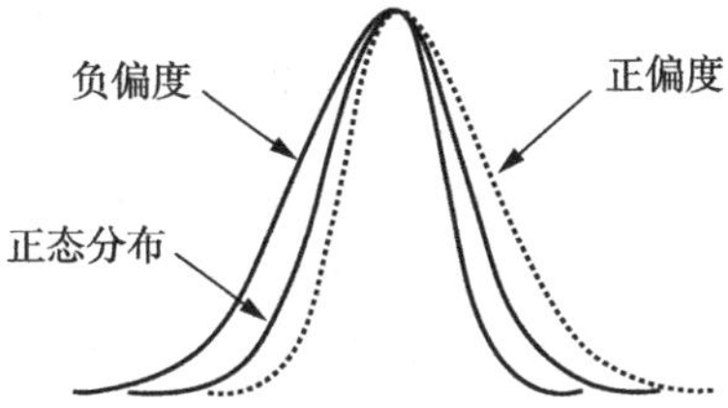

图 10－4 正态分布曲线偏度示意图

看懂以上三幅图，你就可以放心大胆地去看后面的隐含概率分布了。

10.2 看图说话：两种常见的隐含概率分布

在导语里，我们提过，每一个波动率微笑曲线都对应一个标的资产价格的隐含概率分布。所以，理论上来说，标的资产的概率分布有无数种可能。但实践中，隐含概率分布的形态往往大同小异。接下来，我们谈谈两种常见的隐含概率分布。

（1）波动率微笑

图 10－5 的左侧图展示了一条典型的波动率微笑曲线，右侧图中的实线代表了对应的隐含概率分布，虚线代表了与实线有着同样标准差和期望

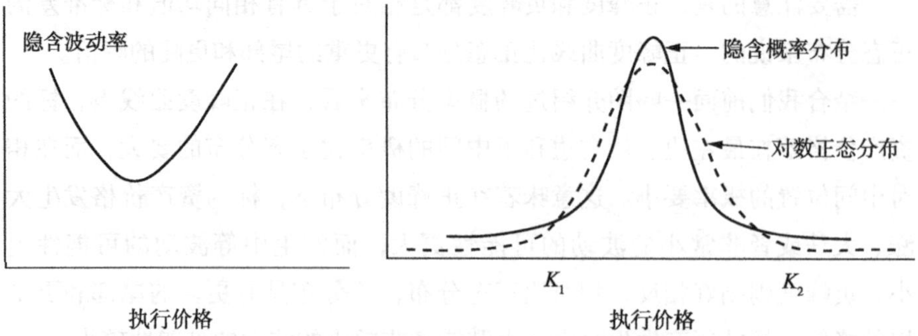

图 10－5　波动率微笑及其隐含概率分布

值的对数正态分布。

从图 10－5 上我们可以直观地看到两者之间的对应关系。

我们假设现在有一个执行价为 K_1 的深度虚值看跌期权，这意味着只有当标的资产的价格低于 K_1 时，该期权才会带来收益。我们来看右侧的图，隐含概率分布与对数正态分布相比具有更大的峰度，所以在隐含概率分布下，标的资产价格小于 K_1 的概率比对数正态分布大（简单理解，在 K_1 左侧，隐含概率分布曲线下的面积比对数分布曲线下的面积更大）。由于标的资产服从对数正态分布是 BS 模型的基本假设，所以，由隐含分布得到的价格就会比 BS 模型得到的理论价偏高，从而期权的隐含波动率也会偏高。同理可知，在图 10－5 的隐含概率分布下，在 K_2 右侧，期权隐含波动率也会偏高；在 K_1 和 K_2 之间，期权隐含波动率会偏低。最终，就呈现出了图 10－5 的左侧中波动率微笑的形态，即高执行价和低执行价的期权具有更高的隐含波动率，这也就意味着隐含波动率会随着期权实值程度或者虚值程度的增大而升高。

（2）波动率倾斜

然后，我们来看波动率倾斜的图。

图 10－6 的左侧图则展示了一条典型的波动率倾斜曲线，图 10－6 右侧图中的实线代表了对应的隐含概率分布，虚线代表了与实线有着同样标准差和期望值的对数正态分布。从图中可以看到，隐含概率分布是一条左偏的曲线，它具有“更肥”的左端尾部和“更瘦”的右端尾部。

我们先假设现在有一个执行价为 K_1 的深度虚值看跌期权，这意味着只有当标的资产的价格低于 K_1 时，该期权才会带来收益。同样，在隐含概率

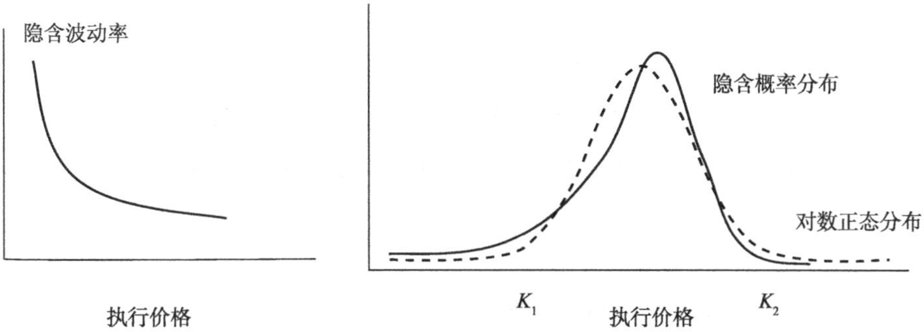

图 10－6　波动率倾斜及其隐含概率分布

分布下，标的资产价格小于K_1的概率比对数正态分布大，说明由隐含分布得到的价格会偏高，从而期权的隐含波动率也会偏高。

但是，在高执行价下，情况就会不同。我们假设有一个执行价为K_2的深度虚值看涨期权，这意味着只有当标的资产的价格高于K_2时，该期权才会带来收益。而在隐含概率分布下，标的资产价格大于K_2的概率比对数正态分布小（简单理解，在K_2右侧，隐含概率分布曲线下的面积比对数分布曲线下的面积更小）。所以，由隐含分布得到的价格就会偏低，从而期权的隐含波动率也会偏低。最终，就呈现出了图 10－6 中波动率倾斜的形态，即低执行价期权（即深度虚值看跌期权和深度实值看涨期权）的隐含波动率要远高于高执行价的期权（即深度实值看跌期权和深度虚值看涨期权）。

10.3　巧用波动率微笑曲线求解隐含概率分布

在上一节中，我们通过看图说话，发现波动率微笑曲线和标的资产价格的隐含概率分布是可以对应起来的。那么，我们能不能用定量化的方式，把这种关系对应起来，即通过波动率微笑求解出隐含概率分布呢？Breeden 和 Litzenberger 最早于 1978 年得到了计算公式。

温馨提示

对计算公式推导不感兴趣的可以跳过以下部分直接看后面的例子哦！照葫芦画瓢，也能得到想要的结果！

我们知道，期限为 T，执行价为 K 的欧式看涨期权价格可以表示为

$$c = e^{-rT}\int_{S_T=K}^{\infty}(S_T - K)g(S_T)\mathrm{d}S_T$$

其中，r 为无风险利率；S_T为 T 时刻的标的资产价格；K 为执行价；g 为 S_T的风险中性概率密度函数。对 K 求两次导数，可以得到

$$\frac{\partial^2 c}{\partial K^2} = e^{-rT}g(K)$$

于是，概率密度函数可以表示为

$$g(K) = e^{rT}\frac{\partial^2 c}{\partial K^2}$$

假设 c_1、c_2、c_3分别为期限为 T，执行价为 $K-\delta$、K 和 $K+\delta$ 的看涨期权价格，如果 δ 很小，$g(K)$ 的近似值就等于

$$g(K) \approx e^{rT}\frac{c_1 + c_2 - 2c_3}{\delta^2}$$

举个例子：某交易日白糖期权 2018 年 1 月到期的看涨期权合约共有 19 个执行价，当天白糖期货价格为 6030 元，假设无风险利率为 0，股息为 0，期权期限为 0. 3176 年。其中，执行价为 5600 元和 5700 元的合约对应的执行价和隐含波动率见表 10 – 1。

表 10 – 1　某交易日白糖期权隐含波动率

合约代码	执行价（元）	隐含波动率
SR801C5600	5600	26. 10%
SR801C5700	5700	26. 10%

我们来计算执行价在 5600 元和 5700 元之间的概率密度，假设概率密度为一个常数，由 $T=0.3176$，$\sigma=0.261$，$X=5600$，$r=0$，$q=0$，$S=6030$，代入 BS 公式，得到该合约的价值 $c_{5600}=652.8727$ 元。同样，由 $T=0.3176$，$\sigma=0.261$，$X=5700$，$r=0$，$q=0$，$S=6030$，代入 BS 公式，得到该合约的价值 $c_{5700}=585.3046$ 元。通过插值法，得到执行价为 5650 元的隐含波动率为 26. 1%，由 $T=0.3176$，$\sigma=0.261$，$X=5650$，$r=0$，$q=0$，$S=6030$，代入公式，得到该合约价值 $c_{5650}=618.5464$ 元。

所以，$g=\dfrac{e^{0\times 0.3176}(652.8727+585.3046-2\times 618.5464)}{(5650-5600)^2}=0.000436$

股票价格位于5600元到5700元之间的概率就是 $0.000436\times(5700-5600)=4.36\%$。

结语

现在你是不是对波动率微笑背后隐含的标的资产概率分布有了一些了解？是不是很有意思呢？赶快去找些数据来练练手吧！

第11章　小白学波动率系列之波动率指数与隐含波动率矩阵

历史的经验教训告诉我们，人们不会从历史的经验中吸取教训。

——萧伯纳

导语

可以说，现货投资是一维的，标的价格决定一切；期货投资是二维的，标的价格和到期日相互配合、共同作用；而期权最为立体，在标的价格和时间的基础上还增加波动率的维度。可以说，波动率是期权世界中的老大，那么如何才能玩好波动率呢？本章将介绍两把打开波动率大门的钥匙——波动率指数和隐含波动率矩阵，让波动率帮您赚钱！

11.1　波动率指数

11.1.1　波动率指数

波动率指数的概念是由杜克大学的 Robert Whaley 博士于1993年创立的。简单来说，波动率指数就是通过期权的市场价格计算出期权的隐含波动率后得到的指数。

芝加哥交易所（CBOE）最早于1993年以S&P100指数期权的隐含波动率为基础，分别计算了看涨期权和看跌期权的波动率指数，用以体现投资者的偏好。

CBOE的波动率指数（VIX）是衡量市场波动率的重要指标。它显示了S&P500指数期权价格30天的隐含波动率，一般用作市场系统性风险的指标。由于该指数可以反映投资者对未来金融产品价格波动的预期，观察期权参与者的“心理”，也被称作“投资者情绪指标”。所以千万别以为它只是个小小的指标，它的用途可大着呢！

11.1.2 上证50ETF波动率指数（iVIX）

幸运的是，我们现在也有自己的波动率指数了呢！下面我们就来一起看看我国的上证50ETF波动率指数（iVIX）吧。

我国的上证50ETF波动率指数于2016年11月28日正式发布，简称中国波指（iVIX）。

看名字就知道这肯定是VIX的好兄弟呀！

iVIX根据上交所挂牌的50ETF期权合约编制而成，反映了对未来30天50ETF波动率的预期。它不仅是体现投资者情绪的重要指标，也是衍生品的重要标的，可作为风险控制的有力工具！

那么，iVIX是怎么计算得到的呢？总体分为两步，首先计算近月和次近月的波动率，之后再计算iVIX的值。

（1）计算近月与次近月的波动率

iVIX展期时间为7天。满足剩余到期天数超过7天的最近到期合约为“近月合约”，次近到期合约为“次近月合约”，两者隐含波动率分别称为近月与次近月波动率。

举个例子：如果今天是2017年7月1日，那么满足剩余到期天数超过7天的最近到期合约就是7月份到期的合约，8月份到期的合约为次近月合约。

看到“隐含波动率”这五个字，就知道肯定会有特定的隐含波动率计算公式：

$$\sigma^2 = \frac{2}{T}\sum_i \frac{\Delta K_i}{K_i^2} e^{RT} P(K_i) - \frac{1}{T}\left[\frac{F}{K_0} - 1\right]^2$$

其中，σ表示σ_1近月隐含波动率（σ_2次近月隐含波动率）；NT表示近月（次近月）合约剩余到期时间（以分钟计）；$T = \frac{NT}{N_{365}}$；R表示上交所采用的无风险利率；X表示认购期权价格与认沽期权价格相差最小的执行价；$F = X + e^{RT} \times [\text{认购期权价格}(X) - \text{认沽期权价格}(X)]$；$K_0$表示小于$F$且最

接近于 F 的执行价；K_i 表示由小到大的所有执行价（$i=1, 2, 3, \cdots$）；ΔK_i 表示第 i 个执行价所对应的执行价间隔，一般为 $\frac{K_{i+1}-K_{i-1}}{2}$；在最大和最小的两个执行价处，是它本身执行价和离它最近执行价的差的绝对值；$P(K_i)$：若 K_i 小于 K_0，为 K_i 对应的认沽期权价格；若 K_i 大于 K_0，为 K_i 对应的认购期权价格；若 K_i 等于 K_0，为 K_i 对应的认沽期权价格与认购期权价格均值。

温馨提示

如果有特殊行情导致执行价覆盖不充分时，需要利用 BS 公式“填补”空缺后，再代入计算波动率。

（2）计算 iVIX

计算完成近月波动率 σ_1 和次近月的波动率 σ_2 后，代入以下 iVIX 计算公式就大功告成了。

$$\text{iVIX}=100\times\sqrt{\left\{T_1\sigma_1^2\left[\frac{NT_2-NT_{30}}{NT_2-NT_1}\right]+T_2\sigma_2^2\left[\frac{NT_{30}-NT_1}{NT_2-NT_1}\right]\right\}\times\frac{N_{365}}{N_{30}}}$$

温馨提示

如果近月合约到期日天数不小于 30 天，则不使用次近月波动率，iVIX 即为近月波动率乘以 100。

11.1.3 iVIX 计算“四步法则”

要是看了上面的计算方法还有点蒙圈，我们来进一步解释下。其实，iVIX 的计算可以归纳为四个主要步骤：

（1）第一步——到期时间 T 的计算

以日历天和分钟为单位计算到期时间 T，具体公式为

$$T=(M_c+M_s+M_o)/\text{每年分钟数}$$

其中：M_c 表示从计算时刻到当天午夜 12 点所剩余的分钟数；M_s 表示（到期日）午夜 12 点到早上 8：30 的分钟数；M_o 表示从计算当天至到期日所有的分钟数。

（2）第二步——期权合约的选择

选择的期权是虚值的50ETF看涨看跌期权，它们“围绕”在平值期权附近，且买价（bid price）不为零。

温馨提示

由于波动率不停变化，每个月、每天和每分钟用于计算iVIX的期权数量和种类可能都不同。

对每个合约月，要计算 $F = X + e^{RT} \times$［认购期权价格(X)－认沽期权价格(X)］的值，首先需要确定认购期权价格与认沽期权价格相差最小的执行价 X。因此，对于近月和次近月分别得到X_1和X_2，代入 F 公式计算得到F_1和F_2。

接下来，分别确定近月和次近月中第一个低于F_1和F_2的执行价，分别记为K_{01}和K_{02}。对K_{01}和K_{02}，分别选择执行价小于$K_{0_}$的虚值看跌期权和执行价大于$K_{0_}$的虚值看涨期权，最后选择执行价为$K_{0_}$的看涨和看跌期权，将所有选中的期权列出。

温馨提示

每个期权的价格取当时买价和卖价的均值（The average of bid and ask）。

（3）第三步——波动率的计算

利用公式

$$\sigma^2 = \frac{2}{T}\sum_i \frac{\Delta K_i}{K_i^2} e^{RT} P(K_i) - \frac{1}{T}\left[\frac{F}{K_0} - 1\right]^2$$

分别计算近月和次近月的波动率σ_1和σ_2。

一般来说，对每个期权，ΔK_i是第 i 个执行价所对应的执行价间隔，即为$\frac{K_{i+1} - K_{i-1}}{2}$；但在最大和最小的两个执行价处，$\Delta K_i$就是它本身执行价和离它最近执行价的差的绝对值。

（4）第四步——计算iVIX

合约到期天数分钟数的计算：

$$\text{iVIX} = 100 \times \sqrt{\left\{T_1\sigma_1^2\left[\frac{NT_2 - NT_{30}}{NT_2 - NT_1}\right] + T_2\sigma_2^2\left[\frac{NT_{30} - NT_1}{NT_2 - NT_1}\right]\right\} \times \frac{N_{365}}{N_{30}}}$$

其中，N_{T1}表示近月合约的到期分钟数；N_{T2}表示次近月合约的到期分钟数；N_{30}表示 30 天的到期分钟数；N_{365}表示 365 天的到期分钟数。

注意！如果近月合约到期日天数不小于 30 天，则不使用次近月波动率，iVIX 即为近月波动率乘以 100；如果近月合约天数小于 30 天，而次近月合约天数大于 30 天，那么最终 iVIX 的结果反映的是σ_1^2和σ_2^2的“插值”（interpolation）——iVIX 表达式中σ_1和σ_2各自的系数非负，且它们系数和为 1。

有了这“四步法则”，相信大家一定可以正确计算出 iVIX 的值。

写了这么多，最后我们展示出上海证券交易所给出的（iVIX）走势图如图 11－1 所示。

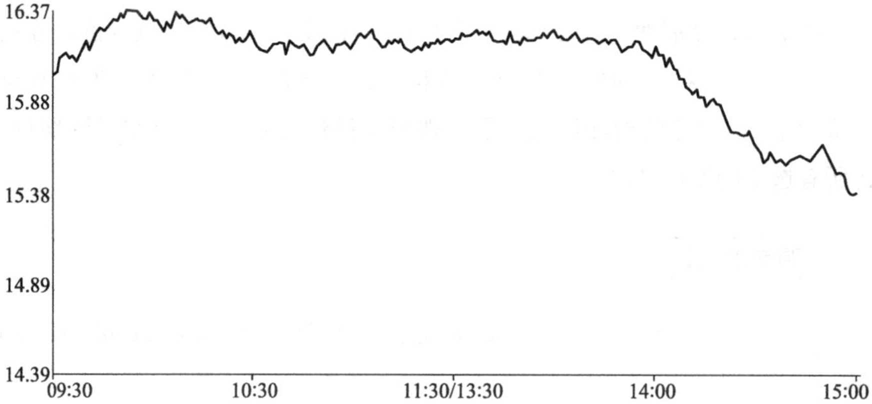

图 11－1　2017 年 7 月 25 日 iVIX 日内走势

从 iVIX 的日间走势图（如图 11－2 所示）中，可以看到，自 2015 年 6 月以来，50ETF 期权的波动率呈现出一个下降的过程（注意：2015 年 2 月 9 日刚上市之后，iVIX 曾出现过暴涨的过程，只是图中没有显示）。图中折线有两种倾斜方式：“向下倾斜”代表预期未来市场波动率下行，暗示未来投资风险可能降低；“向上倾斜”代表预期未来波动率上行，暗示未来投资风险可能升高。

波动率时间序列（相当于加上时间的维度），比单纯的当前隐含波动率包含更大的信息量，其中“斜率”更是不容忽视的因素，它不仅可以预测经济灾难，也可以作为市场风格转变的信号，还可用来构建交易策略。

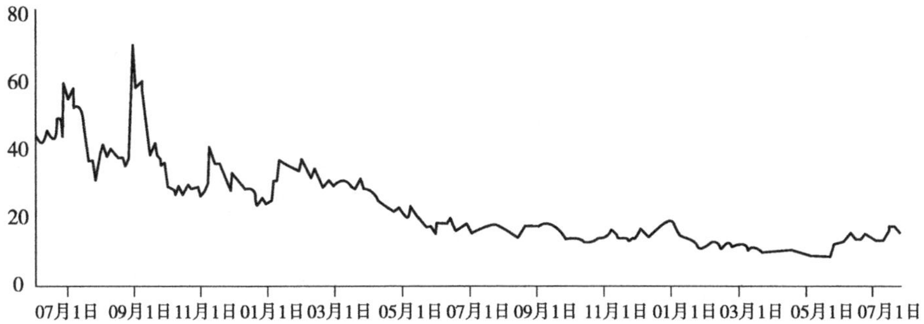

图 11－2　2015 年 7 月 1 日至 2017 年 7 月 1 日 iVIX 日间走势

数据来源：上海证券交易所 iVIX。

总之，掌握好波动率和波动率指数，走遍期权市场都不怕！

11.2　隐含波动率矩阵

11.2.1　50ETF 隐含波动率矩阵

下面我们来看打开波动率世界大门的另一把钥匙——隐含波动率矩阵。当我们看到同一标的资产的不同到期时间，不同执行价的看涨看跌期权价格时，往往对计算出的一大堆隐含波动率感到无从下手；也由于交易界面的限制，不同执行价、不同到期时间的隐含波动率呈现出的价格关系十分不清晰。

对此，一个十分巧妙的方法是引入数学中“矩阵”的概念构造以到期时间和执行价为两个维度，隐含波动率为矩阵元素的“波动率矩阵”清晰地呈现波动率的变化情况，并结合图表的形式加以分析。

2017 年 8 月 3 日，50ETF 期权到期月份分别为 2017 年 8 月、9 月、12 月和 2018 年 3 月的认购期权构造的“隐含波动率矩阵”，见表 11－1。

表 11－1　50ETF 期权隐含波动率矩阵

执行价（元）	August	September	December	March
2.2		24.25%	18.63%	
2.25		23.59%	17.54%	
2.3		21.66%	16.58%	
2.35		19.71%	16.05%	

续表

执行价（元）	August	September	December	March
2.4	22.84%	17.77%	15.49%	
2.45	20.71%	16.77%	15.52%	
2.5	17.65%	15.60%	15.23%	
2.55	16.14%	14.85%	15.09%	
2.6	15.02%	14.86%	15.16%	15.42%
2.65	14.85%	14.90%	15.43%	15.56%
2.7	15.18%	15.22%	15.59%	15.85%
2.75	15.65%	15.64%	15.90%	16.13%
2.8	16.54%	16.11%	16.30%	16.48%
2.85	16.98%	16.66%	16.57%	16.74%

将隐含波动率“排队”变成矩阵形式后，是不是觉得数据看起来整齐多了呢？别急，下面介绍一种更直观的方法来挖掘数据背后隐藏的信息。

11.2.2 利用“隐含波动率矩阵”作图

通过“隐含波动率矩阵”形式，我们很清晰地展现出隐含波动率的数值，但矩阵仍不能“清晰”展现隐含波动率的变化规律。这时，别忘了它的好朋友——图表，一定要让数据“说话”（如图11-3、图11-4所示）。

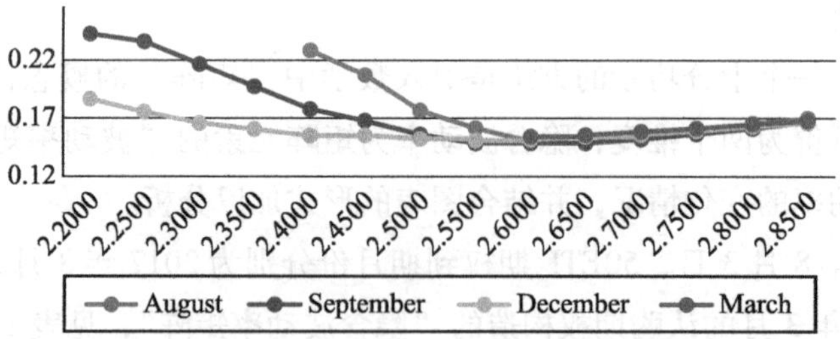

图11-3 2017年8月3日上证50ETF期权不同执行价各到期月的隐含波动率

我们对图表结果进行简单的分析：

图11-3中，横坐标轴为不同执行价，纵坐标为隐含波动率，不同折线代表不同到期月的隐含波动率。可以明显看出，整体而言，对同一个到期月，随着执行价升高，隐含波动率先迅速降低，再缓慢升高。对最近到

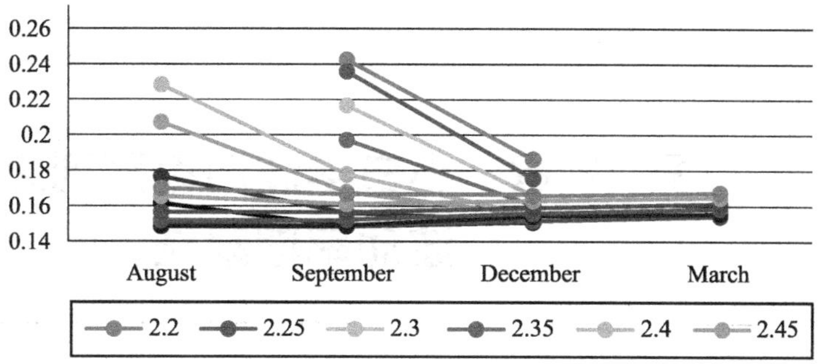

图 11－4 2017 年 8 月 3 日上证 50ETF 期权不同到期月各执行价隐含波动率

期月（2017 年 8 月）期权价格的隐含波动率下降速度最快，在执行价较低时隐含波动率很大，执行价在平值附近（此时平值为 2.65）时波动率最小，超过平值后波动率又开始缓慢上升。我们也将呈现此趋势的隐含波动率折线图称作“波动率微笑”。明显发现图中“微笑”两边的弯曲程度（也称“偏度”）不同，一般是近期波动率偏大而远期波动率偏小，可从中寻找套利机会。

图 11－4 中，横坐标轴为不同到期月份，纵坐标为隐含波动率，不同折线代表不同的执行价。可以明显看出：对前三个到期月，随着执行价升高（从深度实值到深度虚值），波动率先降低后升高，在平值附近波动率最小。最近到期月（2017 年 8 月）的不同执行价间波动率差距很大；较远到期月（如 2018 年 3 月），执行价波动率较为集中。低执行价的波动率在两个到期月间波动率下降速度快，而高执行价的波动率在不同到期月间变化小，整体平缓。

通过图表的形式，这些结论确实变得十分清晰明确呀！

结 语

现在，您是否对这两把打开波动率大门的钥匙——波动率指数和隐含波动率矩阵有了一定的了解呢？是不是也感受到它们的魅力了呢？只看懂文章还是远远不够的，要学以致用才能真正理解其中精华呀！所以，赶快去找找 50ETF 期权、白糖期权或豆粕期权的数据来练练手吧！注意计算时公式别看错了，每一步都要确保正确哦！

第12章　小白学波动率系列之波动率期限结构

自由不在于幻想中摆脱自然规律而独立，而在于认识这些规律，从而能够有计划地使自然规律为一定的目的服务。

——恩格斯

导语

还记得上篇文章中，我们根据“隐含波动率矩阵”不同到期时间和执行价所做的“彩虹”折线图吗？其实它有一个高大上的学名——波动率期限结构。

12.1　波动率期限结构简介

“期限结构”这听起来很高端的名词，其实解释起来并不复杂。

我们将隐含波动率随期权剩余期限的不同而产生的相应变化，称为“波动率的期限结构”。更具体来说，指相同执行价下，不同到期期限的期权的隐含波动率所呈现出的数量关系。

由于隐含波动率的高低可以代表投资者对某一金融产品未来价值预期的高低，为了赚取差价，我们总希望卖出高隐含波动率的期权（其价格很可能被高估），买入低隐含波动率的期权（其价格很可能被低估），从而收获波动率带来的收益。因此，如果不同剩余期限的期权的隐含波动率呈现出一定的变化特征，就可以通过这种特征来帮助我们投资和套利了。

于是，波动率的期限结构就成为我们分析时的好帮手。

在进入期限结构分析的正题之前，我们先来简单解释为什么同一执行价下不同的剩余期限期权的波动率会不一样（即呈现出期限结构特征）。目前主流的解释主要有以下三种：

（1）价格运动过程并非平稳

指期权有效期内市场基本面的变化导致标的资产价格的分布发生永久性的变化，从而导致隐含波动率的变化。

（2）波动率非均匀

这种解释认为由于特殊事件的存在，实际波动率在不同时期的预期应该是不一样的。因此这种解释也认为波动率应该是期权有效期内发生的事件数量及其程度的函数。

（3）波动率均值回归

在现实市场中，波动率总是会向其长期均衡水平附近靠近，不可能无限增加也不可能无限减少。所以，当波动率偏离均衡水平时，总会回到正常水平，从而导致波动率发生变化。

为了更加直观地分析波动率期限结构，我们一般可以通过波动率期限结构的折线图来进行分析。当然，这也就要求我们能够看懂简单的期限结构折线图中包含的并不简单的“信息”啦！

波动率期限结构折线图描述了隐含波动率随期权剩余期限不同而发生的变化。对于某固定的执行价，不同到期时间的隐含波动率所呈现的变化趋势可以由其斜率体现。

根据折线偏向上方或下方的情况，可以分为两类：

一类是到期时间与隐含波动率成正比的“上行结构”（contango），期权到期时间越短，隐含波动率越低，说明短期期权较长期期权定价偏低；

另一类是两者成反比的“下行结构”（backwardation），期权到期时间越长，隐含波动率越低，说明长期期权较短期期权定价偏低。

12.2 隐含波动率期限结构图绘制

2017 年 7 月 25 日，50ETF 期权到期月份分别为 2017 年 7 月、8 月、9 月、12 月的四个认沽期权构造“隐含波动率矩阵”，见表 12－1，期限结构图如图 12－1 所示。

表 12-1　50ETF 期权隐含波动率矩阵

执行价（元）	July	August	September	December
2.2			23.34%	20.64%
2.25			21.92%	20.01%
2.3	73.44%		20.66%	19.05%
2.35	64.06%		19.68%	18.74%
2.4	55.47%	19.97%	18.57%	18.57%
2.45	47.66%	17.70%	17.74%	18.04%
2.5	38.28%	16.36%	17.13%	18.08%
2.55	28.91%	15.35%	16.58%	17.54%
2.6	20.31%	15.10%	16.69%	17.50%
2.65	11.52%	14.78%	16.43%	17.33%
2.7	12.75%	14.92%	15.75%	17.41%
2.75	27.05%	15.92%	16.40%	17.81%
2.8	0%	16.58%	16.09%	18.20%

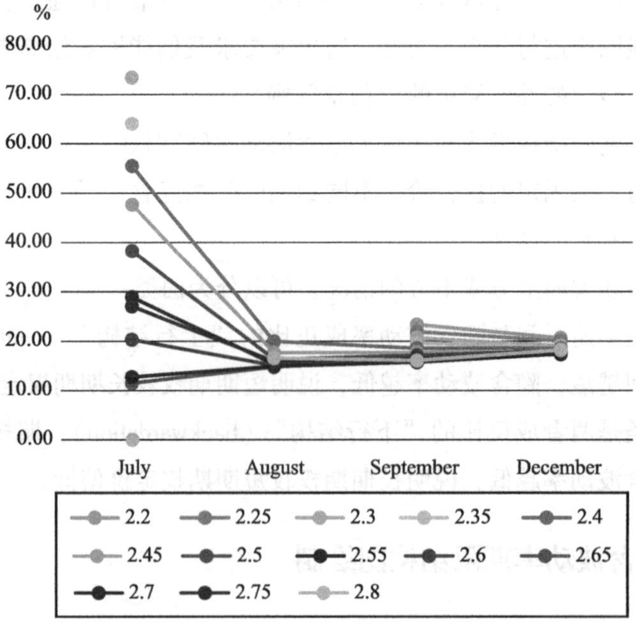

图 12-1　2017 年 7 月 25 日上证 50ETF 不同到期月下不同执行价的隐含波动率

在隐含波动率期限结构图中，横坐标为不同到期月份，纵坐标是隐含波动率，不同折线代表不同的执行价。

可以明显看出：对所有到期月，随着执行价升高，隐含波动率降低。

在某些执行价下（如 2.2 元），到期时间与隐含波动率总体上呈现出"上行结构"，期权到期时间越短，隐含波动率越低，说明短期期权较长期期权定价偏低；在某些执行价下（如 2.4 元），两者呈现出"下行结构"，期权到期时间越长，隐含波动率越低，长期期权较短期期权定价偏低。

结语

波动率期限结构的内容虽然不难，但是清楚地理解还是需要一定的实践基础，所以快找 50ETF 期权的相关数据进行计算，看自己是否已经具备优秀投资者的"敏锐嗅觉"吧！

第四篇　希腊值专题

第 13 章　图说希腊值之 Delta

关心把事情做得正确，而不是关心是否赚钱。

——杰西·利弗莫尔

导语

在前面的文章中，我们讲过，标的资产价格、波动率、期权期限、利率等因素都会对期权的价值产生影响（如果忘记了，可以回顾一下 BS 模型公式，在用公式计算期权理论价的时候，我们是不是需要输入这些参数呢）。

那么，我们能不能对这些影响进行定量化的衡量，从而控制这些因素给期权价值带来的风险呢？于是，希腊值就诞生了。期权的希腊值包括 Delta、Gamma、Theta、Vega 和 Rho 等，它们分别对应了某个因素对期权价值的影响程度，可以用来定量化衡量资产组合的风险。

在这个系列，我们就来给大家一一讲解每个希腊值的含义、计算方法、影响因素和实际运用。

温馨提示

为了更清晰直观地展现希腊值的特点和其他因素的影响，我们在本系列给出了很多图片，大家可以结合图片来更好地理解和记忆希腊值的特点哦！

13.1　什么是 Delta

提到希腊值，首先被想到的肯定是 Delta 了。

Delta（Δ）指的是期权价格变动与标的资产价格变动的比率。数学形

式可以表示为

$$\Delta = \frac{\partial f}{\partial S}$$

其中，f 代表期权的价格；S 代表标的资产的价格。

简单理解，Delta 代表了标的资产价格变动一个点，期权的价值变化了多少。

举个例子：小明持有了一手 50ETF 9 月 2800 的期权，现在 510050 的价格从 2.075 上升了 0.01 个点达到 2.085，假设期权的 Delta 为 0.05，那么，小明持有的头寸的 Delta 估计了标的价格上涨 0.01 个点，期权价值变化了 $0.01 \times 0.05 \times 10000 = 5$ 元（50ETF 期权合约乘数为 10000），即在其他条件不变的情况下，期权价值应该上升 5 元。

我们还可以通过损益图来更加直观地认识 Delta，Delta 其实代表了期权损益图的斜率。图 13－1 所示为某期权的损益图，图中曲线代表了看涨期权价格随标的价格变化的关系，直线为曲线在点（A，B）上的切线，切线的斜率即表示当标的价格为 A、期权价格为 B 时 Delta 的值。

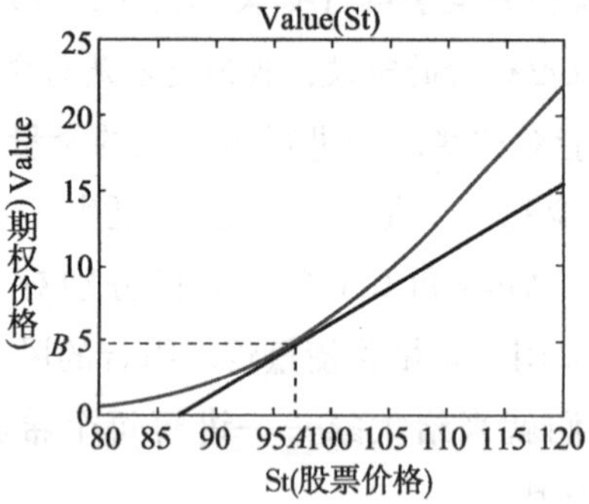

图 13－1　Delta 的计算

除此之外，Delta 还有一个更便于理解的含义：即 Delta 的绝对值代表了期权变成实值期权的概率。Delta 的绝对值越大，表示该期权成为实值的概率越大，因此深度实值期权的 Delta 绝对值往往趋近于 1，而深度虚值期权的 Delta 绝对值往往趋近于 0。

13.2　Delta 的性质

了解了 Delta 的三重定义之后，我们先来简单看一下 Delta 的几个性质。

13.2.1 Delta 的正负性

由于 Delta 被定义为期权价格变动与标的资产价格变动的比率，所以对于看涨期权多头而言，Delta 为一个正数。这一点很好理解，对于看涨期权多头来说，标的资产价格上涨，期权价格也会随之上涨，得出的 Delta 必为正值。同理，对于看跌期权多头来说，标的资产价格上涨，期权价格会随之下降，一增一减相除得负数，得出的 Delta 比为负值。空头与多头正好相反，几种情形下 Delta 正负值见表 13 -1。

表 13 -1 看涨看跌期权 Delta 符号统计表

	看涨期权	看跌期权
多头	+	-
空头	-	+

13.2.2 Delta 的取值范围

Delta 取值范围为 -1 ~1。这点也不难理解，上文说过，Delta 的绝对值可以理解为期权变为实值的概率，所以 Delta 的值不会在这个范围之外。对于看涨期权多头和看跌期权空头来说，Delta 取值范围为 0 ~1；对于看跌期权多头和看涨期权空头来说，Delta 取值范围为 -1 ~0。

图 13 -2 的左侧和右侧分别表示了某个交易日白糖期权的看涨期权多头和看跌期权多头的 Delta 随执行价变化的曲线（此时标的资产价格为 6600）。

从图 13 -2 中可以更加直观地看到，平值期权的 Delta 在 0.5 左右，这是因为对于平值期权来说可能随时变成实值或虚值，所以它变为实值的概率在 0.5 左右；对于深度实值期权而言（如图中看涨期权低执行价部分和看跌期权高执行价部分），期权最终成为实值的可能性非常大，Delta 的绝对值趋近于 1；而对于深度虚值期权，期权最终成为实值的可能性非常小，所以 Delta 趋近于 0。

需要特别注意的是，Delta 描述的只是某一时刻某一个标的资产价格下的值。当标的资产价格发生较大变化的时候，当前的 Delta 就不能很好地描述持仓风险了。举个例子，一个平值的看涨期权多头和一个平值的看跌

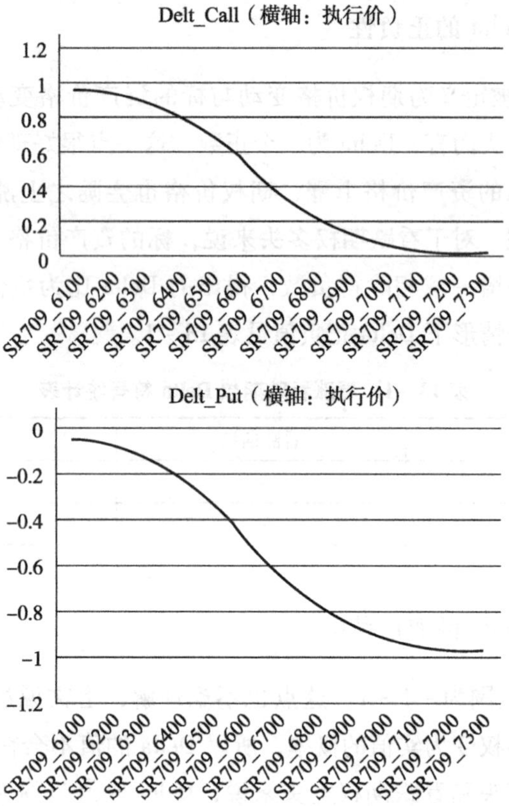

图 13－2　白糖期权看涨看跌多头 Delta 变化

期权空头，在当前时刻它们的 Delta 都为 0.5，但它们之后的风险是完全不同的。如果标的资产价格发生了较大的变化，看跌期权空头面临的风险要远大于看涨期权多头。

温馨提示

所以最好使用情景分析的方法来更好地衡量风险。

13.2.3　Delta 的可加性

另外，Delta 还有一个很好的性质——可加性。这意味着资产组合的 Delta 值可由资产组合内各个单一期权的合约 Delta 来计算。如果一个交易组合由数量为w_i的期权（$1 \leqslant i \leqslant n$）组成，那么证券组合的持仓 Delta 值为

$$\Delta = \sum_{i=1}^{n} w_i \Delta_i$$

其中Δ_i为第 i 个期权的合约 Delta。

举个简单的例子，假如小明持有以下 3 个股票期权：

- 500 份看涨期权的多头，合约 Delta 值为 0.456；
- 400 份看跌期权的多头，合约 Delta 值为 −0.675；
- 300 份看跌期权的空头，合约 Delta 值为 −0.356。

那么整个证券组合的持仓 Delta 为

$$\Delta = 500 \times 0.456 + 400 \times (-0.675) - 300 \times (-0.356) = 648$$

13.3 Delta 怎么计算

我们已经知道，Delta 具有一些比较好的性质。那么，Delta 应该如何计算呢？需要注意的是，不同类型期权的 Delta 计算方法不同，看涨、看跌期权的 Delta 也不一样，下面我们就先来看看不同情形下的 Delta 计算方法吧。

13.3.1 无股息欧式股票期权

（1）欧式看涨股票期权

无股息欧式看涨股票期权的 Delta 计算公式如下：

$$\Delta(\text{看涨}) = N(d_1)$$

$$d_1 = \frac{\ln\left(\frac{S_0}{K}\right) + (r + \sigma^2/2)T}{\sigma\sqrt{T}}$$

其中，S_0为股票在 t_0时刻的价格；T 为期权期限；K 代表期权执行价；r 代表连续复利的无风险利率；σ 代表期权的波动率；$N(x)$ 表示累积正态分布函数；d_1就是 BS 定价模型里那个熟悉的 d_1了。

（2）欧式看跌股票期权

无股息欧式看跌股票期权的 Delta 计算公式则是

$$\Delta(\text{看跌}) = N(d_1) - 1$$

13.3.2 支付连续股息率为 q 的欧式股票期权

(1) 欧式看涨股票期权

对于支付连续股息率为 q 的欧式看涨股票期权，Delta 可以表示为

$$\Delta(\text{看涨}) = e^{-qT}N(d_1)$$

$$d_1 = \frac{\ln\left(\frac{S_0}{K}\right) + (r - q + \sigma^2/2)T}{\sigma\sqrt{T}}$$

(2) 欧式看跌股票期权

对于支付连续股息率为 q 的欧式看跌股票期权，Delta 可以表示为

$$\Delta(\text{看跌}) = e^{-qT}[N(d_1) - 1]$$

13.3.3 欧式股指期权

我们把股指看成是一个支付连续股息收益率的股票投资组合。因此，如果股指中标的股票支付的股息收益率为 q，股指期权的 Delta 计算公式就和欧式股票期权相同了。

(1) 欧式看涨股指期权

对于支付连续股息率为 q 的欧式看涨股指期权，Delta 可以表示为

$$\Delta(\text{看涨}) = e^{-qT}N(d_1)$$

$$d_1 = \frac{\ln\left(\frac{S_0}{K}\right) + (r - q + \sigma^2/2)T}{\sigma\sqrt{T}}$$

(2) 欧式看跌股指期权

对于支付连续股息率为 q 的欧式看跌股指期权，Delta 可以表示为

$$\Delta(\text{看跌}) = e^{-qT}[N(d_1) - 1]$$

13.3.4 货币期权

外汇可以看作收益率等于外币汇率r_f的资产。因此以外汇标的欧式期权的 Delta，与支付有连续股息收益率的股票期权也一致。

定义S_0为即期汇率，用r_f为外汇的无风险利率。

(1) 欧式看涨货币期权

欧式看涨货币期权的 Delta 可以表示为

$$\Delta(\text{看涨}) = e^{-r_f T} N(d_1)$$

$$d_1 = \frac{\ln\left(\frac{S_0}{K}\right) + (r - r_f + \sigma^2/2)T}{\sigma\sqrt{T}}$$

（2）欧式看跌货币期权

欧式看跌货币期权的 Delta 可以表示为

$$\Delta(\text{看跌}) = e^{-r_f T}[N(d_1) - 1]$$

13.3.5 期货期权

对于期货期权，在风险中性世界里期货的预期收益率为 0，即 $r - q = 0$。所以期货期权计算 Delta 与股息收益率为 r 的欧式股票期权一致。定义 F_0 为期货在 0 时刻的价格。

（1）欧式看涨期货期权

欧式看涨期货期权的 Delta 可以表示为

$$\Delta(\text{看涨}) = e^{-rT} N(d_1)$$

$$d_1 = \frac{\ln\left(\frac{F_0}{K}\right) + \sigma^2 T/2}{\sigma\sqrt{T}}$$

（2）欧式看跌期货期权

欧式看跌期货期权的 Delta 可以表示为

$$\Delta(\text{看跌}) = e^{-rT}[N(d_1) - 1]$$

如果看了上面的一大堆公式，感觉云里雾里的，看了下面的例子就保证你能触类旁通了。假设小明持有 100 手（1 手等于 100 股）支付连续股息股票的欧式看涨期权。股票当前价格为 51 元，期权执行价为 50 元，无风险利率为 5%，期权期限为 3 个月，股票价格的波动率为每年 30%，每年连续股息率为 3%。此时我们若想求该投资者头寸 Delta，便可以通过套用上述公式计算。

$$S_0 = 51;\ K = 50;\ r = 5\%;\ T = 0.25;\ \sigma = 30\%;\ q = 3\%;$$

$$d_1 = \frac{\ln(51/50) + (0.05 - 0.03 + 0.3^2/2) \times 0.25}{0.3 \times \sqrt{0.25}} = 0.2404$$

$$\text{Delta} = e^{-0.03 \times 0.25} \times N(0.2404) = 0.5904$$

小明的 Delta 头寸共计 Delta = 0.5904 × 100 × 100 = 5904。

13.4 不同因素对 Delta 值的影响

看到这里，有些读者可能已经在吐槽了：说好的“图说希腊值”，图呢？图呢？别急，接下来就进入到看图时间了，而且，要是觉得前面的各种公式看得头晕，记住下面几张图也是一样的。

13.4.1 图说希腊值之 Delta 与 K、T

（1）看涨期权

先来看第一幅图，图 13－3 展示了期货和股票看涨期权的 Delta 随着执行价和到期日变化的三维图（下文均假设标的现价为 100 元，T 单位为年）。

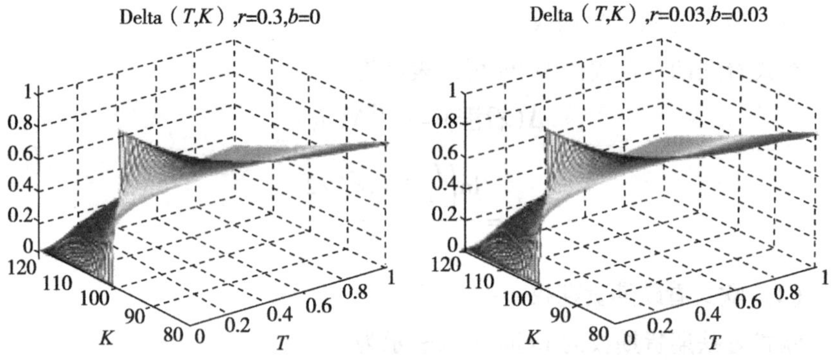

图 13－3 期货期权（左）和股票期权（右）Delta 随 K、T 的变化（看涨）

可以发现，距离到期日越远，实值看涨期权（执行价小于 100 元）的 Delta 变小，虚值看涨期权（执行价大于 100 元）的 Delta 变大，而且远月期权间的 Delta 差距较小。简单理解，距离到期日越远，实值期权有更大的可能性变得不再是实值（趋向于平值），虚值期权也有更大的可能性变得不再是虚值（趋向于平值）。

接下来，如果我们把期权的期限进一步放大呢？

①期货期权

利率（r）不等于 0，持有成本（b）等于 0 的情况：

图 13-4 展示了期货看涨期权 Delta 随着执行价和到期日变化（T 取 0~5 年）的三维图。随着距离到期日的时间进一步变长，无论是实值期权、虚值期权还是平值期权，Delta 都逐渐减小，直到趋向于 0。这是为什么呢?

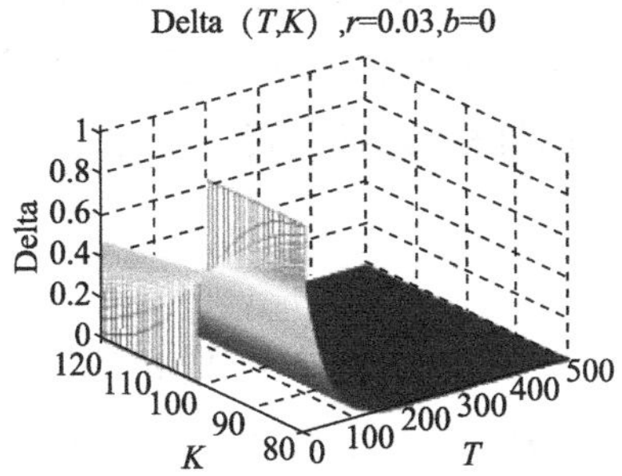

图 13-4 期货看涨期权 Delta 随 K、T 的变化（T 趋向∞，看涨）

首先，我们需要知道期货期权的价值公式：

期货看涨期权价值 = 内在价值 + 时间价值（波动率的价值）- 利率成本

试想，如果一个期权的期限变得越来越大，那么就类似于这个看涨期权的利息变得很大，而利息越来越大，购买期权所需付出的权利金的机会成本会越来越高（比如，我本来可以拿着这些权利金去获得银行的无风险利息)，时间价值（波动率的价值）远小于利率成本的支出，所以期权的价格越来越便宜，直到趋于 0。此时，标的资产价格变化不会引起期权价格变化，Delta 就会趋向于 0。

②股票期权

假设利率等于 $r=0.03$，$b=0.03$，当 T 趋向无穷大时，股票看涨期权 Delta 随执行价和到期日变化的三维图如图 13-5 所示。

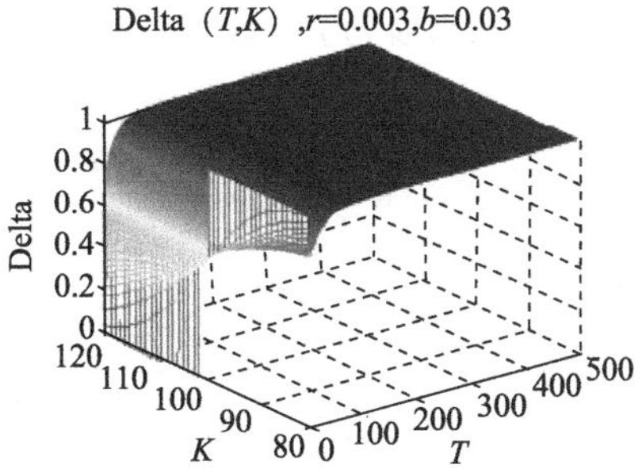

图 13-5 股票看涨期权 Delta 随 K、T 的变化（T 趋向∞，看涨）

股票看涨期权价值=内在价值+利率成本+时间价值（波动率价值）-分红价值

当 T 趋向于无穷大时，所有期权的 Delta 都趋向于1，这是因为，购买股票看涨期权的成本远低于直接购买股票，所以随着 T 增大，股票期权的利率成本和时间价值（波动率价值）远大于分红价值，期权价格越来越贵，直至趋于封顶（标的价格）。标的资产变化1个单位，期权价格几乎可以上升相同的幅度。

（2）看跌期权

期货和股票看跌期权的 Delta 随执行价和到期日变化的三维图如图13-6所示。当 T 不是特别大时，距离到期日越远，虚值期权（执行价小于100元）Delta 的绝对值逐渐变大，实值期权（执行价大于100元）Delta 的绝对值逐渐变小。

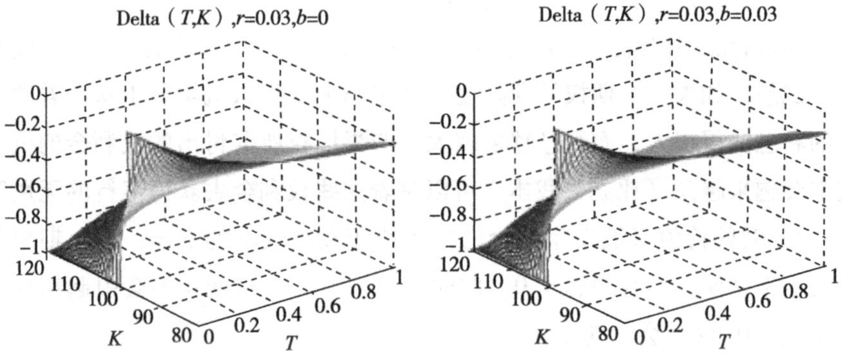

图13-6　期货期权（左）和股票期权（右）Delta 随 K、T 的变化（看跌）

当 T 趋向于无穷大时，期货和股票看跌期权 Delta 变化如图13-7、图13-8所示。

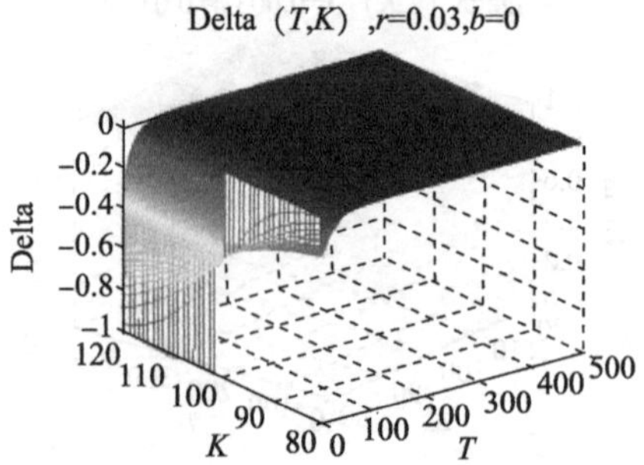

图13-7　期货看涨期权 Delta 随 K、T 的变化（T 趋向∞，看跌）

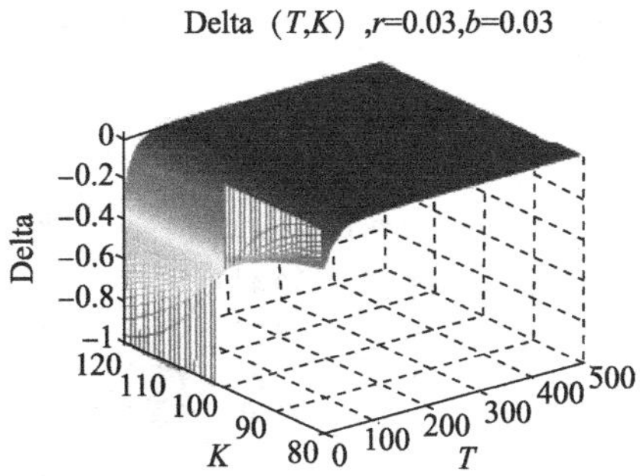

图 13 -8 股票看涨期权 Delta 随 *K*、*T* 的变化（*T* 趋向∞，看跌）

①期货期权：

期货看跌期权价值 = 内在价值 + 时间价值（波动率价值）- 利率成本

与看涨期权类似，当 T 趋向于无穷大时，期货看跌期权的利率成本越来越高，时间价值远小于利率成本的支出，导致期权价格趋向于 0，标的资产价格变化几乎不会引起期权价格变化。

②股票期权：

股票看跌期权价值 = 内在价值 + 时间价值（波动率价值）+ 分红价值 - 利率成本

股票看跌期权则与看涨期权不同，当 T 趋向于无穷大时，利率成本越来越高，股票看跌期权的价格越来越便宜（因为浪费了本来借出券可以获得的利息），导致期权价格趋向于 0，标的资产价格变化几乎不会引起期权价格变化。

13.4.2 图说希腊值之 Delta 与 K、v

（1）看涨期权

接下来我们来考虑波动率和执行价对 Delta 的影响。我们分别画出期货和股票期权 Delta 随着波动率和执行价变化的三维图，如图 13 -9 所示。随着波动率的增加，实值看涨期权的 Delta 变小，虚值看涨期权的 Delta 变大，这与 T 的影响类似。简单理解，距离到期日越远，实值期权有更大的可能性变得不再是实值（趋向于平值），虚值期权也有更大的可能性变得不再是虚值（趋向于平值）。

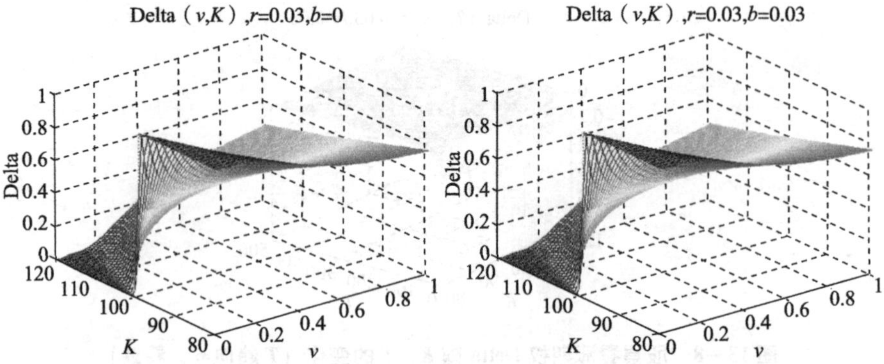

图 13 – 9　期货期权（左）和股票期权（右）Delta 随 v、K 的变化（看涨）

但是，当波动率趋向于无穷大时，情况会不一样。图 13 – 10 分别展示了期货和股票期权 Delta 随着执行价和波动率变化（v 取 0 到 1000%）的情况。随着波动率的进一步增加，所有执行价看涨期权的 Delta 都趋向于 1。这是因为，随着波动率的无限增大，所有看涨期权价格都趋于封顶（标的资产价格），期权最后成为实值的概率趋向于 1。

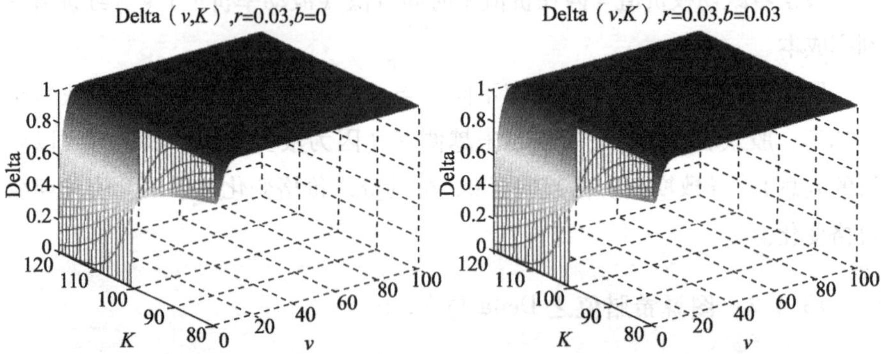

图 13 – 10　期货期权（左）和股票期权（右）Delta 随 v、K 的变化（V 趋向∞，看涨）

（2）看跌期权

期货和股票看跌期权的 Delta 值随着执行价和波动率变化的三维图如图 13 – 11 所示。可以看到，当波动率不是特别大时，随着波动率增大，虚值期权（执行价小于 100 元）Delta 的绝对值逐渐变大，实值期权（执行价大于 100 元）Delta 的绝对值逐渐变小。

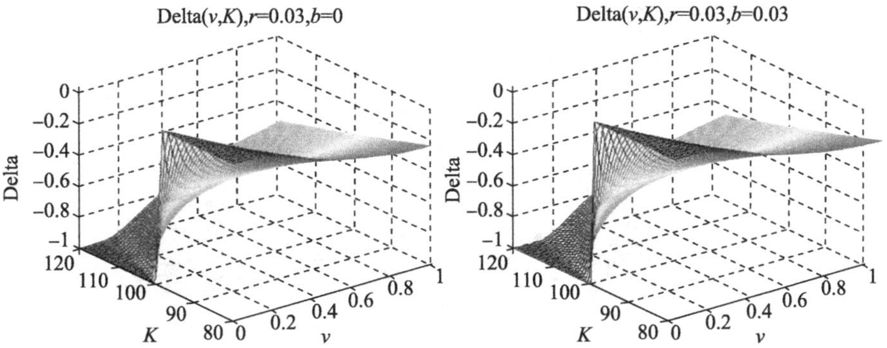

图 13-11 期货期权（左）和股票期权（右）Delta 随 v、K 的变化（看跌）

当波动率趋向于无穷大时，看跌期权 Delta 的绝对值越来越小，直至趋向于 0，如图 13-12 所示。这是因为，看跌期权价格不可能超过执行价，当波动率非常大的时候，看跌期权价格趋近于执行价，此时，标的资产价格变化几乎不会引起期权价格变化，故 Delta 绝对值趋向于 0。

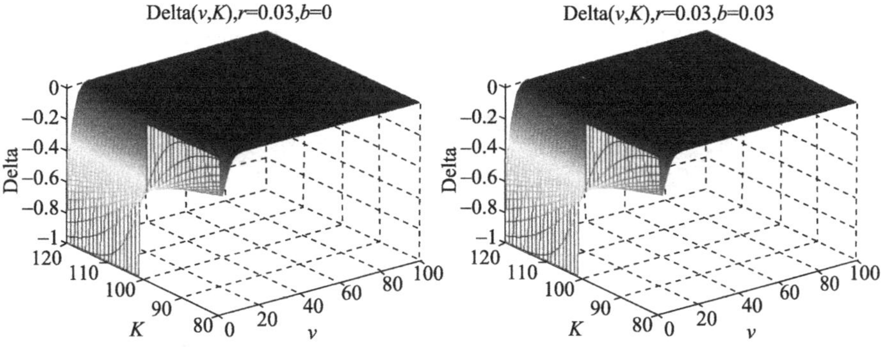

图 13-12 期货期权（左）和股票期权（右）Delta 随 v、K 的变化（v 趋向∞，看跌）

13.4.3 图说希腊值之 Delta 与 K、r

（1）看涨期权

再来看利率和执行价对 Delta 的影响。图 13-13 分别展示了期货和股票看涨期权的 Delta 随着执行价和利率变化的三维图（K 取 0 到 100）。

随着 r 的增加，看涨期权 Delta 的绝对值不断减小直到趋向于 0。这是因为随着利率的不断增加，期权价格趋向于封顶或趋向于 0。

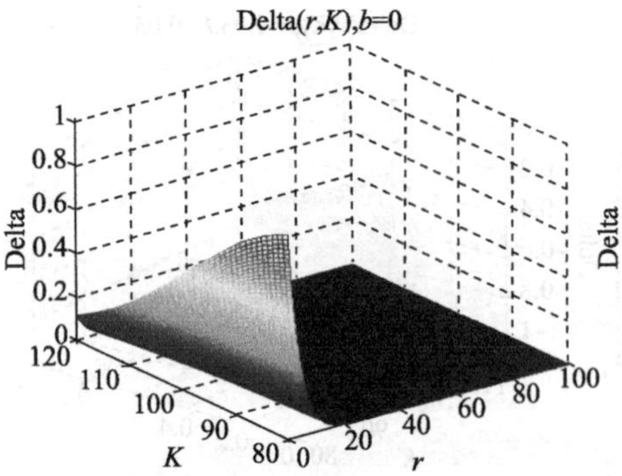

图 13 - 13　期货期权（左）和股票期权（右）Delta 随 r、K 的变化（r 趋向∞，看涨）

（2）看跌期权

图 13 - 14 分别展示了期货和股票看跌期权的 Delta 随着执行价和利率变化的三维图（K 取 0 到 100）。

随着 r 的增加，看跌期权 Delta 的绝对值不断减小直到趋向于 0。这也是因为随着利率的不断增加，期权价格越来越小，直到趋向于 0。

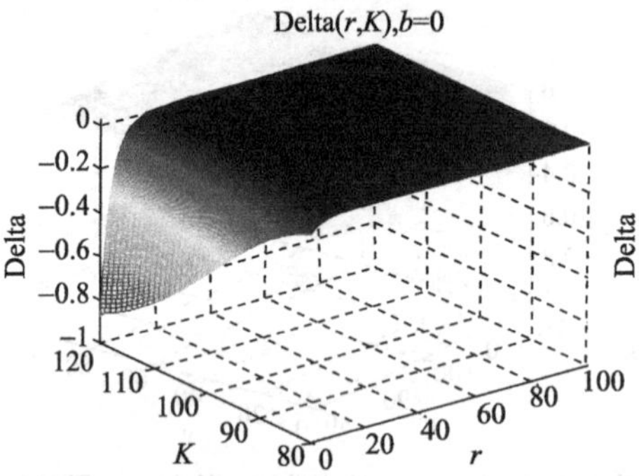

图 13 - 14　期货期权（左）和股票期权（右）Delta 随 r、K 的变化（r 趋向∞，看跌）

13.5　Delta 对冲

最后，再来简单聊一下 Delta 值的对冲。在实际交易中，我们经常需要控制 Delta 风险，使 Delta 保持中性（Delta 中性即指资产组合的 Delta 为 0）。Delta 对冲能够较好地控制资产组合的整体风险。

举个例子：某交易员卖出了 100 份 Delta 值为 0.5 的平值股票看涨期

权，此时他的 Delta 头寸为 -5000(-0.5 ×100 ×100)。这意味着，如果股票价格上涨 1 元，交易员就会亏损 5000 元，交易员面临着较大的裸露头寸风险。

但如果在卖出期权的同时，交易员买入 5000 股股票（标的资产的 Delta 为 1)，此时组合的 Delta 头寸变为 0(-5000 +1 ×5000 =0)，如果股票价格上涨 1 元，交易员就可以在对应的股票头寸上获利 5000 元，从而降低组合的风险。

需要注意的是，Delta 并不是一成不变的，Delta 会随着其他变量的变化而变化，因此投资者的 Delta 中性状态只能维持一个短暂的时间。在 Delta 对冲过程中，对冲策略需要不断调整，这个调整过程也被称为再平衡。接着上述例子，如果股票价格上涨，看涨期权从平值变为实值，Delta 从 0.5 变到 0.6，此时投资者持有头寸的 Delta = -6000，投资者就应该再购买 1000 股股票来使头寸保持 Delta 中性。

是不是觉得 Delta 很厉害呢？接下来，笔者再教你两招比较实用的。

在实际交易中，由于行情的快速变化，我们可能还会面临同时需要对冲多个头寸 Delta 的问题，此时，一般就需要先解决 Delta 较大（硬 Delta）的头寸以控制风险。

另外，如果期权的标的资产流动性很差，我们可能会用相近的资产去对冲。比如 M1707 月份的期货期权成交，如果对应期货的流动性很差，我们可能会利用 M1709 的期货进行对冲。但一定要注意，Delta 无法描述两个不同月份合约之间的基差风险。

结 语

现在，你对 Delta 是不是有了初步的认识了呢？记住！对希腊值的理解一定要借助图形来记忆，而且一定要做到非常熟练！因为，交易的时候，没有那么多时间可以让你思考！

接下来，就一起去看 Delta 的几个小伙伴吧！

第 14 章　图说希腊值之 Gamma

让趋势成为你的朋友。

——彼得·林奇

导 语

可以说，Gamma 的存在是期权区别于期货最为重要的地方，也是期权相比于期货的魅力所在。对于期货而言，期货价格变动多少，我们所持有的头寸的价值就会变化多少。而由于 Gamma 的存在，期权价格的变动就会具有一个“加速度”，从而使得期权可能以一个比标的资产价格变动更快的速度去获取收益。

是不是觉得很神奇呢？本章将带你来领略 Gamma 的魅力。

14.1　什么是 Gamma

Gamma（Γ）是指交易组合的 Delta 的变化相比于标的资产变化的比率，同时也是期权价格关于标的资产价格的二阶偏导数。数学形式可以表示为

$$\Gamma = \frac{\partial \Delta}{\partial S} = \frac{\partial^2 \pi}{\partial S^2}$$

其中，π 代表交易组合的价值；Δ 表示 Delta；S 表示标的资产价格。

简单理解，Gamma 代表了标的资产价格变化 1 个点，Delta 变化了多少。

举个例子：小明昨天买入了一手 50ETF 购 5 月 2100 的期权，当时 510050 的价格为 2.075 元，期权的 Delta 为 0.237。今天，510050 的价格

上升到了 2.078 元，Gamma 为 7.0103。那么，在其他条件不变的情况下，Gamma 估计了 510050 的价格上升 0.003 个点（2.075～2.078），持仓 Delta 增加了 0.021（0.003×7.0103）。

看了以上这些，你可能会觉得对 Gamma 还是没有一个比较形象的理解。没关系，我们来看下面这幅图，可以更加直观地了解 Gamma 对于资产组合的影响。

图 14－1 中的曲线代表一个看涨期权随着标的资产价格变化的损益图，直线代表一个线性产品的损益图，Gamma 其实就代表了期权损益曲线的弯曲程度。我们假设目前标的价格在两条线的切点上，可以发现，如果标的价格向上变动，期权的价格上涨的幅度比线性产品更大；而如果标的价格向下变动，期权的价格下跌的幅度比线性产品更少。

这就是 Gamma 带来的效果！我们以看涨期权多头为例进行说明，当标的价格上升时，由于正 Gamma 的存在，Delta 的值变大，期权价格上升得更快，相当于赋予了期权价格上升的一个加速度。而当标的价格下降时，由于正 Gamma 的存在，Delta 的值变小，期权价格下降得更慢。所以说，当市场发生变动时，正的 Gamma 带给我们的全是好处！

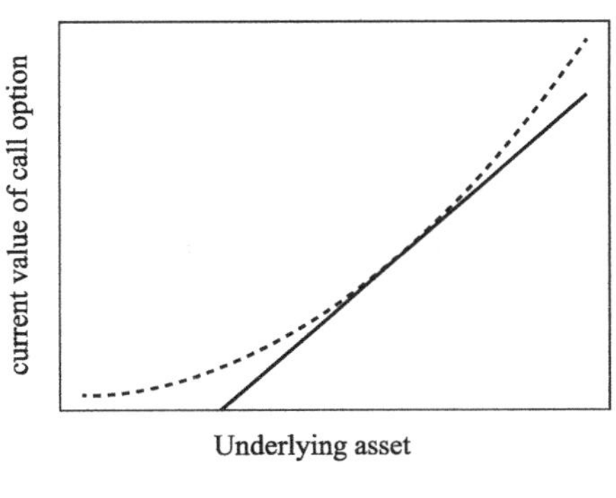

图 14－1 Gamma 示意图

温馨提示

虽然正的 Gamma 会给我们带来好处，但不是越大越好，因为正的 Gamma 对应着负的 Theta，如果市场不发生大的变动的话，负的 Theta 会给我们的资产组合带来损失。

14.2 Gamma 怎么计算

我们已经知道，由于期权的损益曲线是非线性的，所以如果只使用一个固定不变的 Delta 来估计期权的价格（如图 14－1 中的直线），当标的价格变动较大时，就会导致比较大的误差，这时就需要考虑 Gamma 对 Delta 的影响。那么，Gamma 应该如何计算呢？

14.2.1 无股息欧式股票期权

无股息欧式股票期权的 Gamma 计算公式如下：

$$\Gamma = \frac{N'(d_1)}{S_0\sigma\sqrt{T}}$$

其中，S_0为股票在 t_0时刻的价格；T 为期权期限；K 为期权执行价；r 为连续复利的无风险利率；σ 为期权的波动率；$N'(x)$ 为标准正态分布密度函数。

$$d_1 = \frac{\ln\left(\frac{S_0}{K}\right) + (r + \sigma^2/2)T}{\sigma\sqrt{T}}$$

$$N'(x) = \frac{1}{\sqrt{2\pi}}e^{-x^2/2}$$

14.2.2 支付连续股息率为 q 的欧式股票期权

对于支付连续股息率为 q 的欧式股票期权，Gamma 可以表示为

$$\Gamma = \frac{e^{-qT} \times N'(d_1)}{S_0\sigma\sqrt{T}}$$

$$d_1 = \frac{\ln\left(\frac{S_0}{K}\right) + (r - q + \sigma^2/2)T}{\sigma\sqrt{T}}$$

14.2.3 欧式股指期权

我们可以把股指看成是一个支付连续股息收益率的股票投资组合。因此，如果股指中标的股票支付的股息收益率为 q，股指期权的 Gamma 计算

公式就和欧式股票期权相同了。

$$\Gamma = \frac{e^{-qT} \times N'(d_1)}{S_0 \sigma \sqrt{T}}$$

$$d_1 = \frac{\ln\left(\frac{S_0}{K}\right) + (r - q + \sigma^2/2)T}{\sigma \sqrt{T}}$$

14.2.4 货币期权

外汇可以看作收益率等于外币汇率r_f的资产。因此以外汇标的欧式期权的 Gamma，与支付有连续股息收益率的股票期权也一致。

定义S_0为即期汇率，用r_f为外汇的无风险利率，Gamma 可以表示为

$$\Gamma = \frac{e^{-r_f T} \times N'(d_1)}{S_0 \sigma \sqrt{T}}$$

$$d_1 = \frac{\ln\left(\frac{S_0}{K}\right) + (r - r_f + \sigma^2/2)T}{\sigma \sqrt{T}}$$

14.2.5 期货期权

对于期货期权，在风险中性世界里期货预期收益率为 0，即 $r - q = 0$。所以期货期权计算 Gamma 与股息收益率为 r 的欧式股票期权一致。Gamma 可以表示为

$$\Gamma = \frac{e^{-rT} \times N'(d_1)}{F_0 \sigma \sqrt{T}}$$

$$d_1 = \frac{\ln\left(\frac{F_0}{K}\right) + \sigma^2 T/2}{\sigma \sqrt{T}}$$

举个例子：小明买了一个支付连续股息的看涨期权，其中股价为 20 美元，执行价为 25 美元，无风险利率为 5%，连续股息率为 3%，期权期限为 20 周，股票价格波动率为 15%。

即$S_0 = 20$，$K = 25$，$r = 0.05$，$q = 0.03$，$T = 0.3846$，$\sigma = 0.15$，代入上式得：

$$d_1=\frac{\ln\left(\frac{20}{25}\right)+\left(0.05-0.03+\frac{0.15^2}{2}\right)\times 0.3846}{20\times 0.15\times\sqrt{0.3846}}=-2.2696$$

$$\Gamma=\frac{e^{-0.03\times 0.3846}\times e^{-2.2696^2/2}}{20\times 0.15\times\sqrt{2\times\pi\times 0.3846}}=0.0161$$

您只需要对着这个例子套用公式，就可以轻松得到 Gamma 了。

14.3 不同因素对 Gamma 的影响

知道如何计算 Gamma 之后，我们就正式进入到看图说话的时间了。

14.3.1 图说希腊值之 Gamma 与标的价格

我们以 $K=100$，$T=30$ 天，$R=2\%$，$\sigma=25\%$ 为例，画出 Γ 值随着股票价格 S 变化的平滑曲线图，如图 14－2 所示。从图中可以看到，平值期权的 Gamma 最大，而实值期权和虚值期权的 Gamma 较小。这点很好理解，对于平值期权，标的价格的微小变化可能就会导致期权变为实值期权的可能性（Delta）发生较大变化，所以 Gamma 值较大。

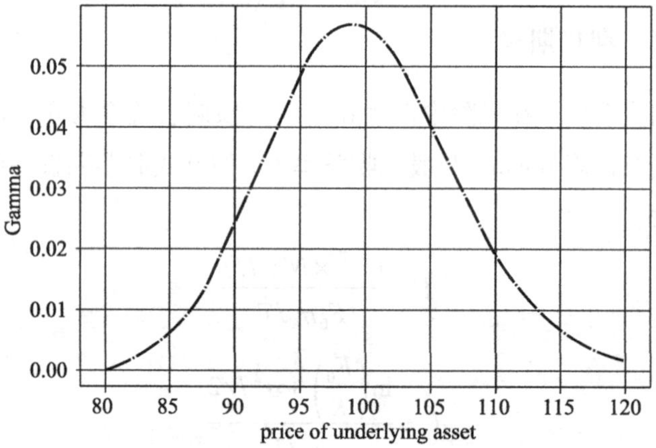

图 14－2　Gamma 与标的价格的关系

14.3.2 图说希腊值之 Gamma 与 K、T

我们再进一步来看执行价和到期时间对 Gamma 的影响。画出 Gamma 随着执行价和到期日变化的三维图（假设标的资产现价为 100 元，T 的单位为年），如图 14 – 3 所示。

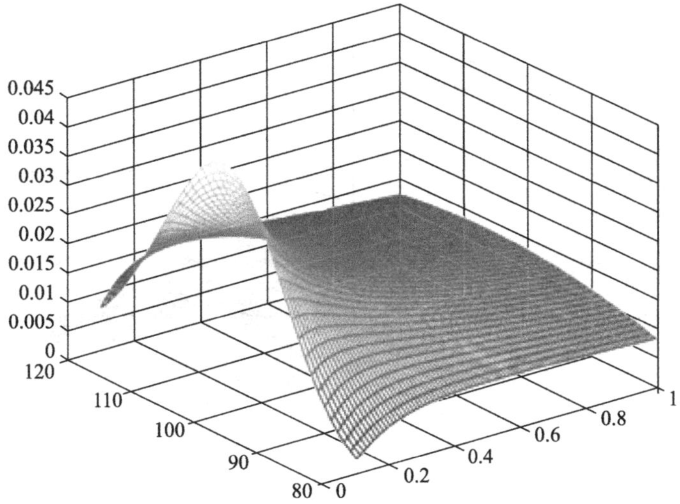

图 14 – 3 期权 Gamma 随 *K*、*T* 的变化

我们可以发现，随着到期日的临近，平值期权的 Gamma 变大，而虚值期权和实值期权的 Gamma 先增大后减小。从图中也可以明显看到，平值期权的 Gamma 最大。

所以我们就特别需要注意近月平值期权的 Gamma 风险。这是因为，在实际交易中，当期权快到期的时候，我们不知道它最后会变成实值还是虚值，此时 Delta 就会发生非常大的变动，使得我们很难确定到底要不要对冲 Delta。对于做市商来说，为了解决这个问题，一个办法是，在快到期的时候尽量不要保留平值期权的头寸。

如果我们把到期时间继续放大，在图 14 – 4 中，我们能观察到的一点是，随着到期日的增加，所有执行价的 Gamma 都越来越小直到趋近于 0。这是因为随着到期日趋向于无穷大，期权的价格趋向于 0 或者封顶，使得期权的价格不再具有“加速度”（即 Gamma 趋向于 0）。

14.3.3 图说希腊值之 Gamma 与 *K*、*v*

接下来我们来考虑波动率和执行价对 Gamma 的影响。我们画出 Gamma 随着波动率和执行价变化的三维图（假设标的资产现价为 100 元），如图 14 – 5 所示。

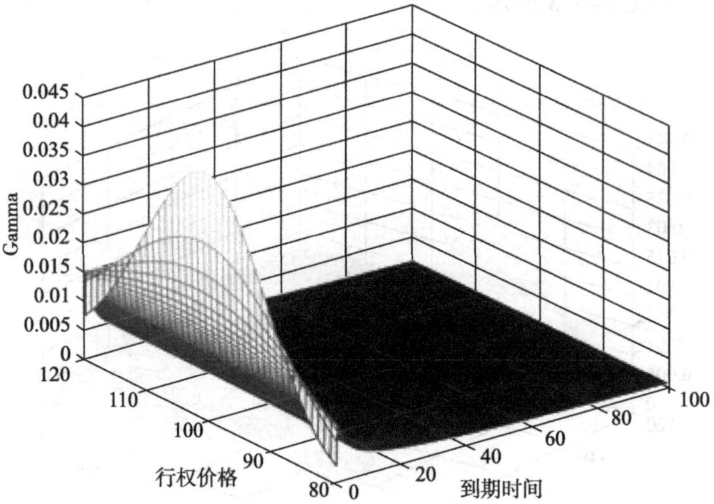

图 14－4　期权 Gamma 随 K、T 的变化（T 趋向∞）

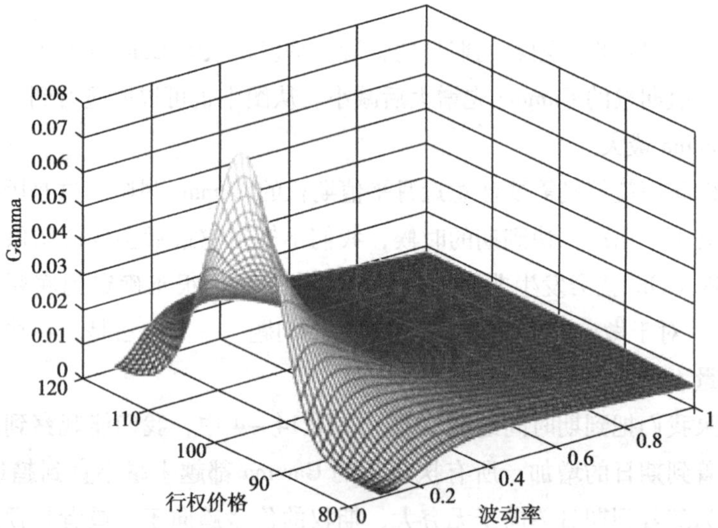

图 14－5　期权 Gamma 随 K、v 的变化

可以看到，与 T 的效果类似，随着波动率的减小，平值期权的 Gamma 变大，而虚值期权和实值期权的 Gamma 先增大后减小。

如果把波动率放大至无穷大（v 取 0 到 1000%），如图 14－6 所示，同样，所有执行价的 Gamma 都越来越小直到趋近于 0。这是因为随着波动率趋向于无穷大，期权价格也会不断增加直至趋向于封顶。由于期权价格已经趋向封顶，此时，波动率的变化几乎不再会引起期权价值的变化，期权不再具有加速度（即 Gamma =0）。

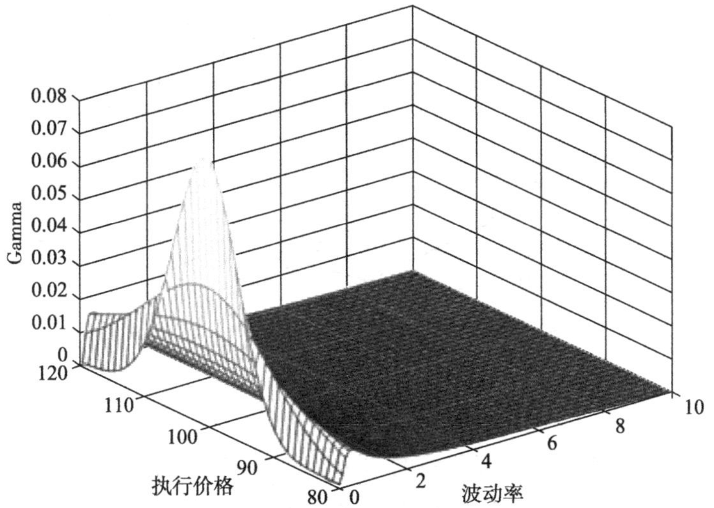

图 14－6 期权 Gamma 随 *K*、*v* 的变化（*v* 趋向∞）

14.3.4 图说希腊值之 Gamma 与 *K*、*r*

最后再来看利率和执行价对 Gamma 的影响。需要注意的是，期货期权和股票期权的情况略有不同。

（1）期货期权

首先我们画出欧式期货期权的 Gamma 随着利率和执行价变化的三维图（假设标的资产现价为 100 元），如图 14－7 所示。

可以看到，随着利率的增大，期货期权的 Gamma 逐渐减小。这是因为，随着利率的增大，意味着购买期权所需付出的权利金的机会成本更高（比如，本来可以拿着这些权利金去获得银行的无风险利息），所以期权的价格越便宜，期权价格慢慢趋向于0，Gamma 也就越来越小趋向于0 了。

（2）股票期权

对于股票期权来说，效果并不一样。随着利率的增加，股票远期价格会增加，所以 Gamma 的最高点会先向上偏移。之后，伴随利率增大，股票看涨期权的价格会趋向于封顶（因为只需要付出权利金成本，不需要购买

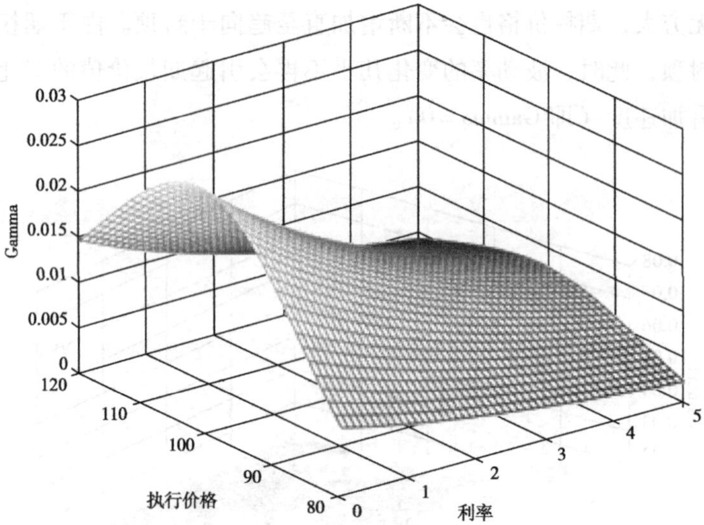

图 14 -7　期货期权 Gamma 随 *K*、*r* 的变化（*r* 趋向∞）

股票，而权利金肯定小于买股票的本金，所以节约了买股票所需本金的利息)，而看跌期权的价格会越来越便宜，直至趋向于 0（因为需要持有股票，浪费了借出券可以赚取的利息)，最终使得 Gamma 趋向于 0。如图 14 -8 所示。

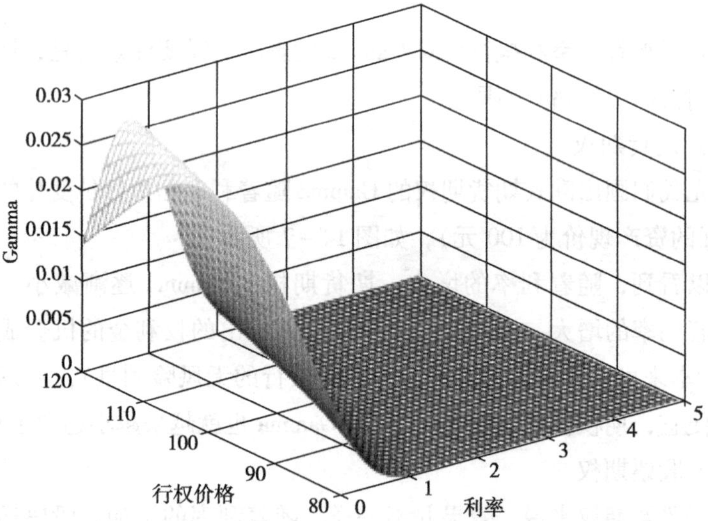

图 14 -8　股票期权 Gamma 随 *K*、*r* 的变化（*r* 趋向∞）

14.4 Gamma 风险对冲特点

然后我们再来简单谈一谈实战中的一个重要知识：Gamma 风险对冲特点。

前面我们提到过，正 Gamma 往往会带给我们好处，而负 Gamma 往往会带给我们坏处。为了控制组合风险，我们需要保持 Delta 中性。那么，Gamma 会对我们的 Delta 对冲带来什么样的影响呢？

14.4.1 正 Gamma 对冲

我们假设 Gamma = +300，标的资产现价为 2200，此时 Delta 中性。

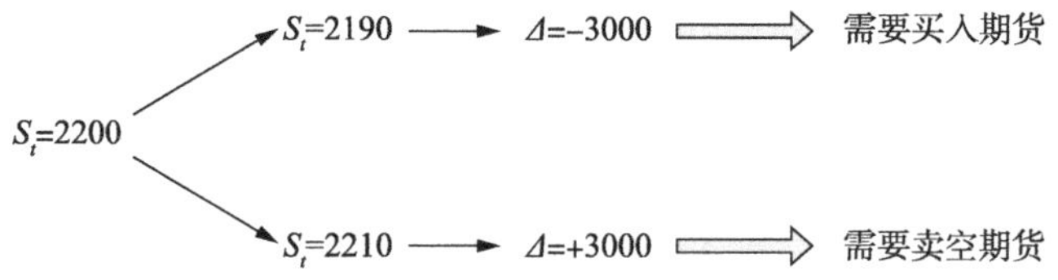

如上所示，如果标的资产下降到 2190，组合 Delta 变为 -3000，为了保持 Delta 中性，需要以 2190 的价格买入期货；如果标的资产上升到 2210，组合 Delta 变为 +3000，为了保持 Delta 中性，需要以 2210 的价格卖出期货。总体来看，我们是在低买高卖，所以正的 Gamma 有利于 Delta 对冲。

14.4.2 负 Gamma 对冲

假设 Gamma = -300

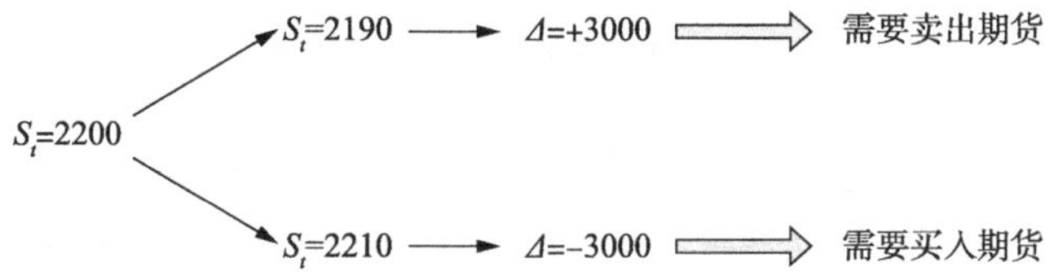

相反，对于负 Gamma 来说，不利于 Delta 对冲。假设 Gamma 为 -300，如果标的资产下降到 2190，组合 Delta 变为 +3000，为了保持 Delta 中性，需要以 2190 的价格卖出期货；如果标的资产上升到 2210，组合 Delta 变为

-3000，为了保持 Delta 中性，需要以 2210 的价格买入期货。总体来看，我们是在低卖高买，所以负的 Gamma 不利于 Delta 对冲。

特别是当市场出现不停震荡的时候，由于负 Gamma 的存在，Delta 的不断对冲会使我们来回蒙受损失。

14.5 影子 Gamma

最后和大家聊一下影子 Gamma 的概念。

由于 Gamma 是期权价格对标的价格的二阶导数，因此前面计算的 Gamma 没有体现出其他因素变化后对 Gamma 的影响。但实际中，当标的物价格发生变化时，波动率也会相应改变，因此我们需要引入影子 Gamma 的概念。

影子 Gamma（Shadow Gamma）是在考虑了波动率的变化后对 Delta 的改变。

我们来举个例子：

假设一个交易员认为波动率会发生改变，持有一个跨式组合，图 14-9 是分别在 Shadow Gamma 和 Gamma 下得到的损益图曲线。

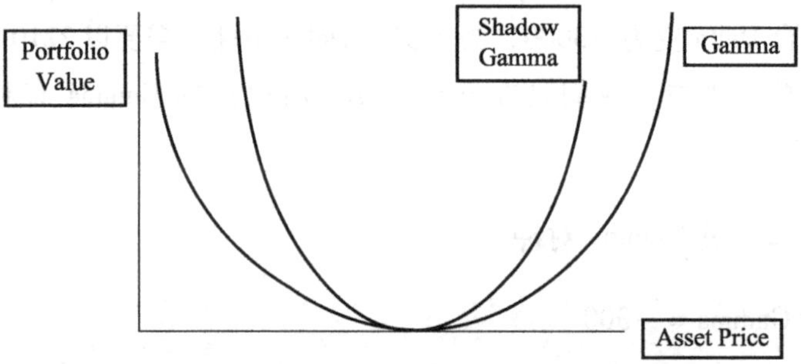

图 14-9 影子 Gamma 示意图

从图中我们可以看出，当标的变化相同单位时，在 Shadow Gamma 下的收益要比 Gamma 下的收益大，所以影子 Gamma 概念的提出和应用是很有必要的！

那么，怎么计算呢？

假设当前的标的价格为 B，$A<B<C$

如果标的价格上涨：

$$\text{Shadowup} - \text{Gamma}\ (B) = \frac{\text{Delta}\ (C,\ \text{revisedvol}) - \text{Delta}\ (B,\ \text{originalvol})}{C - B}$$

如果标的价格下跌：

$$\text{Shadowdown} - \text{Gamma}\ (B) = \frac{\text{Delta}\ (B,\ \text{originalvol}) - \text{Delta}\ (A,\ \text{revisedvol})}{B - A}$$

是不是很容易理解呢！

我们来看一个案例，看看影子 Gamma 的切实好处。假设交易员持有一个宽跨式多头组合（虚值 104 的 call 和虚值 96 的 put），他预计无论市场往哪个方向大幅波动，波动率都会变大。目前 St = 100，隔夜标的到 98 或者 102 时，预计波动率 IV 都会提高 1 个点。那么如果行情上涨到 102，用高一个点的 IV 去计算 Delta，正向的 Delta 比原来大，对冲需要卖出更多的标的；如果行情下跌到 98，用高一个点的 IV 去计算 Delta，负数的 Delta 的绝对值也比原来大，对冲需要买入更多的标的，于是 GammaScalping 产生了更多的利润！

结 语

看到这里，您是不是对希腊字母中的 Gamma 有了更清楚的认识呢？其实，Gamma 和其他的希腊字母间也有关系，具体内容就参见第 17 章《图说希腊值之综合进阶》吧！保证看了不后悔哟！

第 15 章　图说希腊值之 Theta

世界上最快而又最慢，最长而又最短，最平凡而又最珍贵，最容易被忽视而又最令人后悔的就是时间。

——高尔基

导语

我们都知道“时间就是金钱”这个永恒不变的真理，今天我们走近一个和到期时间 T 关系密切的希腊字母——Theta（Θ），真正体会随着时间的消耗，金钱从手中不断流逝的感觉！同时也看看，有没有“时间带来金钱”的反例，能否“躺着赚钱”?

15.1　什么是 Theta

期权组合的希腊值 Theta（Θ）定义为：在其他条件不变时，投资组合价值变化与时间变化的比率。Theta 也可称作资产组合的“时间损耗”（time decay）。数学形式可以表示为

$$\Delta = \frac{\partial f}{\partial T}$$

其中，f 代表期权的价格；T 代表时间。

简单理解，Theta 代表了时间减少一天，期权的价值变化多少，合约 Theta 一般为负数（深度实值的欧式看跌期权例外）。

记住我们的宗旨——时间就是金钱！所以对于期权多头而言，持仓 Theta 一般为负值（因为在其他条件不变的情况下，随着期限的减小，期

权价值会降低，在其他条件不变的情况下，期权多头持仓发生了亏损），而对于期权空头而言，持仓 Theta 一般为正值。

举个例子：小明买入了一个看涨或者看跌期权，持仓 Theta 为 -0.5，这表明每过一天，小明持有的期权价格会减少 0.5。更具体地来说，小明在初始时刻会支付一笔期权费，随着时间流逝，支付的期权费一天天耗尽，没有带来收益。所以小明会希望时间走慢点，行情在仅剩的时间里赶紧动起来，不然时间过完钱就撒光了。

而如果小明卖出一个看涨或者看跌期权，持仓 Theta 为 0.5，这表明每过一天，小明就赚 0.5。小明在初始时刻空头会收到一笔期权费，获得的钱随着时间流逝一天天得到确认，直至到期日。所以小明会希望时间过快点，行情没时间大幅变动，钱全部落到口袋里。

15.2 Theta 怎么计算

那么，Theta 要怎么计算呢？您只需要照着我们下面的公式套用就可以了。

15.2.1 无股息欧式股票期权

无股息欧式看涨和看跌股票期权的 Theta 计算公式如下：

$$\Theta(\text{看涨}) = -\frac{S_0 N'(d_1)\sigma}{2\sqrt{T}} - rK\mathrm{e}^{-rT}N(d_2)$$

$$\Theta(\text{看跌}) = -\frac{S_0 N'(d_1)\sigma}{2\sqrt{T}} + rK\mathrm{e}^{-rT}N(-d_2)$$

其中，S_0为股票在t_0时刻的价格；T 为期权期限；K 为期权执行价；r 为连续复利的无风险利率；σ 为期权的波动率；$N'(x)$ 为标准正态分布密度函数。

$$d_1 = \frac{\ln\left(\frac{S_0}{K}\right) + (r + \sigma^2/2)T}{\sigma\sqrt{T}}$$

$$d_2 = d_1 - \sigma\sqrt{T}$$

$$N'(x) = \frac{1}{\sqrt{2\pi}}e^{-x^2/2}$$

乍一看，看涨和看跌期权的 Θ 长得好像哦！的确，它们之间有清晰的联系：

$$\Theta\text{（看跌）}=\Theta\text{（看涨）}+rK\mathrm{e}^{-rT}$$

看涨和看跌期权的 Θ 相差的部分其实就是债券的价格对时间的变化。

温馨提示

注意时间单位要进行变换，计算 Theta 时时间以“天”作为单位，而 BS 公式中的时间以“年”作为单位。

为了计算每日历日的 Theta，上面由 BS 公式所得值需要除以 365；计算每交易日的 Theta，所得值要除以当年的交易日天数（如 252 天）。

以看涨期权为例：

$$\text{每日历日 }\Theta(\text{看涨})=\frac{1}{365}\left(-\frac{S_0N'(d_1)\sigma}{2\sqrt{T}}-rK\mathrm{e}^{-rT}N(d_2)\right)$$

$$\text{每交易日 }\Theta(\text{看涨})=\frac{1}{252}\left(-\frac{S_0N'(d_1)\sigma}{2\sqrt{T}}-rK\mathrm{e}^{-rT}N(d_2)\right)$$

注：日历日中的 T，也是考虑所有日历日剩余时间的 T；交易日中的 T，是考虑所有交易日剩余时间的 T。

15.2.2　无支付连续股息率为 q 的欧式股票期权

对于支付连续股息率为 q 的欧式看涨和看跌股票期权，Theta 可以表示为

$$\Theta(\text{看涨})=-\frac{S_0N'(d_1)\sigma}{2\sqrt{T}}\mathrm{e}^{-qT}-rK\mathrm{e}^{-rT}N(d_2)+qS_0\mathrm{e}^{-qT}N(d_1)$$

$$\Theta(\text{看跌})=-\frac{S_0N'(d_1)\sigma}{2\sqrt{T}}\mathrm{e}^{-qT}+rK\mathrm{e}^{-rT}N(-d_2)-qS_0\mathrm{e}^{-qT}N(-d_1)$$

$$d_1=\frac{\ln\left(\frac{S_0}{K}\right)+(r-q+\sigma^2/2)T}{\sigma\sqrt{T}}$$

15.2.3　欧式股指期权

对于支付连续股息率为 q 的欧式看涨和看跌股指期权，Theta 可以表

示为

$$\Theta(\text{看涨}) = -\frac{S_0 N'(d_1)\sigma}{2\sqrt{T}} e^{-qT} - rK e^{-rT} N(d_2) + q S_0 e^{-qT} N(d_1)$$

$$\Theta(\text{看跌}) = -\frac{S_0 N'(d_1)\sigma}{2\sqrt{T}} e^{-qT} + rK e^{-rT} N(-d_2) - q S_0 e^{-qT} N(-d_1)$$

$$d_1 = \frac{\ln\left(\frac{S_0}{K}\right) + (r - q + \sigma^2/2)T}{\sigma\sqrt{T}}$$

15.2.4 货币期权

外汇可以看作收益率等于外币汇率r_f的资产。因此以外汇标的欧式期权的 Theta，与支付有连续股息收益率的股票期权也一致。

定义S_0为即期汇率，用r_f为外汇的无风险利率。

$$\Theta(\text{看涨}) = -\frac{S_0 N'(d_1)\sigma}{2\sqrt{T}} e^{-r_f T} - rK e^{-rT} N(d_2) + r_f S_0 e^{-r_f T} N(d_1)$$

$$\Theta(\text{看跌}) = -\frac{S_0 N'(d_1)\sigma}{2\sqrt{T}} e^{-r_f T} + rK e^{-rT} N(-d_2) - r_f S_0 e^{-r_f T} N(-d_1)$$

$$d_1 = \frac{\ln\left(\frac{S_0}{K}\right) + (r - r_f + \sigma^2/2)T}{\sigma\sqrt{T}}$$

15.2.5 期货期权

对于期货期权，在风险中性世界里期货的预期收益率为 0，即 $r - q = 0$。所以期货期权计算 Theta 与股息收益率为 r 的欧式股票期权一致。定义F_0为期货在 0 时刻的价格。

$$\Theta(\text{看涨}) = -\frac{F_0 N'(d_1)\sigma}{2\sqrt{T}} e^{-rT} - rK e^{-rT} N(d_2) + rF_0 e^{-rT} N(d_1)$$

$$\Theta(\text{看跌}) = -\frac{F_0 N'(d_1)\sigma}{2\sqrt{T}} e^{-rT} + rK e^{-rT} N(-d_2) - r F_0 e^{-rT} N(-d_1)$$

$$d_1 = \frac{\ln\left(\frac{F_0}{K}\right) + \sigma^2 T/2}{\sigma\sqrt{T}}$$

看到这些密密麻麻的公式，您可能已经快睡去了，我们举个例子调节一下吧。

假设小明持有一个无股息股票上的看涨期权，其中股票价格为100元，执行价100元，无风险利率为5%，期限为3个月（0.25年，日历日），股票价格波动率为30%。

此时$S_0=100$，$K=100$，$r=0.05$，$q=0$，$T=0.25$，$\sigma=0.30$，

期权的Theta为

$$\Theta=-\frac{S_0N'(d_1)\sigma}{2\sqrt{T}}-rK\mathrm{e}^{-rT}N(d_2)=-0.0392$$

$$\text{每日历日 }\Theta=\frac{1}{365}\left(-\frac{S_0N'(d_1)\sigma}{2\sqrt{T}}-rK\mathrm{e}^{-rT}N(d_2)\right)=-1.0737\times10^{-4}$$

15.3 不同因素对Theta值大小的影响

尽管我们可以直接将数据带入Theta的解析表达式来得到它的值，但公式中变量又多又复杂，不同变量（执行价K，到期时间T，波动率σ，利率r等）对Theta的影响就不明显了，这又该如何入手分析呢？下面我们就来一一解答吧。

温馨提示

下文在考虑Theta与K、T以及Theta与K、v间的关系时，看涨、看跌的期货和股票期权的图像及分析相同；而考虑Theta和K、r间的关系时，期货期权、股票期权情况要分别讨论，看涨和看跌的情况也要分别讨论。

15.3.1 图说希腊值之Theta与K、T

首先大家猜猜看，不同执行价对Theta大小有什么不同影响？

我们利用50ETF购2017年7月执行价$K=2.4$（实值）和$K=2.65$（平值）期权每日Theta的折线图来直观感受不同执行价对Theta值的影响，如图15-1所示。

从折线图中可以清晰地看出平值期权在临近到期日时Theta的绝对值非常大，表明其每日价值衰减很快；而实值期权的Theta波动一直都较为平缓。

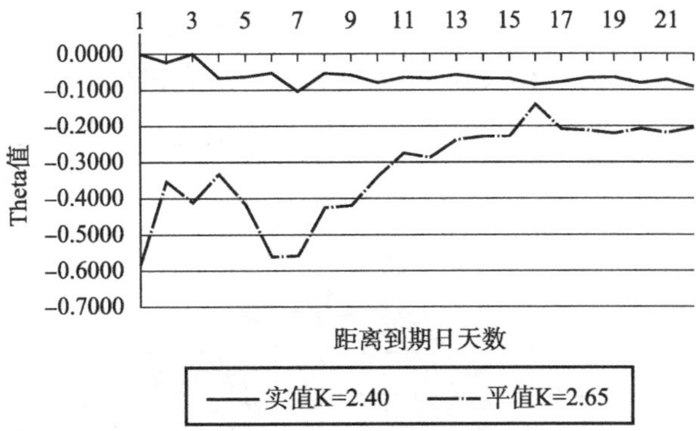

图 15-1 50ETF 购 2017 年 7 月期权 Theta 值

这样的图形究竟是偶然结果还是必然结论呢？别忘了，我们有 Θ 的解析表达式呀，用 MATLAB 绘制 Theta 关于不同变量的三维曲面图就可以轻松得到答案啦！

首先，不同执行价的期权 Theta 值的变化情况究竟如何呢？图 15-2 中的结果一目了然了：随着到期日的临近，平值附近的 Theta 绝对值增大，衰减速度加快，而实值和虚值期权的 Theta 绝对值先增大后减小，到期日时期权的时间价值已经差不多衰减完了。所以想通过卖深度虚值期权赚钱的投资者，一定别拖延，早点卖，否则一般只能赚到一个 Tick 的钱！但是

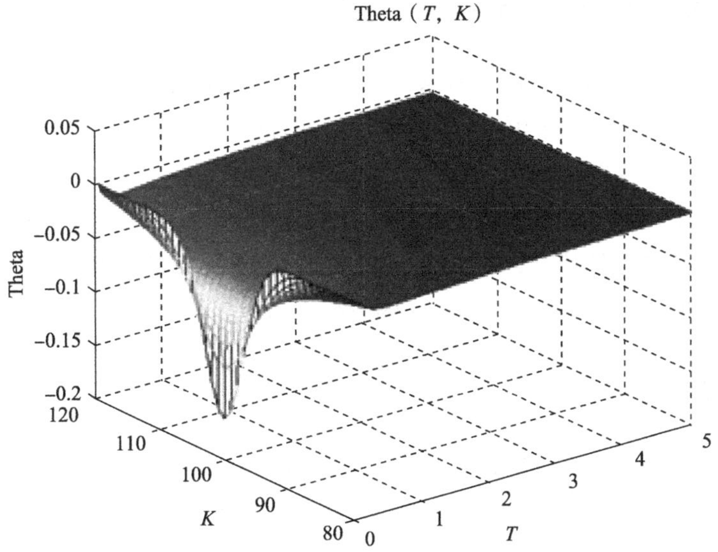

图 15-2 期权 Theta 随 *K*、*T* 的变化

早卖也有更大的行情变动风险。只有对行情有确定的把握之后才能卖出。

再来看图 15 -3，当 T 趋向于无穷大时，所有执行价期权的 Theta 趋向于0。期权价格趋向于0或者封顶，时间价值也就基本衰减为0了！

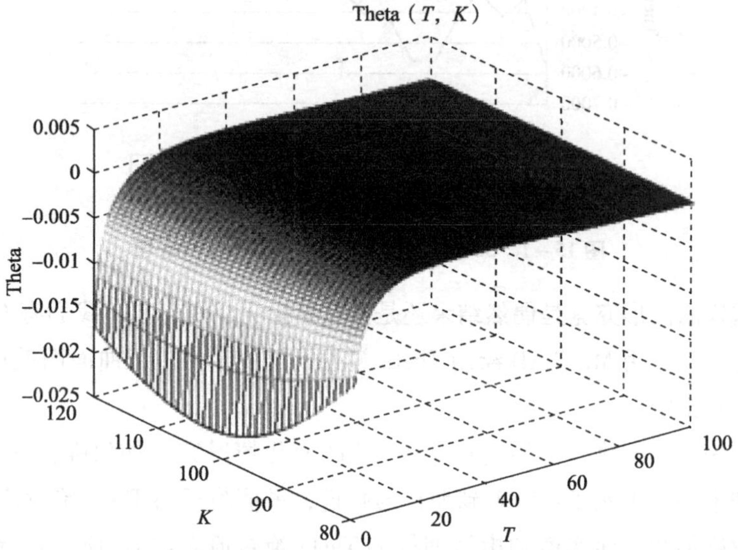

图 15 -3　期权 Theta 随 K、T 的变化（T 趋向∞）

15.3.2　图说希腊值之 Theta 与 K、v

波动率是我们分析期权时最为关心的“核心因素”。图 15 -4 的上侧展示了波动率 v 在正常范围（$v<100\%$）时的三维图，下侧展示了 v 趋向无穷大时的三维图。

从图 15 -4 可以看出，正常范围内，随着波动率的增大，Theta 的绝对值呈现一直增大的特点，即对所有执行价，都有更多的时间价值可以用来衰减，此时波动率和时间对 Theta 的影响方向相反。

温馨提示

千万要和期权定价时我们讲的“时间和波动率对期权价格影响方向相同”区分开呀！因为 Theta 的假设是，在其他变量不变时（包括波动率），现在波动率变化了，打破了 Theta 的假设。

而当波动率趋向于无穷大时，出现“拐点”（图中深色“沟状”部

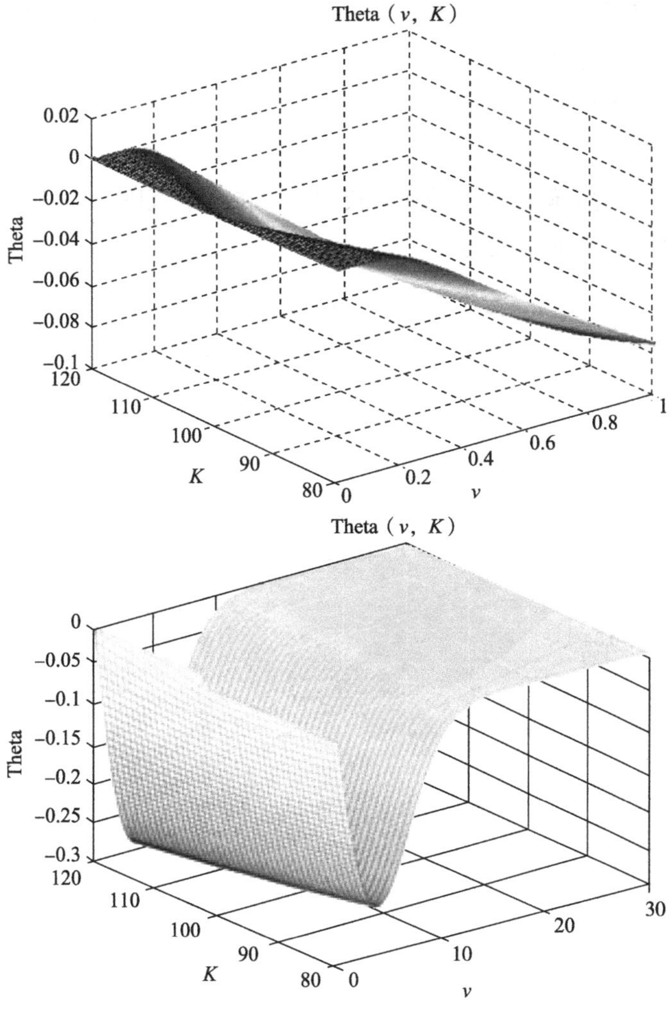

图 15－4 期权 Theta 随 K、v 的变化

分）——这是因为波动率趋向无穷时，期权价格会趋向于 0 或者趋向于封顶（看涨期权趋向标的价格，看跌期权趋向于执行价），从而使其几乎不存在时间价值，Theta 也就趋向于 0 了。

15.3.3 图说希腊值之 Theta 与 K、r

需要注意，在上文我们讨论 Theta 和 T、Theta 和 v 的关系时，我们并没有区分看涨期权和看跌期权，这并不意味着看涨期权和看跌期权的 Theta 值是一样的。只不过，时间和波动率变化对看涨期权和看跌期权的效果几乎类似。但是利率对看涨期权和看跌期权 Theta 值的影响却完全不同，需要分情况进行讨论！

（1）期货期权

①看涨期权

图 15 - 5 的上侧展示了看涨期权利率 r 在正常范围（$r<500\%$）的三维图，下侧的 r 趋向正无穷。

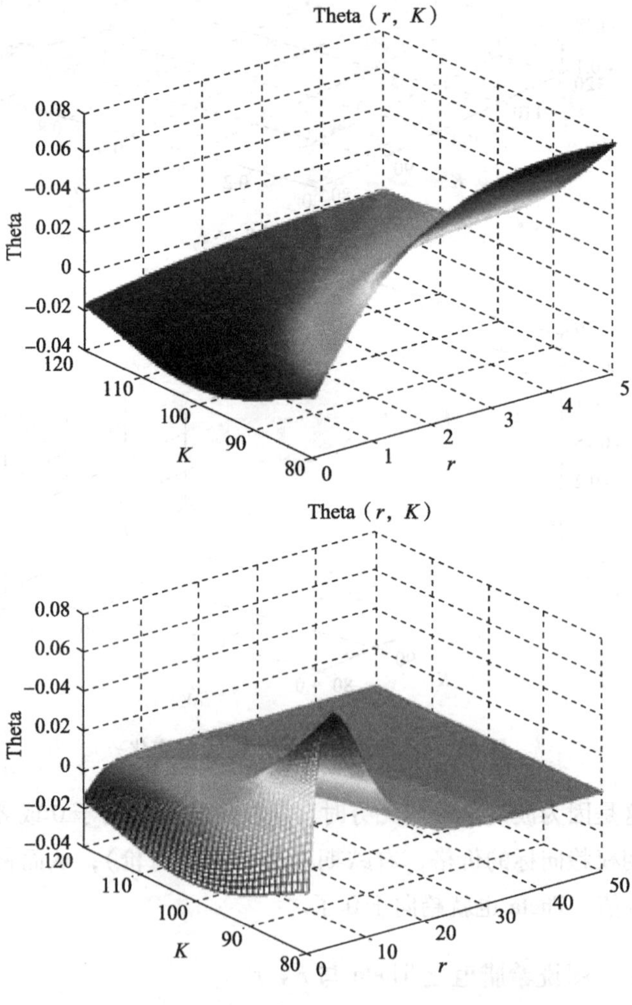

图 15 - 5　期货期权 Theta 随 K、r 的变化（看涨）

从图 15 - 5 可以看出，在大部分情况下，如果 r 在正常范围内，随着利率的增大，Theta 的绝对值会一直减小。但是，有一个特例，深度实值期权的 Theta 值有可能从负数变为正数，这是因为如果权利金的成本太高，对于欧式期权，时间价值甚至可能小于 0，多头可以“躺着赚钱”，如果可以行权，就别犹豫立即行权吧！

如果利率趋向于无穷大，因为看涨期权价值会趋向于 0，Theta 值就趋向于 0 了。

②看跌期权

图 15 -6 的上侧展示了看跌期权利率 r 在正常范围（$r<500\%$）的三维图，下侧的 r 趋向正无穷。

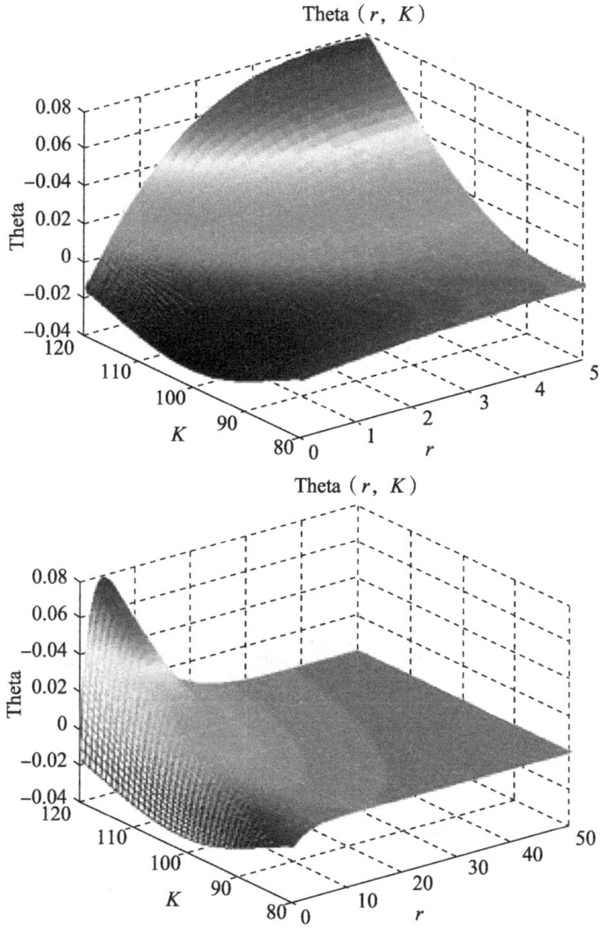

图 15 -6　期货期权 Theta 随 K、r 的变化（看跌）

从图 15 -6 可以看出，对所有执行价期权，若 r 在正常范围内，随着利率的增大，Theta 值（注意不是绝对值）会一直上升。特别关注深度实值的看跌期权，Theta 值甚至可能从负数变为正数，时间价值小于 0。这说明权利金的利息成本太高，时间价值小于 0，多头同样出现“躺着赚钱”的机会，如果可以行权，就别犹豫立即行权吧！同样，如果利率趋向于无穷大，因为看跌期权价值会趋向于 0，Theta 值就趋向于 0 了。

（2）股票期权

随着利率的变化，股票期权的情况则与期货期权不同。

①看涨期权

图 15－7 的上侧展示了看涨股票期权利率 r 在正常范围（$r<500\%$）的三维图，下侧中的 r 趋向正无穷。

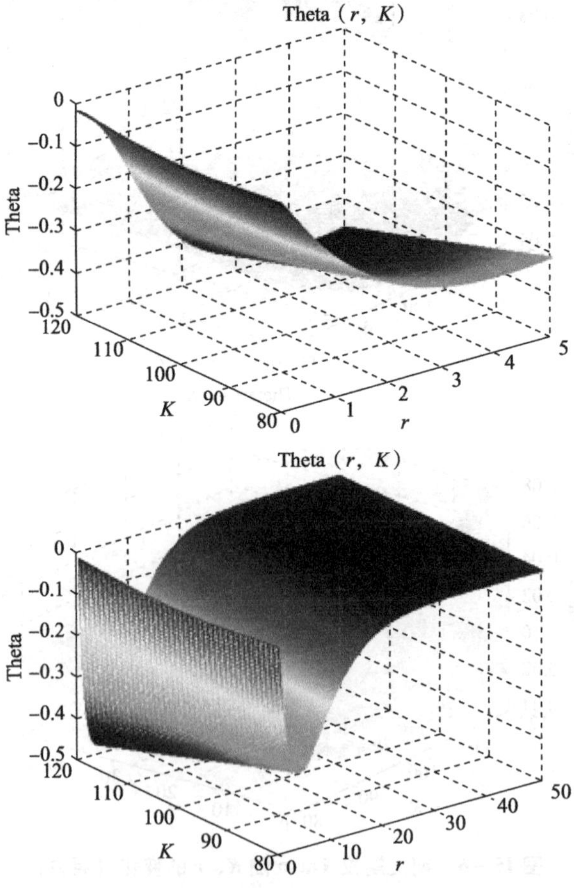

图 15－7　股票期权 Theta 随 K、r 的变化（看涨）

从图 15 –7 中可以看出：利率越大，Theta 绝对值越大。这是因为利率越大，股票看涨期权价值越大，可衰减的时间价值也就越多。但当利率趋向于无穷大时，看涨期权价格会趋于标的价格，Theta 也就趋向于 0 了。

②看跌期权

对于股票看跌期权而言，利率越大，股票看跌期权（尤其是实值期权）的机会成本越大，此时 Theta 极有可能变成正数，时间价值为负数。但当利率趋向于无穷大时，看跌期权价值趋向于 0，Theta 也就趋向于 0 了，如图 15 –8 所示。

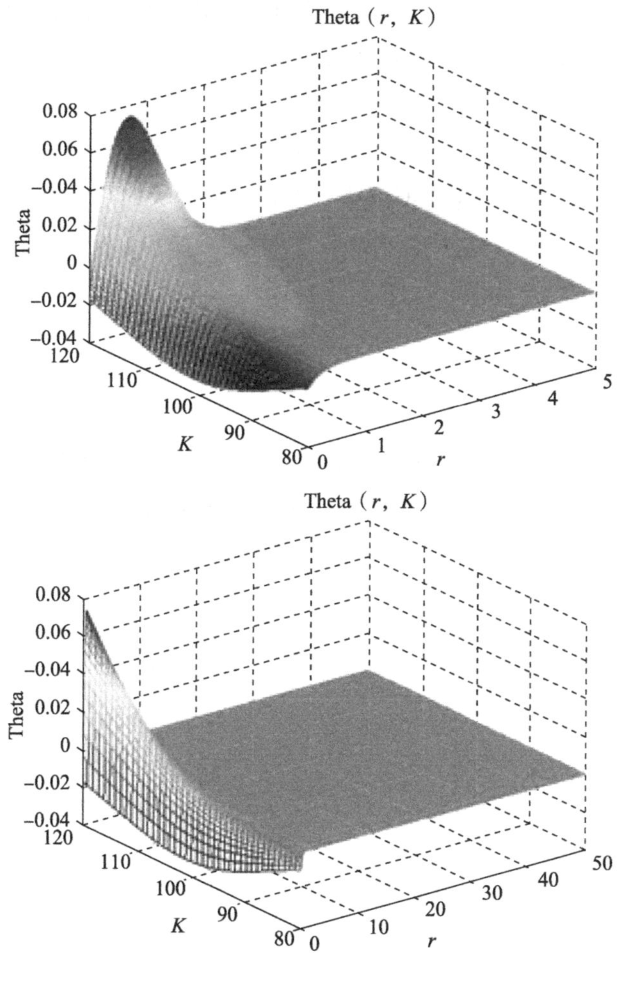

图 15 –8　股票期权 Theta 随 *K*、*r* 的变化（看跌）

15.4 影子 Theta

类似 Gamma，在计算 Theta 的时候也需要关注影子 Theta 这个概念。

前文中我们提到的 Theta，都是假设在其他条件不变，只有时间 T 变化时的情况，这是过于理想的情况。实际中，很有可能因为平稳市场带来的波动率损失，增加原有 Theta 下降的损失。所以，当市场无波动时，波动率变小，影子 Theta 的绝对值会急剧增大；当市场有波动时，波动率增大，影子 Theta 绝对值会急剧变小。

影子 Theta 可以用以下的方法进行计算：用当前的波动率计算得到今天期权的价格，减去该期权预计明天的价格。

其中计算明天价格时，波动率是“预测”明天的波动率，可以利用“情景分析”对波动率进行假设，分情况讨论。所得影子 Theta 绝对值相比直接计算 Theta，在市场平稳时偏大，在市场波动大时偏小。数学公式可以表示为

$$\Theta_{\text{shadow}} = \text{option}\ (\sigma_{\text{today}},\ T) - \text{option}\ (\sigma_{\text{predict}},\ T-1)$$

结 语

了解希腊值 Theta 的特点后，是不是对“时间就是金钱”这个真理有了更深层的理解呢？还记得不同因素对 Theta 值的影响吗？不记得的话，快利用表达式和实际的数据，做出图像帮助自己加深印象吧！

第 16 章　图说希腊值之 Vega

放手让亏损持续扩大，这几乎是所有投资人可能犯下的最大亏损！

——威廉·欧奈尔

导 语

看了本系列前面几期的希腊值介绍，现在你脑海中是不是已经都是各种花花绿绿的图了呢？不过不用担心，看完今天的介绍，你离读懂希腊值就不远了。

在前几章中，我们分别介绍了 Delta、Gamma、Theta 三个希腊值。对一个包含期权的资产组合来说，波动率的变化也会对资产组合的价值产生很大的影响，这种影响甚至可能非常大。而 Vega 就是用来刻画波动率的变化对资产组合价值影响程度的一个指标啦。

16.1　什么是 Vega

在利用基本的 BS 模型计算期权价值时，我们假设波动率是一个常数。但在现实世界中，波动率是一个在不断变化的值，而期权的价值也就会因为波动率的变化而变化。所以，我们就有必要知道波动率变化对期权价值的影响有多少。

Vega 指交易组合价值变化与期权隐含波动率变化的比率，数学形式可以表示为

$$\nu = \frac{\partial \pi}{\partial \sigma}$$

其中，π 代表交易组合的价值，σ 表示期权隐含波动率。

简单理解，Vega代表了隐含波动率变化1%，期权的价值变化了多少。一般我们都习惯于将Vega的值除以100。

举个例子： 小明一个月前持有了一手50ETF购8月2700的期权，当时的波动率为16%，到现在波动率下降1个百分点，变为15%，假设期权的Vega为0.0006，那么，小明持有头寸的Vega估计了波动率下降1%，期权价值变化了（-1）×0.0006×10000=-6元，即持仓亏损6元。

根据以上Vega的定义，我们可以发现，如果Vega的值很小，那么隐含波动率的变化对期权价格的影响就会非常小；如果Vega的值很大，隐含波动率的微小变化就可能引起期权价值的较大变动。

温馨提示

所以不能只看波动率本身的变化哦，一定要结合Vega来看！不然容易聪明反被聪明误呀！

16.2 Vega怎么计算

Vega这么重要，我们当然要知道怎么算它了！下面我们就来给出不同情形下的Vega计算方法。

温馨提示

对于看涨期权和看跌期权，在其他条件一样的情况下，Vega的值是一样的！所以下文就不一一细分了。

16.2.1 无股息欧式股票期权

无股息欧式股票期权的Vega计算公式如下：

$$\nu = S_0\sqrt{T}N'(d_1)$$

$$d_1 = \frac{\ln\left(\frac{S_0}{K}\right) + (r + \sigma^2/2)T}{\sigma\sqrt{T}}$$

$$N'(x) = \frac{1}{\sqrt{2\pi}}e^{-x^2/2}$$

其中，S_0为股票在t_0时刻的价格；T为期权期限；K代表期权执行价；r代表连续复利的无风险利率；σ代表期权的波动率；$N'(x)$表示标准正态分布密度函数；d_1相信大家都已经很熟悉了吧。

16.2.2 支付连续股息率为 q 的欧式股票期权

对于支付连续股息率为q的欧式股票期权，Vega 可以表示为

$$\nu = S_0 \sqrt{T} N'(d_1) e^{-qT}$$

$$d_1 = \frac{\ln\left(\frac{S_0}{K}\right) + (r - q + \sigma^2/2) T}{\sigma \sqrt{T}}$$

16.2.3 欧式股指期权

我们可以把股指看成是一个支付连续股息收益率的股票投资组合。因此，如果股指中标的股票支付的股息收益率为q，股指期权的 Vega 计算公式就和欧式股票期权相同了。

$$\nu = S_0 \sqrt{T} N'(d_1) e^{-qT}$$

$$d_1 = \frac{\ln\left(\frac{S_0}{K}\right) + (r - q + \sigma^2/2) T}{\sigma \sqrt{T}}$$

16.2.4 货币期权

外汇可以看作收益率等于外币汇率r_f的资产。因此以外汇标的欧式期权的 Vega，与支付有连续股息收益率的股票期权也一致。

定义S_0为即期汇率，用r_f为外汇的无风险利率，Vega 可以表示为

$$\nu = S_0 \sqrt{T} N'(d_1) e^{-r_f T}$$

$$d_1 = \frac{\ln\left(\frac{S_0}{K}\right) + (r - r_f + \sigma^2/2) T}{\sigma \sqrt{T}}$$

16.2.5 期货期权

对于期货期权，在风险中性世界里期货的预期收益率为 0，即 $r - q =$

0。所以期货期权计算 Vega 与股息收益率为 r 的欧式股票期权一致。Vega 可以表示为

$$\nu = F_0 \sqrt{T} N'(d_1) e^{-rT}$$

$$d_1 = \frac{\ln\left(\frac{F_0}{K}\right) + \sigma^2 T/2}{\sigma \sqrt{T}}$$

看了以上这些公式，如果你觉得还是无从着手的话，来看看下面的例子吧。

小明买了一个欧式股指看涨期权，期权期限为 3 个月，股指的当前值 S_0 为 3000，执行价 K 为 2950，无风险利率 r 为每年 5%，波动率为每年 20%，年股息率 q 为 2%。

那么

$$d_1 = \frac{\ln\left(\frac{S_0}{K}\right) + \left(r - q + \frac{\sigma^2}{2}\right) \times T}{\sigma \times \sqrt{T}} = \frac{\ln\left(\frac{3000}{2950}\right) + \left(0.05 - 0.02 + \frac{0.2^2}{2}\right) \times 3/12}{0.2 \times \sqrt{3/12}} = 0.2931$$

$$\nu = S_0 \sqrt{T} N'(d_1) e^{-qT} = 3000 \times \sqrt{3/12} \times N'(0.2931) \times e^{-0.02 \times 3/12} = 570.2914$$

一般我们都习惯于将 Vega 的值除以 100，因此 $\nu = 5.702914$

举一反三，看了这个例子，相信大家都能求解各种情形下的 Vega 了吧！

16.3 不同因素对 Vega 值的影响

说了这么多，终于到看图说话的时间了。

我们已经知道了 Vega 的计算方法，但在实际交易过程中，我们不会有那么多时间来一个一个算出 Vega 再来比较。我们必须很清晰地记住到底有哪些因素会对 Vega 的值产生怎么样的影响！

接下来我们就一起来看看 Vega 和那些影响它的小伙伴们吧！

16.3.1 图说希腊值之近远月合约 Vega 风险

先来看第一幅图，图 16－1 所示为 2017 年 8 月 3 日某个时刻 50ETF 看涨期权三个不同到期日合约在不同执行价下的 Vega 情况。

从图 16－1 我们可以明显地看出，第一，远月合约的 Vega 值比近月合约更大，随着到期日的临近，Vega 变小。第二，平值期权的 Vega 值最大，而虚值和实值合约的 Vega 值较小。这点很好理解，因为对于平值期权来

说，时间价值本身就比虚值和实值期权都要大，波动率的变化会给平值期权的时间价值带来更大的变化量。

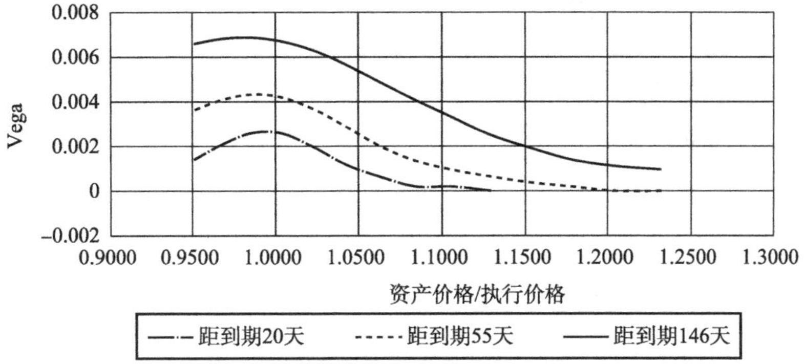

图 16－1　2017 年 8 月 3 日 50ETF 期权不同到期日 Vega 比较

温馨提示

由于远月合约的 Vega 大，我们在实际中往往更需要关注远月合约的 Vega 风险。但对于近月合约，需要注意，虽然 Vega 比远月期权小，但是近月期权的波动率大，所以 Vega 乘以波动率的变化之后，也会带来期权价值较大的变化。

16.3.2　图说希腊值之 Vega 与 K、T

我们把 T 放大，画出 Vega 随着执行价和到期日变化的三维图（假设标的资产现价为 100 元，T 的单位为年），如图 16－2 所示。

我们可以发现，距离到期日越远，无论是虚值期权、平值期权还是实值期权，Vega 的值都趋于更大。这就进一步验证了上文所说的远期合约具有更大的 Vega 风险。

图 16－2 中我们将期权期限延长到了一年，那如果把期权期限进一步延长呢？图 16－3 所示为 Vega 随着执行价和到期日变化（T 取 0～300 年）的三维图。

随着距离到期日的时间变长，Vega 先增大，再下降，直到趋向于 0。这是为什么呢？试想，对于期货期权来说，如果一个期权的期限趋向于无穷大，类似于利息趋向于无穷大（假设利率不等于 0），持有期权的机会成

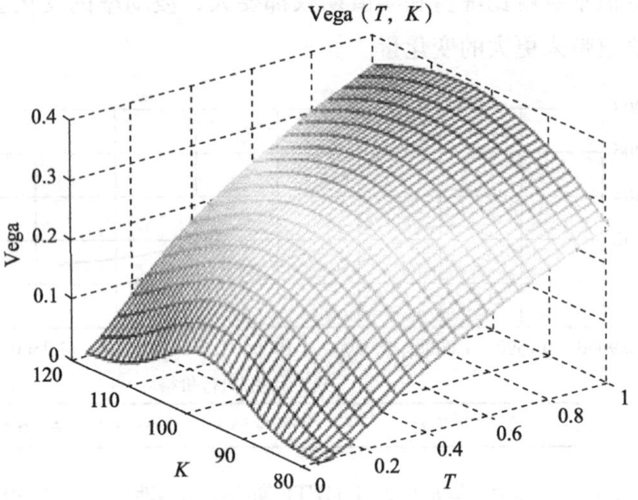

图16－2　期权Vega随K、T的变化

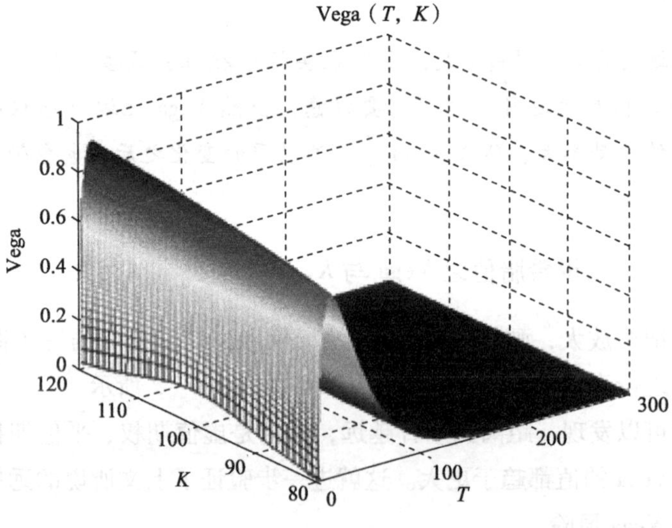

图16－3　期权Vega随K、T的变化（T趋向∞）

本越来越高，期权价格趋向于0，此时，波动率的变化几乎不会再引起期权价值的变化，即期权的Vega趋向于0。对于股票期权而言，随着T的增大，期权价格趋向于0或者封顶，波动率的变化也几乎不会再引起期权价值的变化，即期权的Vega趋向于0。

温馨提示

千万不能一概而论地认为 Vega 一定会随着到期日的增大而增大！

16.3.3 图说希腊值之 Vega 与 K、v

接下来我们考虑波动率和执行价对 Vega 的影响。我们画出 Vega 随着波动率和执行价变化的三维图（假设标的资产现价为 100 元），如图 16－4 所示。

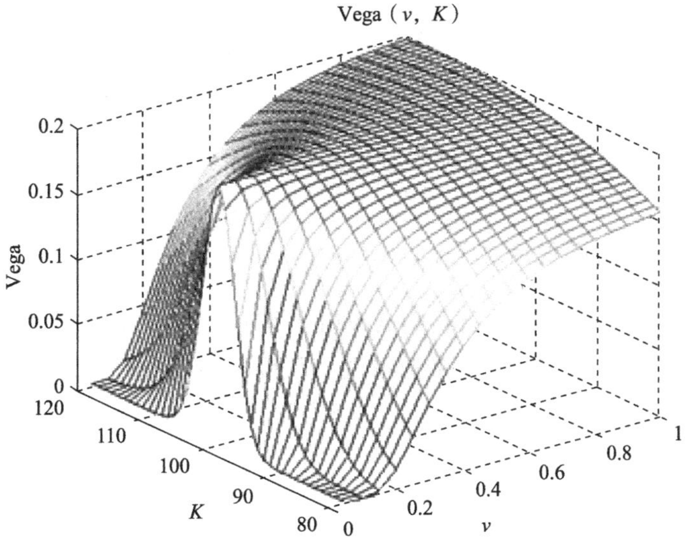

图 16－4 期权 Vega 随 K、v 的变化

可以发现，随着波动率的增大，平值期权的 Vega 并没有发生变化。但虚值期权和实值期权的 Vega 都增大。这意味着，对于虚值期权和实值期权而言，当波动率的值较大时，波动率的变化会引起期权价值更大幅度的变化。

图 16－5 所示为 Vega 随着执行价和波动率变化（v 取 0 到 1000%）的情况。随着波动率的进一步增大，Vega 逐渐降低，直到趋近于 0。这点也很好理解，当波动率非常大的时候，期权价格也会不断增加直至趋向于封顶。此时，波动率的变化几乎不再会引起期权价值的变化，所以 Vega 趋近于 0。

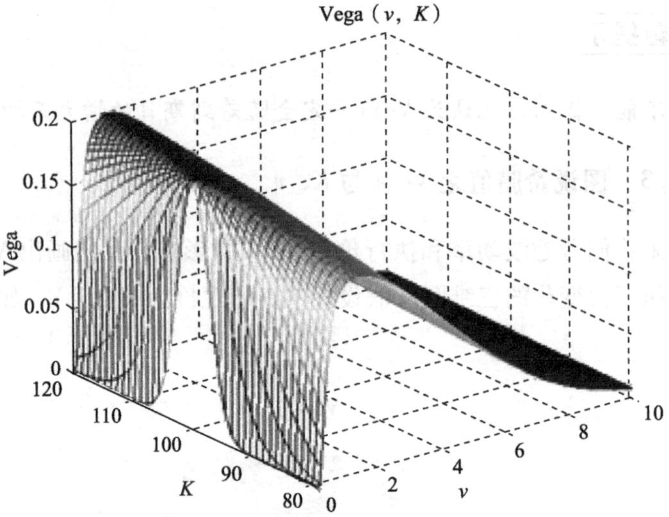

图 16－5　期权 Vega 随 K、v 的变化（v 趋向∞）

16.3.4　看图说话之 Vega 与 K、r

最后再来看利率和执行价对 Vega 的影响。我们画出欧式期货期权的 Vega 随着利率和执行价变化的三维图（假设标的资产现价为 100 元），如图 16－6 所示。

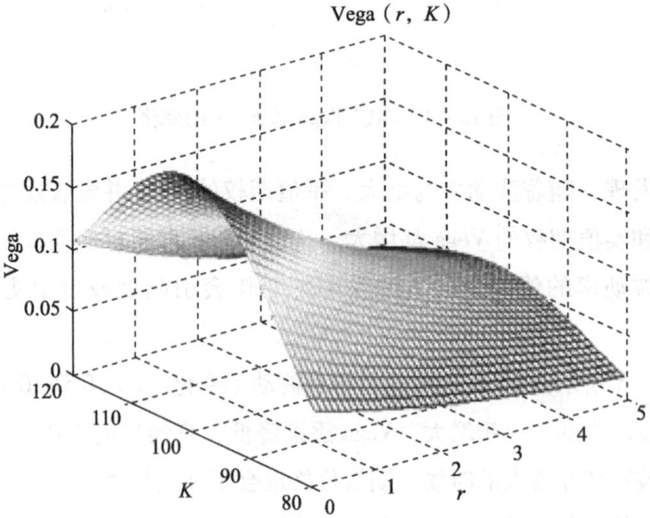

图 16－6　期权 Vega 随 K、r 的变化

可以看到，随着利率的增大，期货期权的 Vega 逐渐减小。这是因为，随着利率的增大，意味着购买期权所需付出的权利金的机会成本更高，所以期权的价格越便宜，波动率对期权价值的影响也就越来越小，直到趋近于 0。

而对于股票期权来说，情况会有所不同。随着利率的增加，股票远期价格会增加，所以 Vega 的最高点会先向上偏移。之后，伴随利率增大，股票看涨期权的价格会趋向于封顶，而看跌期权的价格会越来越便宜，直至趋向于 0（因为需要持有股票，浪费了借出券可以赚取的利息），最终使得 Vega 趋向于 0。图 16－7 展示了这个过程。

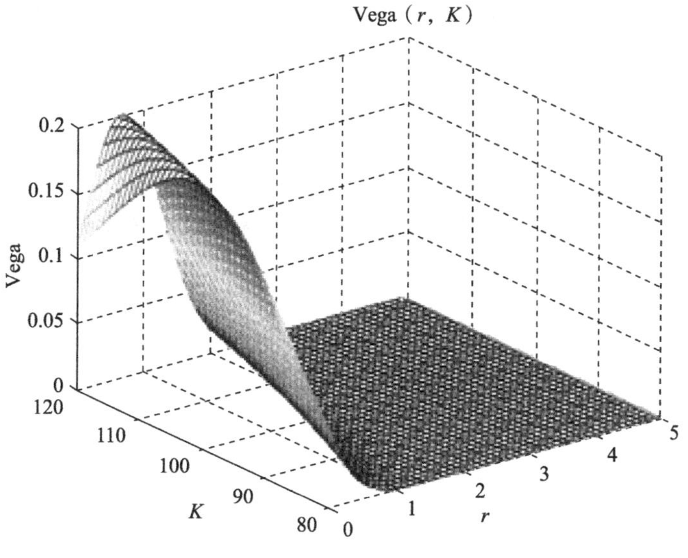

图 16－7　期权 Vega 随 K、r 的变化（r 趋向 ∞）

与 Vega 影响因素相关的图差不多就这些了，只要你牢记这些图并掌握相关因素之间的逻辑关系，一定能对你的交易有很大的益处！

16.4　Scaled Vega

最后，我们再来讲一个实战中很重要的概念——Scaled Vega。我们已经知道，Vega 可以用来衡量波动率的变化对资产组合价值带来的风险。但是在实战中，需要注意的一点是，我们不能直接将没有经过加权调整的、不同到期日的 Vega 简单相加，来衡量组合的总体 Vega 风险。

举个例子：组合中有一个1个月到期的期权和一个1年到期的期权，其中1年到期的期权的Vega比1个月到期的大很多，于是我们就认为1年到期的组合的Vega风险更大。这是不对的！因为远月期权的波动率变化往往比近月的小很多，从而使得在波动率变化这个因素的影响上，远月期权带来的风险比近月风险更小。所以，我们需要对不同到期日的Vega进行加权调整。

Vega的理论权重可以表示为

$$\sqrt{90/\text{到期时间}}$$

举个例子：3个月期权Vega的理论权重就是$\sqrt{90/90}=1$，1个月期权Vega的理论权重就是$\sqrt{90/30}=1.73$，这意味着1个月期权Vega的重要性是3个月期权的1.73倍。

结语

到此为止，Vega的图看完了，你是不是觉得很有收获呢？

第 17 章　图说希腊值之综合进阶

生而知之者上也；学而知之者次也；困而学之又其次也；困而不学，民斯为下矣。

——孔子《论语》

导 语

在本系列的前几章中我们已经对单个希腊值，包括 Delta（Δ）、Gamma（Γ）、Theta（Θ）、Vega（ν）等有了一定的了解，现在我们主要来漫谈一下几个希腊值之间的一些关系。

17.1　基础内容回顾

首先，我们来回顾一下前面提到过的希腊值的一些要点。

（1）Delta（Δ）

代表标的价格变动一元钱，期权价格变动的大小，也是损益图的斜率，Delta 绝对值表示期权变成实值的概率！

（2）Gamma（Γ）

代表标的价格变动一元钱，Delta 变动的大小。也可以认为是损益图的凸性，弯曲程度。平值期权的 Gamma 最大，实值期权和虚值期权的 Gamma 比较小。一般情况下，随着到期日临近，平值 Gamma 变大，实值和虚值 Gamma 逐渐变小到 0。

（3）Theta（Θ）

代表到期天数变动一天，期权价格变动的大小。一般情况下，随着到期日临近，平值期权 Theta 的绝对值越来越大，代表期权的损耗越来越快。

（4）Vega（ν）

代表波动率变动 1%，期权价格变动的大小。平值期权的 Vega 最大，实值期权和虚值期权的 Vega 较小。随着到期日临近，所有执行价期权的 Vega 均变小。

不同期权希腊值符号关系见表 17－1。

表 17－1　不同期权希腊值符号关系

	Delta	Gamma	Theta	Vega
买入看涨	+	+	−	+
买入看跌	−	+	−	+
卖出看涨	−	−	+	−
卖出看跌	+	−	+	−

17.2　期权盈亏的希腊值分解

我们知道，影响期权价值的因素主要是标的资产价格、执行价、波动率、到期时间和利率，而这些影响因素其实都有对应的希腊值可以来刻画。因此，期权的价值变动也就可以通过对应的希腊值来进行分解了。

在实战中，我们经常需要对期权盈亏的来源进行分解以更加清晰地分析自己的交易。具体来说，期权总体的盈亏可以分解为三个部分：方向上赚的钱，波动率上赚的钱和时间上赚的钱。对应希腊值的具体含义，我们就可以用以下三个公式来计算我们的盈亏的真正来源了！

（1）方向上赚的钱：

$$(S_2 - S_1) \times \text{Delta}_1 + 0.5 \times \text{Gamma}_1 \times (S_2 - S_1)^2$$

（2）波动率上赚的钱：

$$(IV_2 - IV_1) \times \text{Vega}_1$$

（3）时间上赚的钱：

Theta × 天数（交易时间折算）

有了以上的“分解公式”，每天期权交易结束后，我们就可以利用希腊值对盈亏分解啦，看看交易员今天在哪里赚了钱，又在哪里亏了钱，收益是否来自于期望赚钱的地方？

17.3 Gamma 和 Theta 的关系

在几个希腊值当中，Gamma 和 Theta 可以认为是一对最有趣的存在，它们给投资者带来的感觉就像是“鱼与熊掌不可兼得”。所以，我们来简单谈一下 Gamma 和 Theta 的关系。

在“图说希腊值之 Gamma”一章中，我们讲过，对于投资者来说，正的 Gamma 带给我们的往往全是好处，而负的 Gamma 则相反。那么，我们一定要保持 Gamma 为正吗？并不是！

天下没有免费的午餐，正的 Gamma 是有代价的，即负的 Theta——“时间就是金钱”，每过一天，负的 Theta 都会带来相应的时间成本。若市场不动，波动率很小，正的 Gamma 无法释放任何好处，反而随着时间流逝，负的 Theta 会带走全部的时间价值，资不抵债！

从“不同期权希腊值符号关系”表中也可以看出两者的差异：

期权多头：正 Gamma—负 Theta　　　期权空头：负 Gamma—正 Theta

Gamma 和 Theta 的符号总是相反！所以 Theta 就可以认为是玩 Gamma 的入场费！如果收益不能多于入场费，那么这游戏算是白玩了。

因此，当我们拥有期权多头的时候，我们希望市场活跃起来，变动多多益善！此时正的 Gamma 带给我们好处；如果市场一成不变，正的 Gamma 毫无用处，而负的 Theta 一天天消耗时间价值。

当我们拥有期权空头时，情况正好相反！我们希望市场沉稳安静，因为正的 Theta 是我们的口袋，在时间一天天地流逝中变得饱满；如果市场汹涌起伏，负的 Gamma 将带来巨大损失。

但是，值得注意的一点是，Gamma 和 Theta 一定异号吗？

前面我们反复强调“Theta 是 Gamma 的入场券”，但对于任何一个结论，我们都要有质疑精神，Gamma 和 Theta 在实际数据中一定不会出现同号的情况吗？下面的一个反例就是打脸专用的！

我们考虑一个由看涨看跌期权构成的头寸：

这个头寸由执行价为 95 的看跌期权空头（波动率为 16%）和执行价为 105 的看涨期权多头（波动率为 15%）组成，标的价格为 100。此时，Gamma = 0.0045，Theta = 0.102，大家一看，乐了！Gamma 和 Theta 同时出现正号，就可以躺着赚钱了啊！

别高兴太早哦！当标的价格上升一点变为 $S=100.2$ 时，立刻有 Gamma = 0.0059，Theta = −0.0645；标的价格下降一点变为 $S=99.3$ 时，Gamma = −0.0003，Theta = 0.6861；当利率上升到年化0.2%时，Gamma 和 Theta 也恢复到异号情况了！这说明在很短时间内，两个希腊值同号的情况就会消失！躺着赚钱的想法就被打破了！

因此，在超过99.99%的情况下，Gamma 和 Theta 的符号都是相反的，特别是在中国，利率不仅不可能为零，而且在相对较高的背景下，这种“天上掉馅饼”的好机会，是几乎不存在的呀！所以，掌握好希腊值，更重要的是利用它们进行风险对冲，明确自己到底想要赚哪一个方向上的钱，相应构造头寸，赚取收益！

17.4 Gamma 和 Vega 的关系

除了 Theta，Gamma 和 Vega 之间也存在着非常重要的关系。我们先来回顾一下 Gamma 和 Vega 的计算公式。

以无股息欧式股票期权为例，

$$\Gamma=\frac{N'(d_1)}{S\sigma\sqrt{T}}$$

$$\nu=S\sqrt{T}N'(d_1)$$

将以上两个公式相除，可以得到 Gamma 与 Vega 之间的关系如下（其他类型的欧式期权可通过同样方法证明）：

$$\text{Vega}=\sigma TS^2\Gamma$$

是不是觉得很神奇呢？Vega 和 Gamma 之间也存在着比较密切的关系。

我们再来更加具体地体会一下两者的关系。假设我们现在买入一个看涨期权，并卖空一定数量的标的资产，以保证组合的 Delta 为中性。如果我们认为理论上的波动率应该大于市场上的隐含波动率，我们可以通过上述组合来做多波动率。预期收益既可以通过 Vega 来表示，也可以用 Gamma 来表示。如以下（1）、（2）所示（假设暂不考虑组合的时间价值和利息成本）。

（1）$\text{Vega}\times(\sigma-\sigma_{\text{implied}})$。这个很好理解，因为 Vega 代表了波动率变化1个点，引起的期权价值变化。

（2）$\frac{1}{2}S^2\Gamma\ (\sigma-\sigma^2{}_{\text{implied}})$

对于（2），简略的证明如下：假设组合构建一小段时间后，标的价格从 S_t 变化到 S_{t+1}，组合盈亏可以表示为

$$C(S_{t+1}) - C(S_t) - \Delta(S_{t+1} - S_t) + r(C - \Delta S_t)。$$

二阶泰勒展开后，上式可表示为

$$\Delta(S_{t+1} - S_t) + \frac{1}{2}(S_{t+1} - S_t)^2 \frac{\partial^2 C}{\partial S^2} + \theta - \Delta(S_{t+1} - S_t) + r(C - \Delta S_t)$$

$$= \frac{1}{2}(S_{t+1} - S_t)^2 \frac{\partial^2 C}{\partial S^2} + \theta + r(C - \Delta S_t) = \frac{1}{2}(S_{t+1} - S_t)^2 \Gamma + \theta + r(C - \Delta S_t)$$

忽略时间价值和利息成本后，波动率变化带来的价值变化可以表示成含有 Gamma 的一个代数表达式 $\frac{1}{2}S^2\Gamma$（$\sigma^2 - \sigma^2_{\text{implied}}$）。

17.5 希腊值对冲

提到希腊值，不得不提的一个问题就是资产组合的对冲，这也是希腊值的一个重要作用。如果是要保持单个希腊值的中性，往往容易做到。但在实际交易中，一个希腊值的中性往往会造成另一个希腊值的非中性，这就需要几个期权一起来对冲。

下面，我们就举几个例子，来手把手教您实现多个希腊值的对冲！

（1）Delta－Gamma 中性

以 50ETF 期权为例，假设小明做空了 10 张 50ETF 认购期权合约，假设此时市场上有同一月份到期的认沽期权和上证 50ETF 现货可供交易，令 50ETF 认购期权的 Delta＝0.7，Gamma＝0.2，50ETF 认沽期权的 Delta＝－0.5，Gamma＝0.5，设交易认沽期权的数量和 50ETF 现货的数量分别为 x，y。

我们列出方程组：

$$\begin{cases} \text{Delta} = 0: 0.7 \times (-10) \times 10000 - 0.5 \times x \times 10000 + y = 0 \\ \text{Gamma} = 0: 0.2 \times (-10) \times 10000 + 0.5 \times x \times 10000 = 0 \end{cases}$$

解得：

$$\begin{cases} x = 40 \\ y = 90000 \end{cases}$$

也就是说，小明需要同时买进 40 张认沽期权合约和 90000 份 50ETF 现

货才能构建 Delta - Gamma 中性组合。

（2）Delta - Gamma - Vega 中性

小明有 30 张认购期权合约 A，目前市场上有认购期权 B 及认沽期权合约 C 及上证 50ETF 可供交易，假设交易认购期权合约 B，认沽期权合约 C 及上证 50ETF 现货的数量分别为 x，y，z（期权到期日相同），具体希腊值数据见表 17 - 2。

表 17 - 2　期权希腊值数据

合约	Delta	Gamma	Vega
认购期权 A	0.3	0.25	0.20
认购期权 B	0.2	0.15	0.15
认沽期权 C	-0.4	0.40	0.35
上证 50ETF	1	0	0

列出对冲方程组：

$$\begin{cases} \text{Delta}=0\text{：}0.3\times30\times1000+0.2\times x\times10000-0.4\times y\times10000+z=0 \\ \text{Gamma}=0\text{：}0.25\times30\times10000+0.15\times x\times10000+0.4\times y\times10000=0 \\ \text{Vega}=0\text{：}0.2\times30\times10000+0.15\times x\times10000+0.35\times y\times10000=0 \end{cases}$$

解得：$\begin{cases} x=-45 \\ y=2 \\ z=8000 \end{cases}$

即卖出 45 张认购期权 B，买入 2 张认沽期权 C 和 8000 份 50ETF 期权。

看到上面的对冲方法，是不是觉得听起来高大上的“希腊值对冲”并没有想象中那么复杂？但值得注意的是，上面只是“静态对冲”，而市场行情是瞬息万变的，所拥有的每个头寸的希腊值每时每刻都在不断变化，因此实际需要进行的是“动态对冲”。在理想的世界里，金融机构的交易员可以随时调整对冲交易组合，以确保组合的所有希腊值均为 0，但是，频繁的对冲会产生庞大的交易费用；同时，由于市场上很难找到价格合理且适量的期权和其他非线性产品来达到对冲目的，保证 Gamma 和 Vega 始终为 0 就没有那么容易了。在实际操作中，也要做出灵活的调整！举个简单的例子，如果我持有一个苹果期货期权头寸，想要对冲，但市场上没有流动性好的苹果期货，我可能会去找相关性较大的香蕉期货去对冲。

第五篇　基础策略

第 18 章　期权策略秘籍之基础买卖看涨看跌策略

耐心等待，风车从不跑去找风。

——斯克利维斯

导语

在期权策略中，买入看涨期权、卖出看涨期权、买入看跌期权和卖出看跌期权是最为基础的四种策略。几乎所有期权策略都可以看作是由这四种策略和标的资产以不同的仓位比例来构成的。

所以，只要好好掌握了这四种策略，你就有可能构建出各式各样、五花八门的期权组合策略啦！本章就来介绍这四种策略。

18.1　买入看涨期权策略（Long Call）

18.1.1　买入看涨期权实例演示

顾名思义，买入看涨期权指单一地买入看涨期权。

举个例子：在 2017 年 8 月 18 日 13：45，我们通过买入一个执行价为 2.65 元、到期日为 12 月的上证 50ETF 看涨期权，就构成了一个买入看涨期权策略。这个看涨期权的价格为 0.1057 元（此时标的价格为 2.65 元）。

表 18－1　买入看涨期权组合

标的合约名称	买卖方向	买卖数量	期权价格（元）
50ETF 购 12 月 2650	买入	1	0.1057

18.1.2 买入看涨期权到期损益特征

该策略的到期损益图如图 18－1 所示（箭头指损益曲线会按照当前斜率和方向进行延伸）。

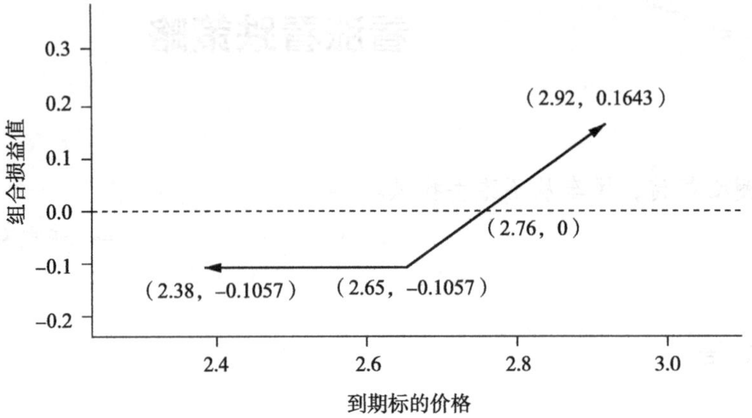

图 18－1 买入看涨期权实例损益

可以看到，对于买入看涨期权，风险有限而可能的潜在收益无限。该策略的最大可能损失为初期投入的权利金，盈亏平衡点为（执行价＋权利金），到期时收益为 Max（标的到期价格－执行价－权利金，－权利金），如果到期日标的资产价格大于盈亏平衡点，就可以获得收益。

在上述实例中，买入 1 手看涨期权的初始成本和最大可能损失共 1057 元（0.1057×10000），盈亏平衡点为 2.76 元（2.65＋0.1057），只要到期日标的价格大于 2.76 元，这份组合就能给我们产生收益。所以，买入看涨期权的持有者希望价格上升。

从到期日的角度来看，与买入标的资产相比，买入看涨期权可以实现同样的资产配置，但只需要投入比较低的成本。但是，如果到期日标的资产价格比较低，所有的权利金投入都会损失。这意味着买入看涨期权的杠杆比例其实非常高。

18.1.3 买入看涨期权持仓风险收益特点

图 18－1 中只考虑了买入看涨期权的到期损益情况。下面我们就借助希腊值，来进一步考虑策略持仓过程中的期权风险收益特点。

不知道你还记不记得我们在希腊值系列的文章中曾经讲过，标的资产投资是一维的，而期权投资是三维的，所以期权的价格变化更复杂。在期权到期之前，期权价格并不完全取决于标的资产的价格。

买入看涨期权的持有者本质上对标的资产的后市持有看多观点。对于买入看涨期权，持仓组合的希腊值符号见表 18 –2。

表 18 –2 买入看涨期权组合持仓希腊值

希腊值	持仓 Delta	持仓 Gamma	持仓 Vega	持仓 Theta
符号	一直为 +	一直为 +	一直为 +	一直为 -

买入看涨期权的 Delta、Gamma 和 Vega 一直为正数，而 Theta 均为负数。这意味着，随着标的资产价格的上升，Delta 越来越大（因为 Gamma 为正数），从而使得期权价格上涨的速度越来越快。

Vega 值为正，表明波动率增加有利于期权价值的提高，但波动率的下降会降低期权价值。

需要注意的是，持仓组合的 Theta 为负数。这意味着，随着时间流逝，组合的时间价值会越来越少。可以说，时间价值的流失是买入看涨期权的主要损失来源。随着到期日临近，时间价值流失会越来越快，特别是快到期的平值期权。若有足够的把握标的价格会在短期内快速上涨，投资者就可以买入近月的看涨期权；同时，如果已经实现预期收益，要及时止盈，防止时间价值把利润吞噬。

18.2 卖出看涨期权策略（Short Call）

18.2.1 卖出看涨期权实例演示

卖出看涨期权指单一地卖出一个看涨期权。

在同一时刻，我们可以构建以下的卖出看涨期权策略（见表 18 –3）。

表 18 –3 卖出看涨期权组合

标的合约名称	买卖方向	买卖数量	期权价格
50ETF 购 12 月 2650	卖出	1	0. 1057

18.2.2 卖出看涨期权到期损益特征

该策略的到期损益如图 18－2 所示。

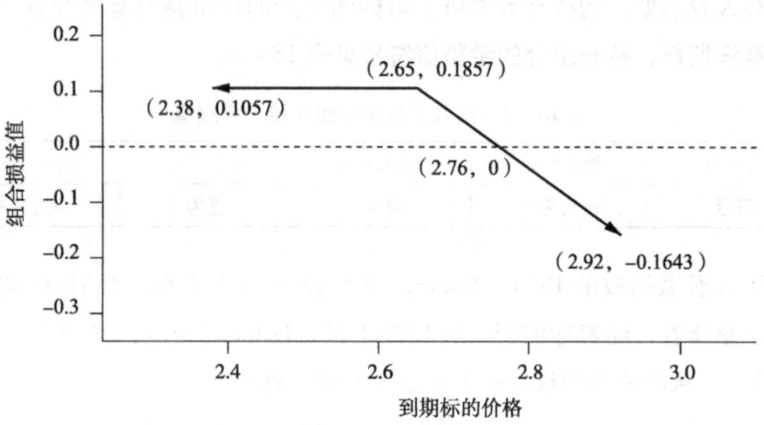

图 18－2 卖出看涨期权实例损益

可以看到，对于卖出看涨期权，收益有限而可能的潜在风险无限。该策略的最大可能收益为初期获得的权利金，盈亏平衡点为（执行价＋权利金），只要到期日标的资产价格小于盈亏平衡点，就可以获得收益。

卖出看涨期权的持有者希望价格下跌，但如果发生窄幅震荡，同样可以获利。

从到期日的角度来看，如果到期日标的资产价格大幅上涨，投资者的可能损失无限。

您可能会问，既然投资者预期价格下跌，为什么不直接买入看跌期权呢？这是因为尽管后市不上涨，但其有可能是震荡，也有可能是下跌。因此，如果是看不涨（包括震荡和下跌），我们就卖出看涨；如果是明确看跌，我们才买看跌。

温馨提示

卖出看涨期权策略的风险无限，且会面临非线性的风险，新手要使用的话一定要谨慎哦！

18.2.3 卖出看涨期权持仓风险收益特点

卖出看涨期权的持有者本质上对标的资产的后市持有看空或者窄幅震荡的观点。对于卖出看涨期权，持仓组合的希腊值符号见表 18-4。

表 18-4 卖出看涨期权组合持仓希腊值

希腊值	持仓 Delta	持仓 Gamma	持仓 Vega	持仓 Theta
符号	一直为 -	一直为 -	一直为 -	一直为 +

卖出看涨期权的 Delta、Gamma 和 Vega 一直为负数，而 Theta 均为正数，这与买入看涨期权正好相反。随着标的资产价格的上升，Delta 的绝对值越来越大，从而使得期权价格下跌的速度越来越快。Vega 值为负，表明波动率增加不利于期权价值的提高，但波动率的下降会增加期权价值。

持仓组合的 Theta 为正数。可以说，时间价值的流失是卖出看涨期权的收益来源。随着到期日临近，时间价值流失会越来越快，特别是快到期的平值期权。所以，希望通过卖出看涨期权赚取权利金的投资者一般倾向于卖出近月的期权。一是因为近月期权的时间价值流失快，二是因为在较短的时间内，标的资产价格上涨超过行权价的概率比较低。

18.3 买入看跌期权策略（Long Put）

18.3.1 买入看跌期权实例演示

买入看跌期权指单一地买入看跌期权。

在同一时刻，我们可以构建出以下的买入看跌期权策略（见表 18-5）。

表 18-5 买入看跌期权组合

标的合约名称	买卖方向	买卖数量	期权价格
50ETF 沽 12 月 2650	买入	1	0.0716

18.3.2 买入看跌期权到期损益特征

该策略的到期损益如图 18-3 所示。

可以看到，对于买入看跌期权，风险有限而可能的潜在收益无限（直

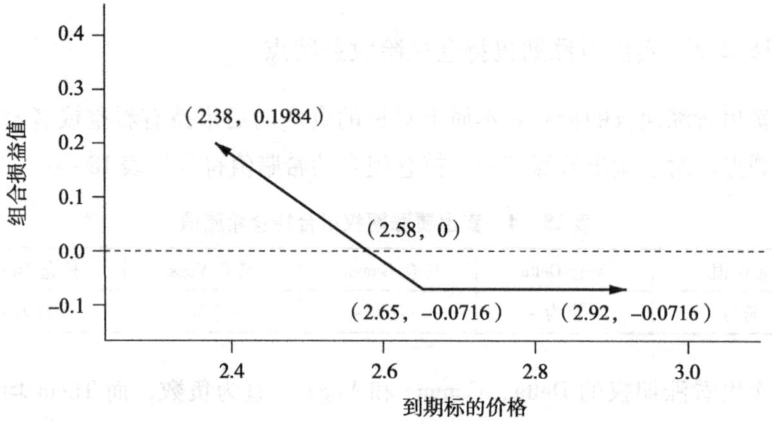

图 18－3　买入看跌期权实例损益

到标的价格跌到 0)。该策略的最大可能损失为初期投入的权利金，盈亏平衡点为（执行价－权利金），到期时收益为 Max（执行价－标的到期价格－权利金，－权利金)，只要到期日标的资产价格小于盈亏平衡点，就可以获得收益。

买入看跌期权的持有者希望价格下降。从到期日的角度来看，与融券卖出标的资产相比，买入看跌期权可以实现同样的资产配置，但只需要投入比较低的成本。但是，如果到期日标的资产价格高于执行价，所有的权利金投入都会损失。买入看跌期权的杠杆比例高，盈亏比高。

18. 3. 3　买入看跌期权持仓风险收益特点

下面我们借助希腊值，考虑策略持仓过程中的风险收益特点。

买入看跌期权的持有者本质上对标的资产的后市持有看空观点。对于买入看跌期权，持仓组合的希腊值符号见表 18－6。

表 18－6　买入看跌期权组合持仓希腊值

希腊值	持仓 Delta	持仓 Gamma	持仓 Vega	持仓 Theta
符号	一直为－	一直为＋	一直为＋	一般为－

买入看跌期权的 Delta 一直为负数，Gamma 和 Vega 一直为正数，而 Theta 一般情况下均为负数。随着标的资产价格的下降，Delta 的绝对值越来越大，从而使得期权价格上涨的速度越来越快。

Vega 值为正，表明波动率增加有利于期权价值的提高，但波动率的下降会降低期权价值。

持仓组合的 Theta 一般情况下也为负数。时间价值的流逝是买入看跌期权的主要损失来源。随着到期日临近，时间价值流逝会越来越快，特别是快到期的平值期权。如果投资者认为标的价格短期内会有明确的下跌趋势，那么可以购买近期的看跌期权。如果是较长时间的下跌趋势保护，那么建议购买距离到期时间稍长的合约（以抵抗时间价值的损耗）。同时，如果已经实现预期收益，那么要果断止盈，避免时间价值的进一步消耗。

18.4 卖出看跌期权策略（Short Put）

18.4.1 卖出看跌期权实例演示

卖出看跌期权指单一地卖出看跌期权。

在同一时刻，我们可以构建以下的卖出看跌期权策略（见表 18－7）。

表 18－7 卖出看跌期权组合

标的合约名称	买卖方向	买卖数量	期权价格
50ETF 沽 12 月 2650	卖出	1	0.0716

18.4.2 卖出看跌期权到期损益特征

该策略的到期损益如图 18－4 所示。

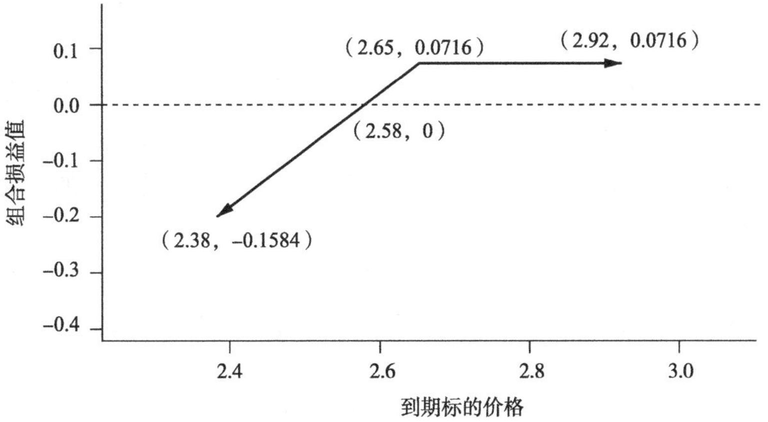

图 18－4 卖出看跌期权实例损益

可以看到，对于卖出看跌期权，收益有限而可能的潜在风险无限。该策略的最大可能收益为初期投入的权利金，盈亏平衡点为（执行价－权利金），只要到期日标的资产价格大于盈亏平衡点，就可以获得收益。

卖出看跌期权的持有者希望价格上涨，但如果发生窄幅震荡，同样可以获利。

从到期日的角度来看，如果到期日标的资产价格大幅下跌，投资者的可能损失无限。因此卖出看跌期权策略适用于对后市方向的判断很有信心的投资者，比如认为标的价格不会跌破执行价，从而赚取权利金。另外，卖出看跌期权策略也同样适用于想在低位建仓标的多头的投资者，标的价格如果跌破执行价，投资者就愿意以执行价的价格买入标的（卖出看跌期权被行权）。

温馨提示

卖出期权策略都是收益有限、风险无限的策略，会带来非线性的风险，新手要使用的话一定要谨慎哦！

18.4.3 卖出看跌期权持仓风险收益特点

卖出看跌期权的持有者本质上对标的资产的后市持有看多或者窄幅震荡观点。对于卖出看跌期权，持仓组合的希腊值符号见表18－8。

表18－8 卖出看跌期权持仓组合的希腊值符号

希腊值	持仓 Delta	持仓 Gamma	持仓 Vega	持仓 Theta
符号	一直为＋	一直为－	一直为－	一般为＋

卖出看跌期权的 Gamma 和 Vega 一直为负数，Delta 一直为正数，而 Theta 一般情况下均为正数。随着标的资产价格的下降使得期权价格下降的速度越来越快。波动率上升不利于期权价值的提高，但波动率的下降会增加期权价值。

持仓组合的 Theta 一般情况下为正数。这意味着，时间的流逝对投资者是有利的。可以说，时间价值的流失是卖出看跌期权的收益来源。随着到期日临近，时间价值流失会越来越快。所以，想通过卖出看跌期权赚取权利金的投资者一般倾向于卖出近月期权，以快速获得时间价值的损耗。

第19章　期权策略秘籍之保护性看跌期权策略

承担风险无可指责，但同时记住千万不能孤注一掷。

——乔治·索罗斯

导语

想象这样一个情景，我买入的股票已经上涨了30%，但是我认为这只股票会继续上涨。与此同时，我又害怕股票下跌吃掉我的利润，我该怎么办？这时，我可以买入一个看跌期权来为我持有的股票提供保险，这种策略称为保护性看跌期权策略。

19.1　什么是保护性看跌期权（Protective Put）

保护性看跌期权一般指投资者在持有一份标的资产的同时，买入一份对应的看跌期权，来控制标的资产价格的下行风险。

19.2　保护性看跌期权实例演示

举个例子：小明持有1手50ETF基金（市场价格为2.6640元），此时，小明通过买入一个执行价为2.65元、到期日为12月的50ETF看跌期权，就构成了一个保护性看跌期权策略（见表19－1）。

表19－1　保护性看跌期权组合

标的合约名称	买卖方向	买卖数量	期权/标的资产价格
50ETF沽12月2650	买入	1	0.0716
50ETF基金	买入	1	2.6640

19.3 保护性看跌期权的到期损益特征

图 19－1 所示为以上实例的到期损益情况。可以看到，保护性看跌期权的到期损益图与买入看涨期权非常像，策略的风险有限而可能的潜在收益无限。

该策略的初始成本，以及到期日的最大可能损失、盈亏平衡点及到期损益统计见表 19－2。只要到期日标的资产价格大于盈亏平衡点，就可以获得收益。

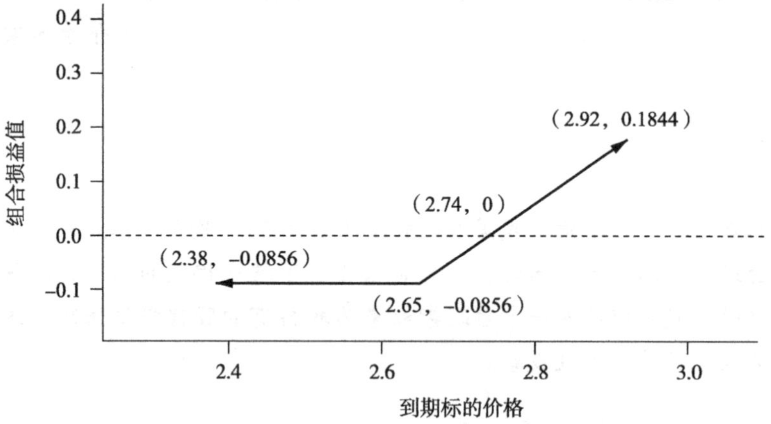

图 19－1 保护性看跌实例损益

表 19－2 保护性看跌期权组合风险收益属性

风险收益属性	成本/收益值	实例损益计算
初始成本	标的买入价格＋权利金	(2.664＋0.0716)×10000
最大可能损失	标的买入价格－执行价＋权利金	(2.664－2.65＋0.0716)×10000
盈亏平衡点	标的买入价格＋权利金	2.664＋0.0716
到期损益值	Max（执行价－标的买入价格－权利金，标的到期价格－标的买入价格－权利金）	Max（2.65－2.664－0.0716，S_T－2.664－0.0716）×10000

在上述实例中，买入一份保护性看跌期权的初始成本为 27356 元，最大可能损失为 856 元，盈亏平衡点为 2.7356 元，只要到期日标的价格大于 2.7356 元，这份组合就能给我们产生收益。与买入看涨期权一样，保护性看跌期权的持有者希望价格上升。

从到期日的角度来看，与只买入标的资产相比，保护性看跌期权相当于提供了一个保险，如果市场价格发生大幅下跌，看跌期权的获利可以抵消标的资产的损失。

注意：在现实中，买入看跌期权的成本并不高，因为一般是股票多头的持有者才会买看跌期权的多头。

19.4 保护性看跌期权 VS 买入看涨期权

我们已经看到，保护性看跌期权和买入看涨期权具有非常相似的损益曲线，下面我们就来更加具体地对比一下这两个策略。图 19－2 所示为同一个时刻构建的两个 50ETF 期权策略的到期损益，其中实线代表上文构建的保护性看跌期权，虚线代表由 50ETF 购 12 月 2650 期权构成的买入看涨期权。

可以发现，保护性看跌期权和买入看涨期权的到期损益值非常接近，两个策略都希望期权价格发生大幅上涨。不同的是，由于既需要持有标的资产，又需要买入期权，保护性看跌期权的成本比买入看涨高很多，同时杠杆小很多。所以保护性看跌期权策略一般是在已经持有标的资产的时候才会使用。

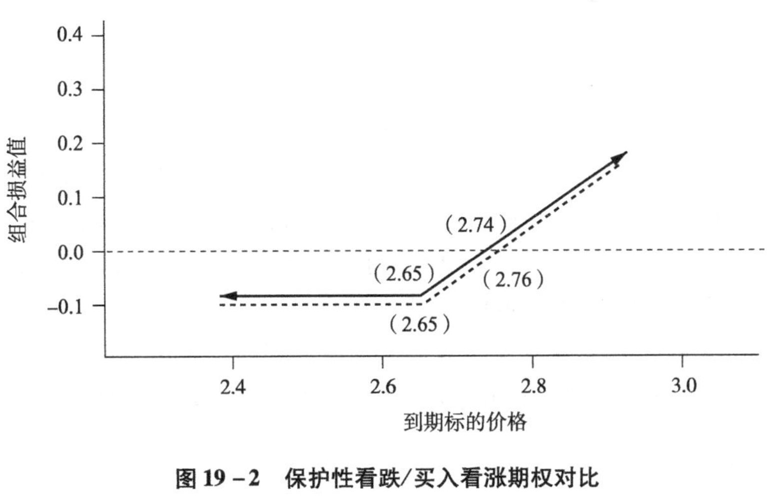

图 19－2　保护性看跌/买入看涨期权对比

与买入看涨期权相比，保护性看跌期权还有另一个好处，即可以享有持有标的资产的各种好处（如分红、投票权等）。

19.5 保护性看跌期权希腊值风险特征

保护性看跌期权的持有者本质上对标的资产的后市持有看多观点。对于保护性看跌期权，持仓组合的希腊值符号见表19-3。

表19-3 保护性看跌期权组合持仓希腊值

希腊值	持仓 Delta	持仓 Gamma	持仓 Vega	持仓 Theta
符号	一直为+	一直为+	一直为+	一般为-

除Delta以外，保护性看跌期权的希腊值与买入看跌期权是一样的，此处不再赘述（因为标的资产的Delta为1，Gamma、Vega和Theta均为0）。

对于看跌期权的行权价格，根据具体想保护的点位，选择相应的执行价。一般会选择平值或者虚值的行权价。

19.6 股灾期间如何用看跌期权保护自己（实证案例）

最后给大家举个例子，来货真价实地感受下保护性看跌期权的魅力。

2015年6月15日，我国股票市场在经历了一轮牛市后爆发股灾，许多股民在这轮下跌中损失惨重。当股灾刚来临的时候，可以说，很多人都不想失去手中的仓位，害怕股市出现反弹。同时，卖空股指对冲也不是一个好办法，一是保证金很高，二是当时政策不允许卖空。

那么，有没有方法让我们在股灾期间既能继续持有仓位，又保护住我们的利润呢？答案就是利用保护性期权。

假设在牛市初期，我们有1000万元的本金，3月9日入场，买入50ETF，6月14日，50ETF的市值为1382万元，50ETF收盘价为3.465元。这时候，我们拿出100万元的盈利（26%的盈利）购买虚值一档的看跌期权（50ETF沽7月3.40），截至6月29日，这部分期权盈利268.3万元，而我们的50ETF缩水272.3万元。在这期间，虽然上证综指下跌了20%以上，但我们的总仓位几乎没有任何损失，顺利避过了股灾。

结语

对于广大股民来说，保护性看跌期权可能是最实用也最容易上手的策略了，一定要百分之百掌握哦！

第 20 章　期权策略秘籍之备兑期权策略

机会总是留给有准备的人，但那往往是努力的人剩下来的。

——《当幸福来敲门》

导语

我们知道，在期权交易中，有一个备兑开仓的概念。比如，投资者在持有某只股票时，不需要交纳保证金，就可以卖出一定数量的看涨期权。备兑期权策略就是与之类似的策略。

20.1　什么是备兑期权策略（Covered Call/Covered Put）

最常见的备兑期权策略包括备兑看涨期权策略和备兑看跌期权策略。备兑看涨期权策略指在持有一份标的资产的基础上，卖出一份看涨期权（一般会选择平值或者虚值的看涨期权）；而备兑卖出看跌期权指在持有一份标的资产空头的基础上，卖出一份看跌期权（一般会选择平值或者虚值的看跌期权）。这两种备兑策略的目的主要是在持有标的资产仓位的同时通过卖出期权来增加收益。

温馨提示

当然，对于其他许多更加复杂的期权策略，也可以构建相应的备兑策略，如备兑跨式策略、备兑宽跨式策略等。

20.2　备兑期权策略实例演示

下面我们来看两个实例吧！

（1）备兑看涨期权策略

小明持有1手50ETF基金多头，当时50ETF基金的市场价格为2.6640元。此时，小明通过卖出一个执行价为2.75元、到期日为12月的50ETF看涨期权，就构成了一个备兑看涨期权策略（见表20-1）。

表20-1 备兑看涨期权策略组合

标的合约名称	买卖方向	买卖数量	期权价格
50ETF购12月2750	卖出	1	0.0635
50ETF基金	买入	1	2.6640

（2）备兑看跌期权策略

在同一个时刻，如果小明持有1手50ETF基金空头，小明也可以通过卖出一个看跌期权来构成一个备兑看跌期权策略（见表20-2）。

表20-2 备兑看跌期权策略组合

标的合约名称	买卖方向	买卖数量	期权价格
50ETF沽12月2550	卖出	1	0.0334
50ETF基金	卖出	1	2.6640

20.3 备兑期权策略的到期损益特征

针对以上两个组合，画出到期日组合损益图，如图20-1、图20-2所示。

（1）备兑看涨期权策略

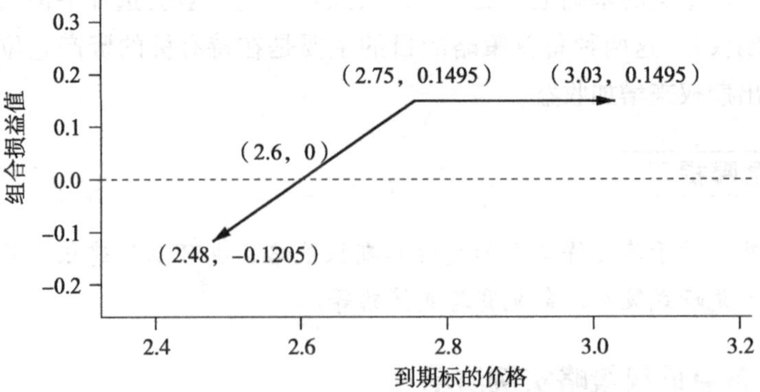

图20-1 备兑卖出看涨期权实例损益

备兑卖出看涨期权的到期损益图与卖出看跌期权非常像，策略收益有限而可能风险无限。该策略的风险收益属性见表 20－3。只要到期日标的资产价格大于盈亏平衡点，就可以获得收益。

表 20－3 备兑看涨期权风险收益属性

风险收益属性	成本/收益值	实例损益计算
期初成本	标的买入价格－权利金	2.664－0.0635
最大可能收益	执行价－标的买入价格＋权利金	（2.75－2.664＋0.0635）×10000
盈亏平衡点	标的买入价格－权利金	2.664－0.0635
到期损益值	Min（标的到期价格－标的买入价格＋权利金，执行价－标的买入价格＋权利金）	Min（ST－2.664＋0.0635，2.75－2.664＋0.0635）×10000

在上述实例中，买入一份备兑看涨期权的最大可能收益是 1495 元，盈亏平衡点为 2.60 元，只要到期日标的价格大于 2.60 元，这份组合就能给我们产生收益。备兑看涨期权的持有者希望价格小幅上涨或者窄幅震荡。

从到期日的角度来看，与只买入标的资产相比，备兑看涨期权能够多提供一个权利金的收益。如果标的价格上升超过执行价，标的会被执行，但组合仍然能够获得正的收益；如果到期时标的价格没有超过执行价，投资者可多获得一个卖出看涨期权的权利金。缺点是标的资产上涨的收益空间被锁定。

（2）备兑看跌期权策略（如图 20－2 所示）

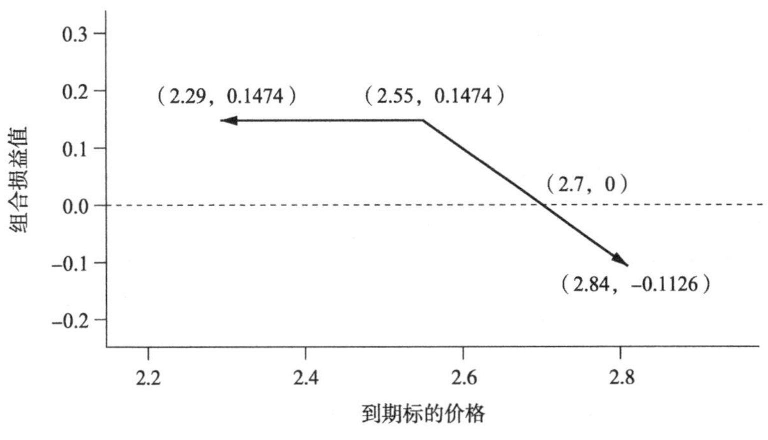

图 20－2 备兑卖出看跌期权实例损益

从图20－2可以看到，备兑卖出看跌期权的到期损益图与卖出看涨期权非常像，策略收益有限而可能风险无限。策略的风险收益属性见表20－4。只要到期日标的资产价格小于盈亏平衡点，就可以获得收益。

表20－4　备兑看跌期权风险收益属性

风险收益属性	成本/收益值	实例损益计算
最大可能收益	标的卖出价格－执行价＋权利金	(2.664－2.55＋0.0334)×10000
盈亏平衡点	标的卖出价格＋权利金	2.664＋0.0334
到期损益值	Min（标的卖出价格－标的到期价格＋权利金，标的卖出价格－执行价＋权利金）	Min（2.664－ST＋0.0334，2.664－2.55＋0.0334）×10000

在上述实例中，买入一份备兑看跌期权的最大可能收益是1474元，盈亏平衡点为2.70元，只要到期日标的价格小于2.70元，这份组合就能给我们产生收益。备兑看涨期权的持有者希望价格小幅下降或者窄幅震荡。

从到期日的角度来看，与只卖出标的资产相比，备兑看跌期权能够多提供一个权利金的收益。如果标的价格下跌超过执行价，标的会被执行，组合仍然能够获得正的收益；如果到期时标的价格超过执行价，投资者可多获得一个卖出看跌期权的权利金。缺点同样是标的资产下跌越过执行价之后带来的收益空间被锁定。

20.4　备兑期权策略的希腊值风险特征

（1）备兑看涨期权策略

备兑看涨期权的持有者本质上对标的资产的后市持有看多观点或者窄幅震荡观点。

对于备兑看涨期权，持仓组合的希腊值符号见表20－5。

表20－5　备兑看涨期权持仓希腊值

希腊值	持仓 Delta	持仓 Gamma	持仓 Vega	持仓 Theta
符号	一直为＋	一直为－	一直为－	一直为＋

备兑看涨期权的 Gamma 和 Vega 一直为负数，Delta 和 Theta 均为正数。随着标的资产价格的下降，看涨期权的 Delta 的绝对值越来越小，看涨期权价值增加的速度越来越慢，而标的多头按照线性不变的速度减少价值，

因此整个组合价值减少的速度变得越来越快。

Vega 值为负，表明波动率增加不利于期权价值的提高，但波动率的下降会增加期权价值。持仓组合 Theta 为正数。这意味着，时间的流逝对投资者是有利的。

（2）备兑看跌期权策略

对于备兑看跌期权，持仓组合的希腊值符号见表 20－6。

表 20－6 备兑看跌期权持仓希腊值

希腊值	持仓 Delta	持仓 Gamma	持仓 Vega	持仓 Theta
符号	一直为－	一直为－	一直为－	一般为＋

备兑看跌期权的 Delta、Gamma 和 Vega 一直为负数，而 Theta 一般情况下均为正数。随着标的资产价格的上升，看跌期权 Delta 绝对值越来越小从而使得看跌期权的价值上升的速度越来越慢，而标的空头按照线性不变的速度减少价值，因此整个组合价值减少的速度变得越来越快。

结语

是不是觉得自己掌握的期权秘籍越来越多了呢，赶快去期权模拟软件上构建一份备兑看涨期权和备兑看跌期权，并观察它的希腊值变化吧，好好学习，天天向上！

第六篇　进阶策略

第21章　期权策略秘籍之跨式期权策略

始终遵守你自己的投资计划的规则，这将加强良好的自我控制！

——伯妮斯·科恩

导语

在前面的章节中，我们介绍了一些单一的期权策略，它们只包括买入或者卖出一类期权合约。从本章开始，我们将介绍一些常见的期权组合策略。首先来和大家一起聊一聊为很多交易新手所喜爱的跨式期权策略，以及由跨式策略变形得到的带式期权策略和条式期权策略。

21.1　什么是跨式期权（Straddle）

跨式期权包含跨式期权多头和跨式期权空头。一般而言，一个跨式期权多头指同时买入一份具有相同行权价、相同到期日的看涨期权和看跌期权构成的组合；而一个跨式期权空头指同时卖出一份具有相同执行价、相同到期日的看涨期权和看跌期权构成的组合。

温馨提示

在真实交易中，跨式组合中看涨期权和看跌期权的买入（或卖出）可能不是同时的，但它们一定具有相同的执行价和相同的到期日。

21.2　跨式组合实例演示

如果看了上面的概念觉得不是很明白的话，我们来看两个实例。

(1) 跨式期权多头

在某交易日，我们通过同时买入一个执行价为2.65元、到期日为12月的上证50ETF看涨期权和看跌期权，构成了一个跨式期权多头（此时平值期权执行价为2.65元）。看涨期权和看跌期权的价格分别为0.1057和0.0716（见表21-1）。

表21-1　跨式组合多头

标的合约名称	买卖方向	买卖数量	期权价格
50ETF购12月2650	买入	1	0.1057
50ETF沽12月2650	买入	1	0.0716

(2) 跨式期权空头

同时，我们也可以构成一个跨式期权空头（见表21-2）。

表21-2　跨式组合空头

标的合约名称	买卖方向	买卖数量	期权价格
50ETF购12月2650	卖出	1	0.1057
50ETF沽12月2650	卖出	1	0.0716

21.3 跨式组合的到期损益特征

针对以上两个跨式期权组合，画出到期日组合损益图，如图21-1、图22-2所示。

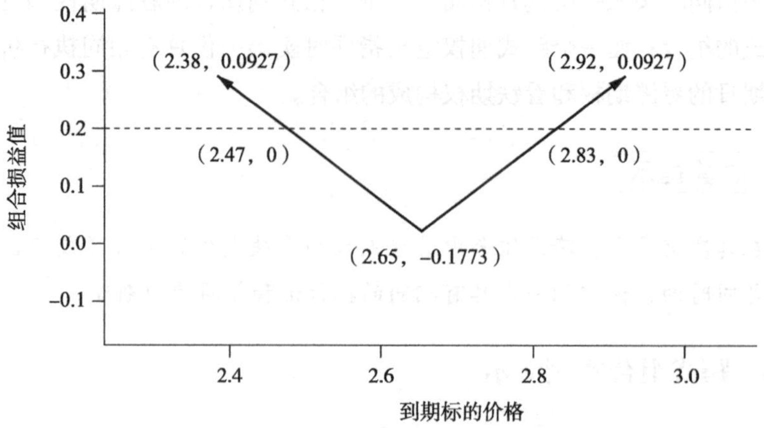

图21-1　跨式组合实例损益（多头）

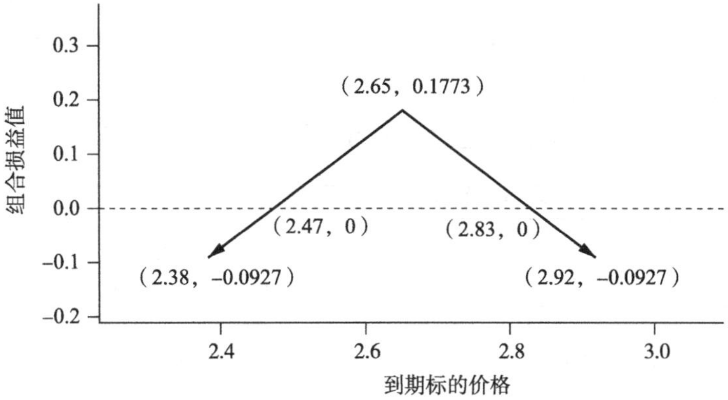

图 21－2 跨式组合实例损益（空头）

可以看到，对于跨式期权多头，风险有限而可能潜在收益无限。当标的价格最终落在行权价附近，组合面临亏损；当标的价格最终大幅变动，组合可以获利。在上述实例中，一份跨式组合多头的初始成本和最大损失均为权利金，共 1773 元（50ETF 合约乘数为 10000）。盈亏平衡点为 2.47 元和 2.83 元，只要到期日期权价格小于 2.47 元或大于 2.83 元，这份组合就能给我们产生收益。所以，跨式期权多头希望到期时标的价格能够发生剧烈变动，但并不关心价格的变化方向。

需要注意的是，由于跨式组合要同时买入两份期权合约，它的初期成本很高。由于时间价值会持续衰减，因此如果实现了预期的收益，要及时止盈。

对于跨式期权空头来说，与多头相反，组合的收益有限而可能的潜在风险是无限的。当标的价格最终落在行权价附近时，组合获得收益；当标的价格最终大幅变动，组合面临亏损。

在上述实例中，一份跨式组合空头的最大收益为权利金，共 1773 元（50ETF 合约乘数为 10000）。盈亏平衡点为 2.47 元和 2.83 元，只要到期日期权价格介于 2.47 元和 2.83 元之间，这份组合就能给我们产生收益。所以，跨式期权空头希望到期时标的价格不会发生大的变动。

21.4 跨式组合的希腊值风险特征

在实际交易中，投资者一般利用平值期权来构建跨式组合，所以跨式组合的初始 Delta 值一般接近于 0。同时，由于跨式期权多头希望期权价格发生大幅变动。所以，跨式组合多头的持有者本质上对标的资产的后市持有中性观点，对波动率的后市持有看多观点。

对于跨式组合多头，持仓组合的希腊值符号见表 21－3。

表 21－3　跨式组合多头持仓希腊值

希腊值	持仓 Delta	持仓 Gamma	持仓 Vega	持仓 Theta
符号	初始为 0，可能＋，可能－	一直为＋	一直为＋	一般为－

首先，Delta 值可能变成正数，也可能变成负数（一份看涨期权多头 Delta 为正，看跌期权多头 Delta 为负，所以跨式组合的 Delta 正负不确定）。对于跨式期权多头，由于同时买入了看涨期权和看跌期权，所以无论 Delta 为正数还是负数，只要 Delta 的绝对值越大，期权的收益就越大。

Gamma 和 Vega 的值始终为正数，且一份跨式组合的 Gamma 值和 Vega 值均约等于一个看涨期权多头或者一个看跌期权多头 Gamma 值和 Vega 值的 2 倍。当标的资产价格位于行权价附近时，Gamma 和 Vega 的值达到最大值。Gamma 为正意味着当市场发生变动时，正 Gamma 给我们带来的全是好处；而 Vega 为正意味着波动率增加有利于期权组合价值的提高。

持仓组合的 Theta 一般情况下均为负数。一份跨式组合的 Theta 值约等于一个看涨期权多头或者一个看跌期权多头的 2 倍。同样，当标的资产价格位于行权价附近时，Theta 值达到最大值。Theta 为负意味着随着时间的流逝，组合的时间价值会不断流逝。时间价值的流逝也是跨式组合的主要机会成本！

21.5　带式期权（Strap）

带式期权是跨式期权的一个变形，不同的是，组合中看涨期权的数量均大于看跌期权的数量，看涨期权和看跌期权的比例一般为 2∶1。

同样，举两个例子：

（1）带式期权多头

在上述跨式实例的同一时刻，构建的一个带式期权多头组合及其到期损益见表21－4，图21－3所示。

表21－4 带式期权组合（多头）

标的合约名称	买卖方向	买卖数量	期权价格
50ETF购12月2650	买入	2	0.1057
50ETF沽12月2650	买入	1	0.0716

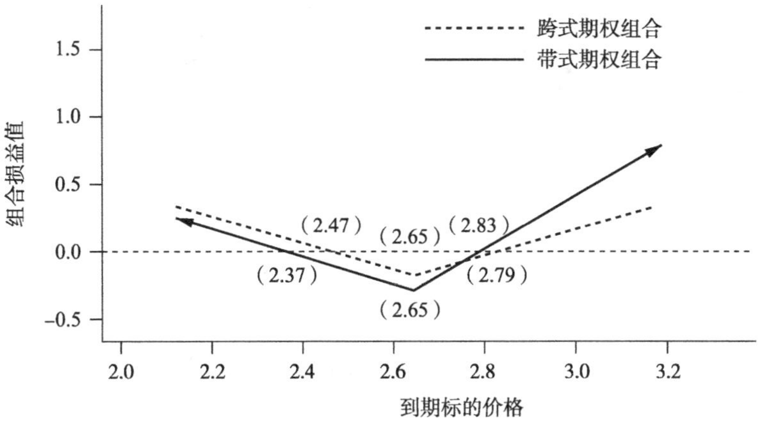

图21－3 带式/跨式组合对比（多头）

可以发现，相对于跨式组合，在最低点（执行价）左侧，带式组合具有更宽的盈亏平衡点（带式：2.37，跨式：2.47），这主要是因为带式组合的初期成本更高；在最低点右侧，带式组合具有更窄的盈亏平衡点（带式：2.79，跨式：2.83），这主要是因为带式组合中包含了更多的看涨期权。另外，带式组合初始成本更高、最大可能损失也更大（带式：一手2830元，跨式：一手1773元），当标的价格向上发生大幅变动时，带式组合可能的盈利会比跨式组合更多。

（2）带式期权空头（见表21－5、图21－4）

表21－5 带式期权组合（空头）

标的合约名称	买卖方向	买卖数量	期权价格
50ETF购12月2650	卖出	2	0.1057
50ETF沽12月2650	卖出	1	0.0716

图 21－4 所示为带式组合空头到期损益。同样，在执行价的左侧，带式组合盈亏平衡点更宽，而在执行价的右侧，带式组合盈亏平衡点更窄。带式组合可以获得的初始权利金更多，最大可能收益也更多。如果标的价格大幅上涨，带式组合会承受更大的损失。

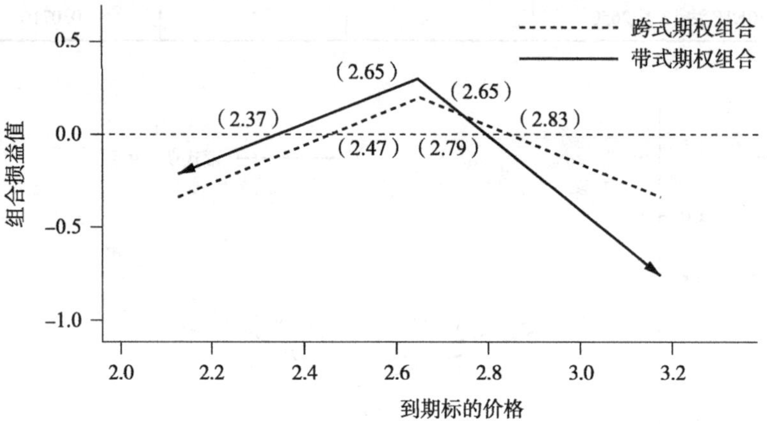

图 21－4　带式/跨式组合对比（空头）

在希腊值特征上，与跨式组合相比，由于看涨期权数量大于看跌期权数量，所以带式组合多头的初始 Delta 值为正（由平值期权构建）。同时，由于带式期权多头希望期权价格发生大幅变动。所以，带式组合多头的持有者本质上对标的资产的后市和波动率的后市都持有看多观点。

Gamma、Vega、Theta 的符号则与跨式组合相同。

21.6　条式期权（Strip）

条式期权与带式期权非常类似，唯一的区别是条式期权组合中看跌期权的数量大于看涨期权的数量，看涨期权和看跌期权的比例一般为 1：2。

温馨提示

多数情况下，与跨式组合相同，带式期权和条式期权也主要由平值期权构成。

（1）条式期权多头

在上述跨式实例的同一时刻，构建的一个条式期权组合及其到期损益见表21－6、图21－5所示。

表21－6 条式期权组合多头

标的合约名称	买卖方向	买卖数量	期权价格
50ETF购12月2650	买入	1	0.1057
50ETF沽12月2650	买入	2	0.0716

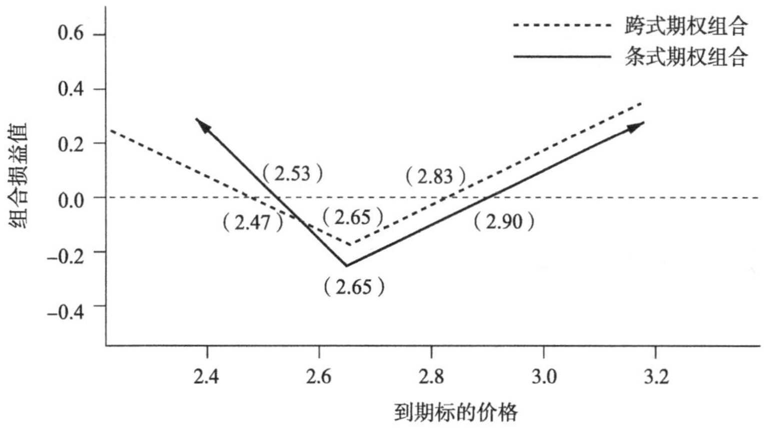

图21－5 条式/跨式组合对比（多头）

与带式刚好相反，条式期权多头在最低点的左侧（价格下跌方向），收益曲线的斜率比较大，这意味着与标的资产价格上涨相比，如果标的资产价格下跌，离执行价较短的距离就可以达到盈亏平衡点，同时，由于看涨期权数量较多，在同样的价格偏离幅度下，看跌期权比看涨期权带来的收益更多。

在上述实例中，一份条式组合多头的初始成本和最大损失均为权利金，共2489元（0.1057×10000＋0.0716×2×10000）。盈亏平衡点为2.53元和2.90元，只要到期日期权价格小于2.53元或大于2.90元，这份组合就能给我们产生收益。所以，条式期权多头希望到期时标的价格能够发生剧烈变动，价格大幅上涨或大幅下跌都可以带来较大收益，但价格下跌带来的收益更大。

（2）条式期权空头（见表21－7、图21－6）

表21－7　条式期权组合空头

标的合约名称	买卖方向	买卖数量	期权价格
50ETF购12月2650	卖出	1	0.1057
50ETF沽12月2650	卖出	2	0.0716

对于条式期权空头来说，在同样的幅度下，价格下跌带来的损失比价格上涨更大。在实例中，一份条式组合空头的最大收益为权利金，共2489元。盈亏平衡点为2.53元和2.90元，组合能够容忍更大的价格上涨。只要到期日期权价格介于2.53元和2.90元之间，这份组合就能给我们产生收益。所以，条式期权空头希望到期时标的价格不会发生大的变动。

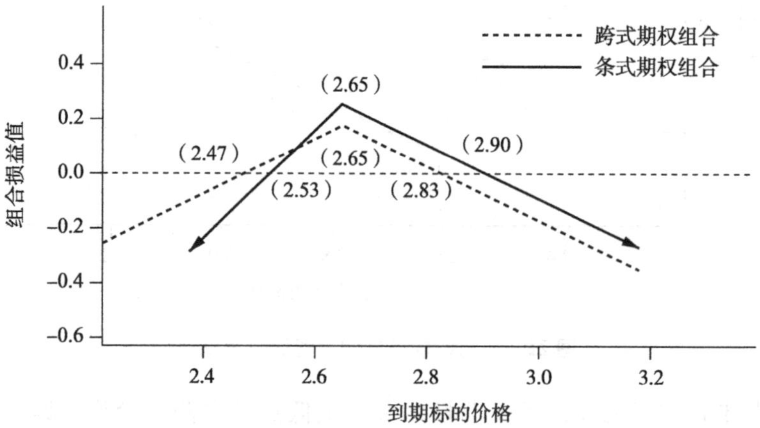

图21－6　条式/跨式组合对比（空头）

温馨提示

由于条式组合和带式组合要同时买入三份期权合约，它的初期成本非常高。由于时间价值会持续衰减，如果实现了预期的收益，要及时止盈。

希腊值特征方面，对于条式组合多头，由于看跌期权数量大于看涨期权数量，所以条式组合的初始Delta值为负（由平值期权构建）。同时，由于条式期权多头希望期权价格发生大幅变动。所以，条式组合多头的持有者本质上对标的资产的后市持有看跌观点，但对波动率的后市都持有看多观点。

Gamma、Vega、Theta 的符号解释参见跨式组合即可。

结语

现在，赶快去期权模拟软件上分别构建跨式组合、带式组合和条式组合，观察它们的希腊值变化吧，加深印象才能记得长远。

第22章　期权策略秘籍之宽跨式（飞碟式）期权策略

在白天对什么都不动感情是极为容易的，但在夜晚就是另外一回事。

——海明威《太阳照常升起》

导语

宽跨式期权组合可以认为是基础跨式组合的一个变形。与跨式期权不同，宽跨式组合具有更宽的盈亏平衡点，但所需支付的权利金更少，杠杆效应更大。飞碟式期权组合则是宽跨式组合的姊妹策略，唯一的不同在于构造组合的期权是实值还是虚值。

22.1　什么是宽跨式期权（Strangle）

宽跨式期权也可以分为宽跨式期权多头和宽跨式期权空头。一般而言，一个宽跨式期权多头指买入一份看涨期权的同时买入一份到期日相同、执行价不同的看跌期权构成的组合；而一个宽跨式期权空头指卖出一份看涨期权的同时卖出一份到期日相同、执行价不同的看跌期权构成的组合。

22.2　组合实例演示

（1）宽跨式期权多头

在某交易日，我们可以构建一个宽跨式期权多头（此时平值期权执行价为2.65元）（见表22－1）。

表 22-1 宽跨式期权组合（多头）

标的合约名称	买卖方向	买卖数量	期权价格
50ETF 购 12 月 2750	买入	1	0.0635
50ETF 沽 12 月 2550	买入	1	0.0334

（2）宽跨式期权空头

同时，我们也可以构建宽跨式期权空头（见表 22-2）。

表 22-2 宽跨式期权组合（空头）

标的合约名称	买卖方向	买卖数量	期权价格
50ETF 购 12 月 2750	卖出	1	0.0635
50ETF 沽 12 月 2550	卖出	1	0.0334

22.3 到期损益特征

针对以上两个期权组合，画出到期日组合损益图，如图 22-1、图 22-2 所示。

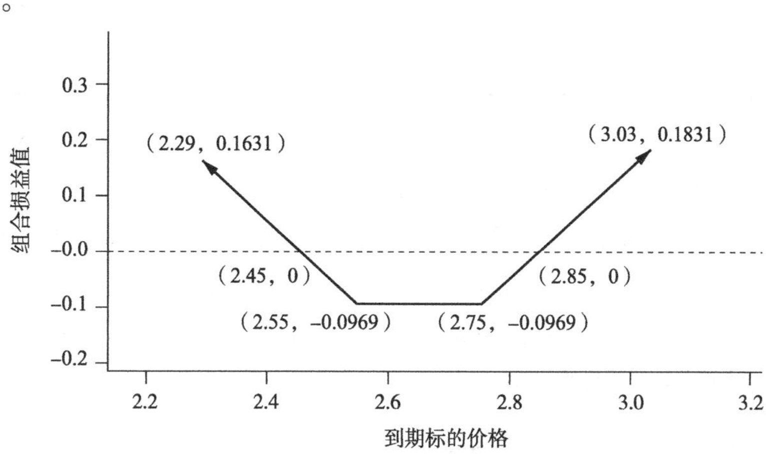

图 22-1 宽跨式组合实例损益（多头）

对于宽跨式期权多头来说，风险有限而可能的潜在收益无限。当标的价格最终落在行权价附近时，组合面临亏损，若标的价格最终大幅变动，可以获利。

在上述实例中，一份宽跨式组合多头的初始成本和最大损失均为权利金，共 969 元（50ETF 合约乘数为 10000）。盈亏平衡点为 2.45 元和 2.85 元，只要到期日期权价格小于 2.45 元或者大于 2.85 元，这份组合就能给

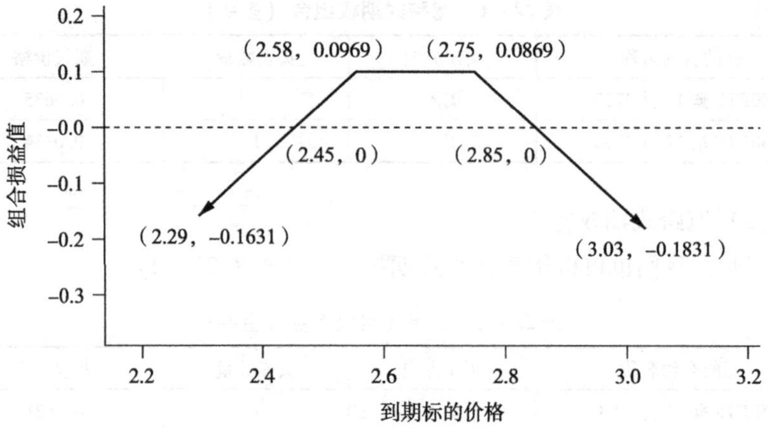

图 22－2　宽跨式组合实例损益（空头）

我们产生收益。所以，与跨式组合一样，宽跨式期权多头希望到期时标的价格能够发生剧烈的变动，但并不关心价格的变化方向。

需要注意的是，由于宽跨式组合要同时买入两份期权合约，它的初期成本也比较高。由于时间价值会持续衰减，因此如果实现了预期的收益，要及时止盈。

而对于宽跨式期权空头来说，与跨式组合类似，组合的收益有限而可能的潜在风险是无限的。当标的价格最终落在行权价附近时，组合获得收益，当标的价格最终大幅变动，组合面临亏损。

在上述实例中，一份宽跨式组合空头的最大收益为权利金，共 969 元。盈亏平衡点介于 2.45 元和 2.85 元之间，只要到期日期权价格介于 2.45 元和 2.85 元之间，这份组合就能产生收益。所以，宽跨式期权空头希望到期时标的价格不发生大的变动。

22.4　跨式组合 VS 宽跨式组合

读到这里，你可能已经在想：相比跨式组合，宽跨式组合有什么不同？

图 22－3 所示为同一时刻构建的两个 50ETF 期权组合的到期损益图，其中实线代表上文构建的宽跨式组合，虚线代表由 50ETF 购 12 月 2650 期权和 50ETF 沽 12 月 2650 期权构建的跨式组合。

相对于跨式组合，宽跨式组合具有更宽的盈亏平衡点（从 2.47 下降到

2.45，从2.83上升到2.85），即到期日需要更大的价格变动幅度才能获利。但宽跨式初始成本比较低、最大可能损失也更小（一手从1773元下降到969元），当标的价格发生大幅变动时，可能的盈利会比跨式组合偏少一些。

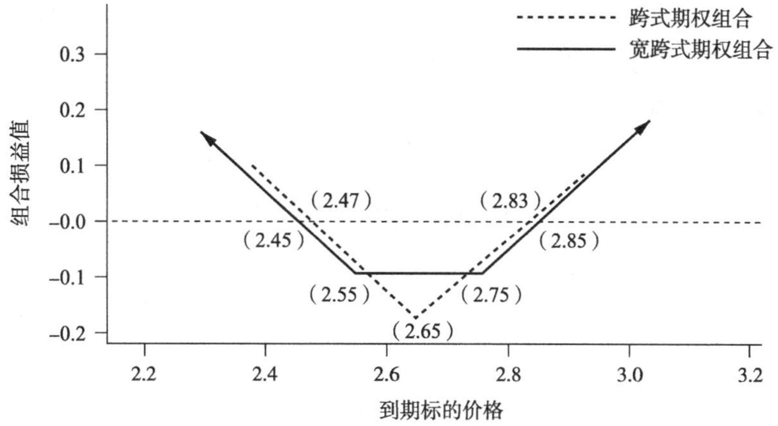

图22－3 跨式/宽跨式组合对比（多头）

温馨提示

虽然从图上来看，对于组合多头，当标的价格发生很大变动时，跨式组合的损益曲线更高，但如果你非常确定价格会发生剧烈变动，买入宽跨式组合才是更优的选择，因为初始成本更低，杠杆倍数更大！

图22－4所示为与图22－3对应的跨式组合和宽跨式组合空头。同样，宽跨式组合的盈亏平衡点更宽，但初始得到的权利金更低。

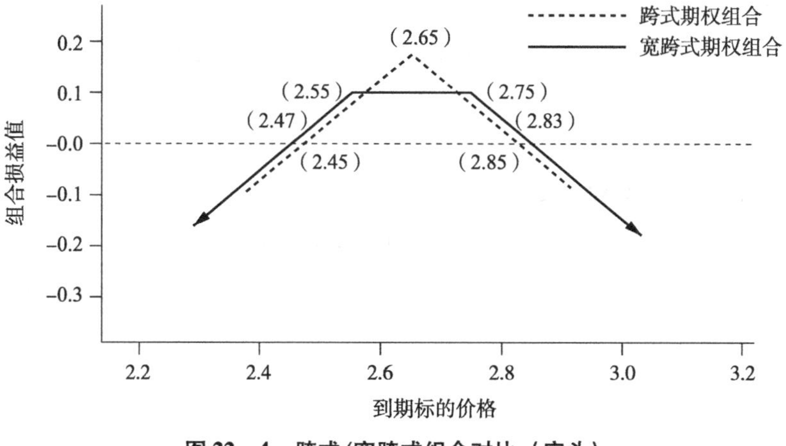

图22－4 跨式/宽跨式组合对比（空头）

22.5 希腊值风险特征

由于同时买入看涨和看跌期权，组合的 Delta 值会抵消很大一部分，同样，宽跨式期权多头也希望期权价格发生大幅变动。所以，宽跨式组合多头的持有者本质上也是对标的资产的后市持有中性观点，对波动率的后市持有看多观点。

宽跨式组合多头的持仓组合的希腊值符号见表 22－3。

表 22－3　宽跨式组合多头持仓组合希腊值符号

希腊值	持仓 Delta	持仓 Gamma	持仓 Vega	持仓 Theta
符号	初始绝对值小，可能＋，也可能－	一直为＋	一直为＋	一直为－

Delta 值可能变成正数，也可能变成负数。无论 Delta 为正数还是负数，只要 Delta 的绝对值越大，期权的收益就越大。Gamma 和 Vega 的值始终为正数。当标的资产价格位于两个执行价中点附近时，Gamma 和 Vega 的值达到最大值。持仓组合的 Theta 一般情况下均为负数。同样，当标的资产价格位于两个执行价中点附近时，Theta 值达到最大值。

22.6 飞碟式期权（Guts）

飞碟式期权的定义与宽跨式组合类似，唯一的区别是，宽跨式组合用虚值期权构建，而飞碟式期权用实值期权构建。

举个例子：假设当前标的价格为 100，一份执行价为 95 的看涨期权和执行价为 105 的看跌期权组成的组合称为飞碟式期权，而用执行价为 105 的看涨期权和执行价为 95 的看跌期权组成的组合称为宽跨式期权。

同样，看两个实例：

（1）飞碟式期权多头（见表 22－4）

表 22－4　飞碟式期权组合（多头）

标的合约名称	买卖方向	买卖数量	期权价格
50ETF 购 12 月 2550	买入	1	0.1648
50ETF 沽 12 月 2750	买入	1	0.1253

（2）飞碟式期权空头（见表 22 - 5）

表 22 - 5　飞碟式期权组合（空头）

标的合约名称	买卖方向	买卖数量	期权价格
50ETF 购 12 月 2550	卖出	1	0.1648
50ETF 沽 12 月 2750	卖出	1	0.1253

以上飞碟式期权组合的到期日组合损益如图 22 - 5、图 22 - 6 所示。

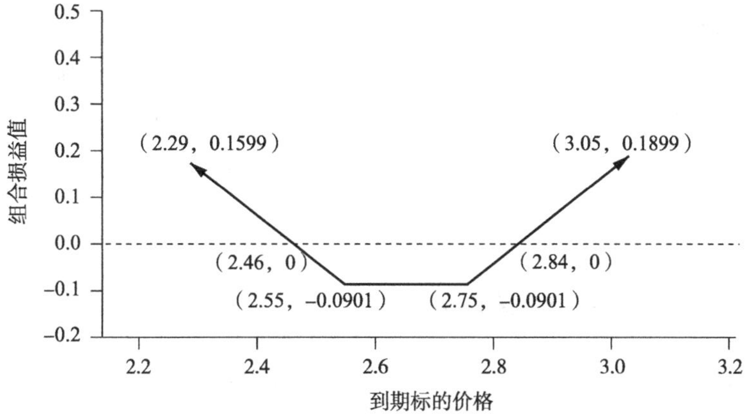

图 22 - 5　飞碟式组合实例损益（多头）

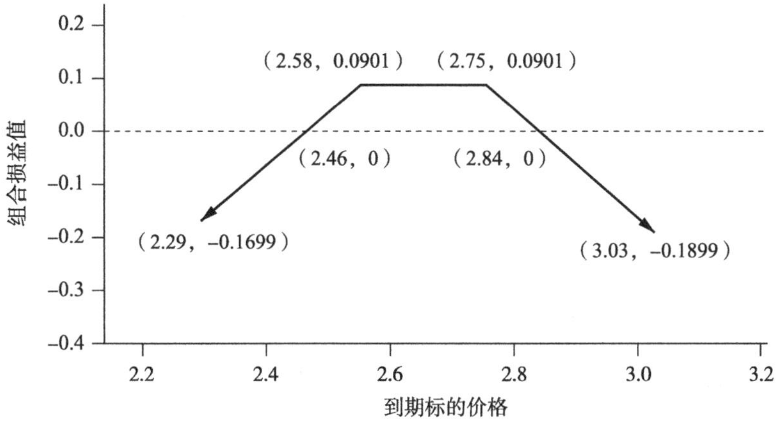

图 22 - 6　飞碟式组合实例损益（空头）

与宽跨式组合一样，飞碟式期权多头希望到期时标的价格能够发生剧烈的变动，但并不关心价格的变化方向。

温馨提示

飞碟式期权的最大亏损会小于初始的权利金哦！

需要注意的是，由于飞碟式组合要同时买入两份实值的期权合约，它的初期成本会比跨式和宽跨式更高。

与宽跨式组合类似，飞碟式期权空头组合的收益有限而可能的潜在风险无限。当标的价格最终落在行权价附近时，组合获得收益，当标的价格最终大幅变动时，组合面临亏损。

希腊值特征方面，由于同时买入看涨和看跌期权，组合的 Delta 值也会抵消很大一部分，同样，飞碟式期权多头也希望期权价格发生大幅变动。所以，飞碟式组合多头的持有者本质上也是对标的资产的后市持有中性观点，对波动率的后市持有看多观点。其他希腊值符号则可以参考宽跨式组合。

22.7 飞碟式组合 VS 宽跨式组合

那么，飞碟式、宽跨式组合这两个长得不能更像的组合到底哪个更好呢？

别急，我们马上就来对比一下。图 22－7 所示为同一时刻构建的两个 50ETF 期权组合的到期损益图，其中实线代表上文构建的飞碟式组合，虚线代表由 50ETF 购 12 月 2750 期权和 50ETF 沽 12 月 2550 期权构建的宽跨式组合。

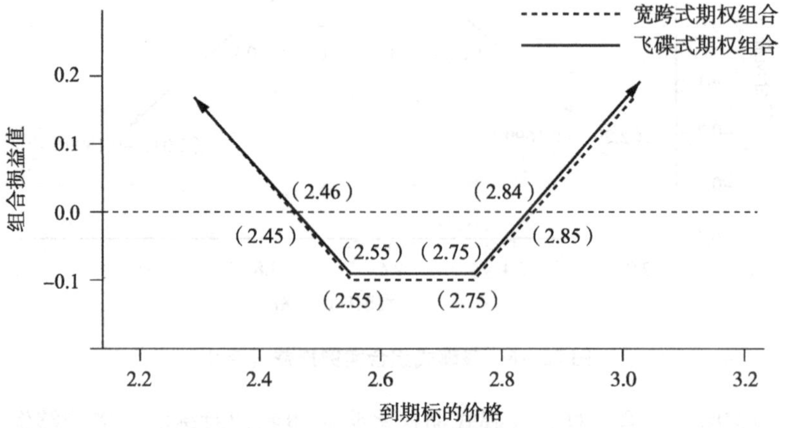

图 22－7 飞碟式/宽跨式组合对比（多头）

可以发现，在这个例子中，相对于宽跨式组合，飞碟式组合的盈亏平衡点会稍窄一些，但仍大于跨式组合（跨式为2.47、2.83，飞碟式为2.46、2.84，宽跨式为2.45、2.85）。但飞碟式初始成本最高（飞碟式为2901元，跨式为1773元，宽跨式为969元）。

温馨提示

虽然飞碟式组合的初始成本最高，并不意味着它的最大可能亏损最大，在上面这个实例中，飞碟式期权的最大可能损失甚至比宽跨式更低。这是因为飞碟式组合中至少有一个期权肯定为实值期权。

图22－8所示为与图22－7对应的飞碟式组合和宽跨式组合空头，两者的到期损益图非常相近。

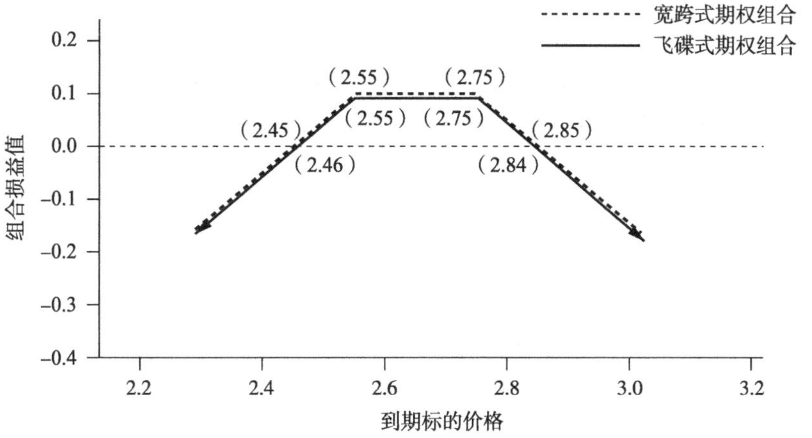

图22－8 飞碟式/宽跨式组合对比（空头）

第23章 期权策略秘籍之比率价差与反比率价差

投资不仅仅是一种行为，更是一种带有哲学意味的东西！

——约翰·坎贝尔

导语

在前文介绍的跨式期权系列中，构建的期权组合都是同时买入或者同时卖出一定数量的期权。比率价差和反比率价差则需要在买入一类期权的同时卖出一定数量的另一类期权。

23.1 比率价差

23.1.1 什么是比率价差（Ratio Spread）

比率价差又称为正向比率策略，可以分别由看涨期权或者看跌期权组成。一般而言，比率价差在构建之初是Delta为中性的。

看涨期权比率价差由看涨期权多头和看涨期权空头组成，其中空头的数量大于多头的数量，且期权到期日相同。为了使期初Delta为中性，需要买入Delta值较大的期权（低执行价看涨期权），卖出N份Delta值较小的期权（高执行价看涨期权）。

同理，看跌期权比率价差由高执行价的看跌期权多头和低执行价的看跌期权空头组成，其中空头数量大于多头，期权到期日相同。

23.1.2 比率价差实例演示

下面我们来看两个实例吧。

(1) 看涨期权比率价差

在某交易日，我们可以通过买入一个执行价为2.55元、到期日为12月的上证50ETF看涨期权，卖出两个执行价为2.75元、到期日为12月的50ETF看涨期权，从而构成一个比率价差（见表23-1）。

表23-1 看涨期权比率价差组合

标的合约名称	买卖方向	买卖数量	期权价格
50ETF购12月2550	买入	1	0.1648
50ETF购12月2750	卖出	2	0.0635

(2) 看跌期权比率价差

也可以构建一个看跌期权比率价差（见表23-2）。

表23-2 看跌期权比率价差组合

标的合约名称	买卖方向	买卖数量	期权价格
50ETF沽12月2750	买入	1	0.1283
50ETF沽12月2550	卖出	2	0.0334

23.1.3 比率价差的到期损益特征

以上两个比率价差组合的到期日组合损益图如图23-1、图23-2所示。

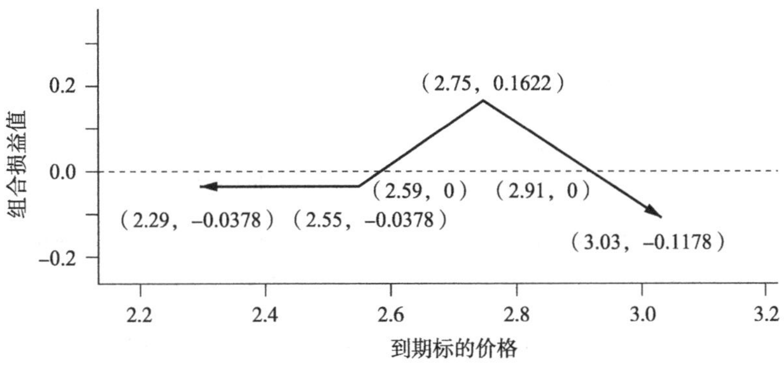

图23-1 看涨期权比率价差实例损益

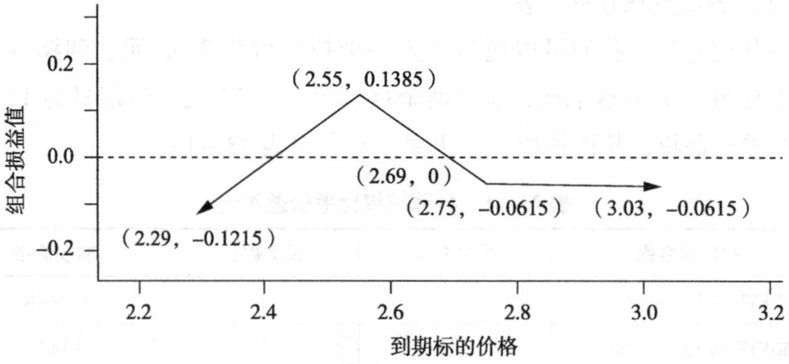

图 23－2　看跌期权比率价差实例损益

温馨提示

收益曲线最左端部分也可能与0轴重合或者位于0轴以上。

对于看涨期权比率价差来说，收益有限而可能的潜在风险是无限的。组合的初始成本、最大损失点和最大可能损失见表23－3。

表 23－3　看涨期权比率价差组合风险收益属性

风险收益属性	成本/收益值	实例损益计算
初始成本	权利金净支出（可能有初始收益）	(0.1648－2×0.0635)×10000＝378
最大收益点	较大执行价	2.75
最大可能收益	[较大执行价－较低执行价＋权利金净收入（可能为负）]×合约乘数	(2.75－2.55＋2×0.0635－0.1648)×10000＝1622

在上述实例中，一份看涨期权比率价差的初始成本为权利金净支出378元，最大可能收益为1622元，只要到期日期权价格大于2.59元且小于2.91元，这份组合就能给我们产生收益。其中，若到期日标的价格小于低执行价（2.55元），组合会有固定损失或者收益（为初始权利金成本），此处为378元；若标的价格很大，策略的损失可能是无限的；如果标的资产窄幅震荡，组合会获得收益。

同样，对于看跌期权比率价差，收益有限而可能的潜在风险无限。不同的是，如果到期日标的资产价格大于高执行价（2.75元），组合会有固定损失或者收益（为初始权利金成本），此处为615元；如果标的资产价格很小，策略的损失可能是无限的；如果标的资产窄幅震荡，组合会获得收益，最大可能收益为（2.75 - 2.55 - 0.1283 + 0.0334 × 2）× 10000 = 1385元。

所以，看涨期权比率价差和看跌期权比率价差都预期标的资产价格会发生窄幅震荡。而且，由于需要同时买入和卖出期权合约，组合的初始成本也比较小。

23.1.4 比率价差希腊值风险收益特征

需要注意的是，比率价差组合的初始Delta值为0，投资者希望期权价格窄幅震荡。所以，比率价差本质上对标的资产的后市持有中性观点，对波动率的后市持有看空观点。

在持仓过程中，组合的Delta、Gamma、Vega和Theta值的符号都不确定（见表23-4）。

表23-4 比率价差组合持仓希腊值符号

希腊值	持仓Delta	持仓Gamma	持仓Vega	持仓Theta
符号	初始为0，可能+，也可能-	可能+，也可能-	可能+，也可能-	可能+，也可能-

23.2 反比率价差

23.2.1 什么是反比率价差（Back Spread）

反比率价差又称为反套利价差、反向比率策略（Reverse Ratio Spread），可以分别由看涨期权或者看跌期权组成，反比率价差构建之初也是Delta为中性的。

看涨期权反比率价差由看涨期权多头和看涨期权空头组成，其中多头的数量多于空头的数量，且期权到期日相同。为了使期初Delta为中性，需要买入Delta值较小的期权（高执行价看涨期权），卖出Delta值较大的期权（低执行价看涨期权）。同理，看跌期权反比率价差由低执行价的看跌期权多头和高执行价的看跌期权空头组成，其中多头数量大于空头，期权到期日相同。

23.2.2 反比率价差实例演示

同样，我们来看两个实例。

（1）看涨期权反比率价差（见表23－5）

表23－5 看涨期权反比率价差

标的合约名称	买卖方向	买卖数量	期权价格
50ETF购12月2750	买入	2	0.0635
50ETF购12月2550	卖出	1	0.1648

（2）看跌期权反比率价差（见表23－6）

表23－6 看跌期权反比率价差

标的合约名称	买卖方向	买卖数量	期权价格
50ETF沽12月2550	买入	2	0.0334
50ETF沽12月2750	卖出	1	0.1283

23.2.3 反比率价差的到期损益特征

针对以上两个组合，画出到期日组合损益图，如图23－3、图23－4所示。

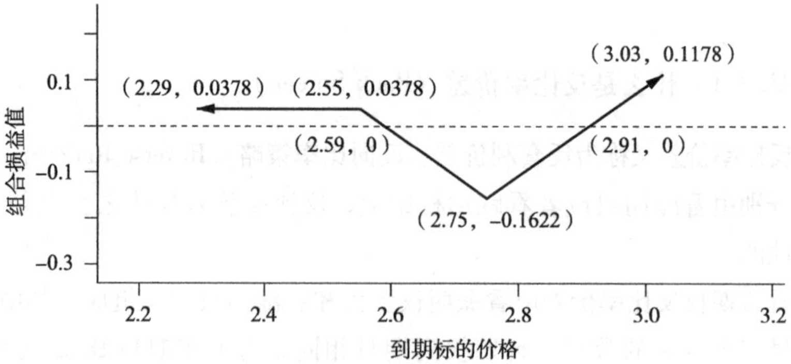

图23－3 看涨期权反比率价差实例损益

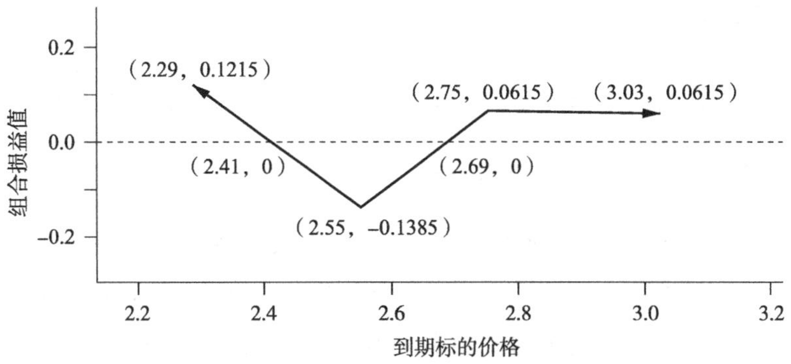

图 23-4 看跌期权反比率价差实例损益

温馨提示

收益曲线最左端部分也可能与 0 轴重合或者位于 0 轴以下。

对于看涨期权反比率价差来说，风险有限而可能的潜在收益是无限的。组合的初始成本、最大损失点和最大可能损失见表 23-7。

表 23-7 看涨期权反比率价差风险收益属性

风险收益属性	成本/收益值	实例损益计算
初始成本	权利金净支出（可能有初始收益）	(2×0.0635-0.1648)×10000=-378
最大损失点	较大执行价	2.75
最大可能损失	[较大执行价-较低执行价+权利金净收入（可能为负）]×合约乘数	(2.75-2.55+2×0.0635-0.1648)×10000=1622

由此可知，如果标的资产价格很大，策略的收益可能是无限的；如果标的资产窄幅震荡，组合会面临亏损。

所以，看涨期权反比率价差希望标的资产价格能够发生大幅上涨。而且，由于组合需要同时买入和卖出期权合约，组合的初始成本比较小。

同样，对于看跌期权反比率价差，风险有限而可能的潜在收益无限。不同的是，如果标的资产价格很小，策略的收益可能是无限的；如果标的资产窄幅震荡，组合会面临亏损。

所以，看跌期权反比率价差希望标的资产价格能够发生大幅下跌，同样，组合的初始成本较小。

温馨提示

反比率价差的希腊值特征与比率价差比较类似，大家可以自己试试分析哦！

23.2.4 牛熊（反）比率价差

在组合构建之初，比率价差和反比率价差对标的资产后市都持有中性观点。但如果投资者对标的资产后市持有看多或者看空的观点，也可以通过改变组合中多头和空头的比例来使组合 Delta 不为 0。Delta 大于 0 的称为牛市（反）比率价差，而 Delta 小于 0 的称为熊市（反）比率价差。

以牛市反比率价差为例，我们可以将上文中的看涨期权反比率价差实例改为一个牛市价差，见表 23－8。

表 23－8　牛市反比率价差组合

标的合约名称	买卖方向	买卖数量	期权价格
50ETF 购 12 月 2750	买入	2～3	0.0635
50ETF 购 12 月 2550	卖出	1	0.1648

图 23－5 所示为看涨期权反比率价差（虚线）和牛市反比率价差（实线）的到期损益曲线。可以看到，如果到期时标的资产价格大幅上升，牛市反比率价差可以获得更多的收益。

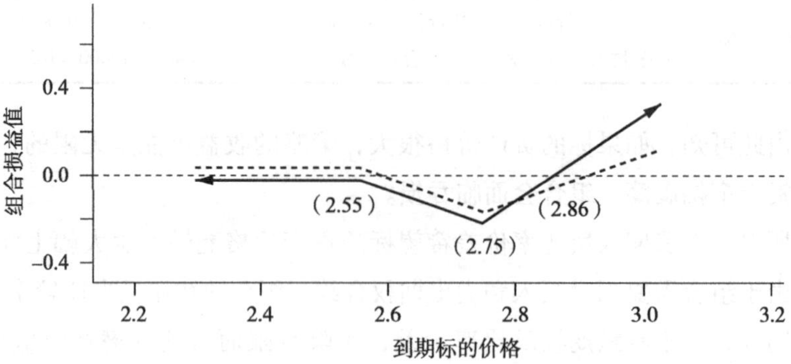

图 23－5　反比率价差/牛市反比率价差对比（看涨期权多头）

但是，随着持仓过程中其他因素的变化，组合的 Delta 的符号很有可能改变，所以，牛熊反比率价差本质上还是与波动率的特性有关。

第24章 期权策略秘籍之日历价差策略

时间对于我来说是很宝贵的，用经济学的眼光看是一种财富。

——鲁迅

导语

大多数期权价差策略中涉及的期权，都拥有相同的到期时间，因此价差组合的到期日的价值仅仅是标的资产到期价格S_T的函数。如果价差组合中包含的期权拥有不同的到期时间，它的价值应该如何确定呢？下面，我们就来介绍一种需要考虑期权不同到期日的特殊价差组合——日历价差组合，看看它的特点及运用！

24.1 什么是日历价差（Calendar Spread）

日历价差，又称为“水平价差”（Horizontal Spread），是由到期日不同的期权所构造的价差组合。组合的价值不仅取决于短期时间到期时标的资产的市场价格，还取决于短期和长期合约到期日间的市场价格变化。

最常见的日历价差由相同类型（同为看涨或看跌）、相同执行价、到期日不同、头寸相反的两份期权合约组成。若买入一份长期期权，同时卖出一份短期期权构造组合，由于长期期权具有更多的（时间）价值，初始构造组合时会产生资金的流出，此时组合称为“日历价差多头”；反之，若卖出一份长期合约，同时买入一份短期合约构造组合，初始构造时产生资金流入，此时组合称为“日历价差空头”。

24.2 日历价差到期损益特征

尽管日历价差在构建中通常是1∶1的（即分别买入和卖出一份期权合约），但也可以根据投资者对市场形势（牛市、熊市）的判断来改变期权的比例。

理想的情况下，假设构成日历价差组合的期权均为平值期权，按1∶1构建，且组合呈 Delta 中性，我们可以通过组合两个单独期权的损益图，得到典型的日历价差多头和空头损益图，如图 24－1 和图 24－2 所示（以看涨期权为例）。

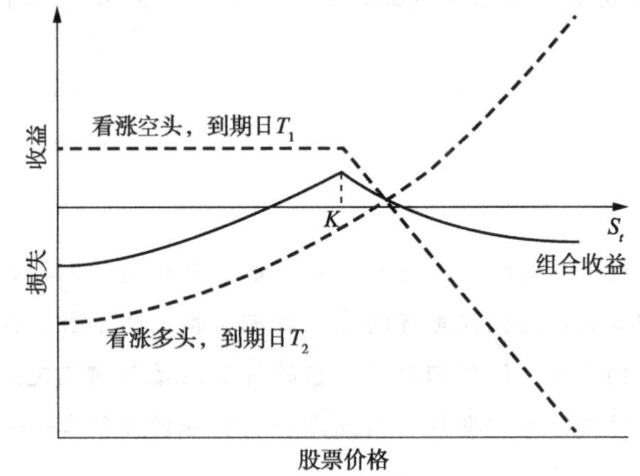

图 24－1　多头时间价差损益

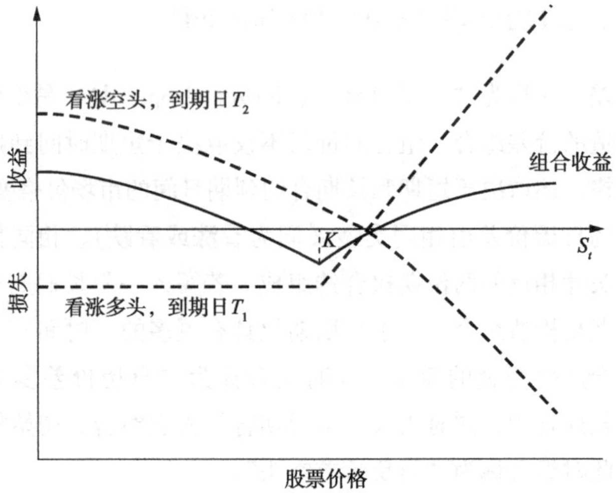

图 24－2　空头时间价差损益

对于期货期权（欧式）而言，看涨期权日历价差多头，最大损失就是初始时刻权利金的支出；看涨期权日历价差空头，最大收益就是初始时刻权利金收益！

图中左翼的最低点就是支出的权利金，那么右翼的最低点是多少呢？对于到期日为 T_1 的看涨期权而言，在到期日当天，剩下内在价值 $(S_t - K)$；对于到期日为 T_2 的看涨期权而言，还剩下 $T_2 - T_1$ 的剩余时间，内在价值为 $S_t - K\mathrm{e}^{-rT}$，当 S_t 趋向于无穷大时，到期日为 T_2 的看涨期权时间价值趋向于0，因此右翼的值等于：

$$-1 \times 权利金支出值 + (S_t - K\mathrm{e}^{-rT}) - (S_t - K)$$

此时，右翼也是水平的。但若红利率不等于0，或者存在融券利息，那么右翼的值就会等于：

$$-1 \times 权利金支出值 + (S_t\mathrm{e}^{-qT} - K\mathrm{e}^{-rT}) - (S_t - K)$$

此时，右翼就不是水平的了，而是会向下倾斜，即 S_t 越大，亏损越多，如图 24－3 所示。

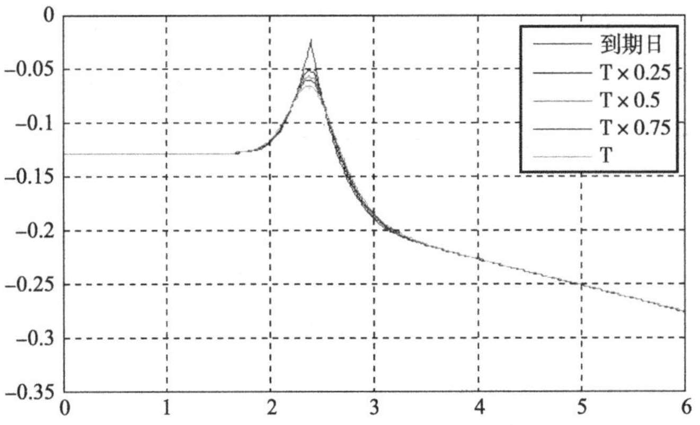

图 24－3 Payoff 随着时间变化曲线

需要注意的是，看跌期权日历价差多头的最大损失会多于权利金的支出（当利率大于 0 时），但无论如何损失都是有上限的（当不存在分红时）！看跌期权日历价差空头的最大收益也可能大于初始权利金。这是因为，在到期日，深度实值的看跌期权时间价值可能为负数。

可以看出，日历价差也是一个相对“安全”的期权组合——它的损失总是有上限（除了带分红的股票期权）！

温馨提示

多头日历价差组合最大损失并不一定是初始权利金支出哦！

24.3 日历价差组合特点

由于日历价差组合的价值不仅取决于标的资产的价格，还取决于交易者对未来市场变动的预期（可用隐含波动率表示），那么日历价差组合有两方面很重要的特征（以平值期权为例）：

（1）日历价差多头总希望标的资产价格不变

对平值期权而言，随着到期时间临近，Theta 的绝对值变大，说明日历价值衰减速度加快，且剩余到期时间短的平值期权比长期平值期权时间价值衰减更快。

举个例子：假设还有三个月到期的短期期权，还有六个月到期的长期期权，它们有共同的执行价 K（K 也是标的资产价格）。对日历价差组合多头而言，卖出短期期权，买入长期期权。在短期期权到期时，如果标的资产价格不变仍为 K，短期期权此时内在价值为 0，时间价值为 0，而长期期权因为还未到期，虽然内在价值为 0，但是还有剩余的时间价值，这部分时间价值扣除建仓时付出的权利金就是日历价差组合多头的到期盈利。

而当标的资产价格出现大幅上升或大幅下降时，结论是否相同呢？答案是否定的！如果标的资产价格上升很多，三个月后两份期权都变为深度实值期权，此时长期期权剩余的时间价值几乎为 0，长期期权的内在价值为$S_t - K e^{-rT}$；短期期权的时间价值为 0，内在价值为 $-(S_t - K)$，因此日历价差组合多头的到期价值为$(S_t - K e^{-rT}) - (S_t - K)$ - 建仓权利金。当标的资产价格大幅下降时，三个月后两份期权变为深度虚值，两份期权内在价值均为 0，深度虚值长期期权的时间价值也几乎为 0。考虑到初始投入，标的资产价格大幅波动时，多头不能盈利反而亏损。

所以对于日历价差组合多头，投资者希望市场价格稳定。因为标的价格偏离执行价越多，日历价差组合的价值越小，而当标的价格恰为执行价时，可以获得最大利润；对日历价差组合空头而言，投资者却希望市场波动越大越好，市场不动反而亏损变大。

（2）日历价差多头受益于隐含波动率上升

再考虑 Vega 和剩余到期时间的关系。由于剩余到期时间越长，期权的 Vega 值越大，说明相同执行价下的长期期权比短期期权对波动率的变化更敏感。

还是用上文中的假设，执行价相同的长期期权和短期期权分别有价值 8 和 6，此时波动率为 20%。如果波动率增加到 25%，时间价值会发生怎样的变化呢？波动率的上升，显然两个期权的价值都会增加。但由于长期期权拥有更大的 Vega 值，它增加的价值更多，可能短期期权会增加 1 的价值，长期期权价值增加 2，两份期权价值分别为 10 和 7，日历价差多头组合的价值由 2 变为 3。

相反，如果波动率从 20% 降到 15%，两份期权价值都会有所损失，但长期期权 Vega 更大，所以日历价差多头组合整体价值下降。

当期权市场的隐含波动率发生变化时，波动率对日历价差组合价值的影响会更加明显。主要表现为：隐含波动率上升，日历价差多头组合价值变大；波动率下降，日历价差多头组合价值变小。如果标的资产价格变化同时伴随着隐含波动率变化，两种变化的作用效果相互叠加，分析组合变化将更加复杂。

理想情况下，持有日历价差多头的投资者希望标的市场价格维持不变，这样时间损耗对日历价差组合具有正效应；同时，投资者又希望其他所有投资者都预期市场价格将发生变化（即隐含波动率增加），从而提高多头日历价差组合的价值。

虽然这种“期望”看似特殊，但是在现实中确实有可能发生，一些对标的资产市场现在没有直接影响的事件，很可能被人们预期为对未来市场有影响。

举个例子：某上市公司宣布最近可能有一个重大事件发生，这个事件可能会对公司业绩造成很好的影响，也可能导致公司出现重大损失。此时，由于消息的好坏不确定，公司股价没有发生变动，但期权市场隐含波动率将大幅提高，日历价差组合的价值也将相应增加。

24.4 日历价差组合实例

讲了这么多理论知识，还是通过实例来加深对“日历价差组合”的印象吧!

我们利用50ETF不同到期月（2017年9月和12月）、相同执行价的期权，构造日历价差组合，并画出其损益图。

24.4.1 日历价差多头组合

（1）看涨期权多头（见表24-1、图24-4）

表24-1 日历价差看涨期权多头组合

标的合约名称	买卖方向	买卖数量	期权价格
50ETF购9月2700	卖出	1	0.0396
50ETF购12月2700	买入	1	0.0966

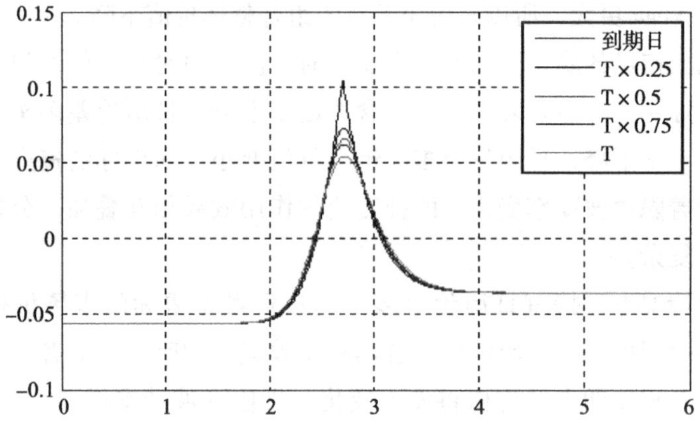

图24-4 日历价差看涨多头损益

该看涨多头组合的执行价为2.70元，由损益图可知在执行价处可以获得最大收益，最大亏损在标的资产价格很低时取到，且恰好等于初始权利金的值570元。因此，构造此组合的投资者希望标的市场价格不变，同时隐含波动率增加。其他情况下的组合及损益图可以进行类似分析。

（2）看跌期权多头（见表24-2、图24-5）

表24-2 日历价差看跌期权多头组合

标的合约名称	买卖方向	买卖数量	期权价格
50ETF沽9月2700	卖出	1	0.0372
50ETF沽12月2700	买入	1	0.0798

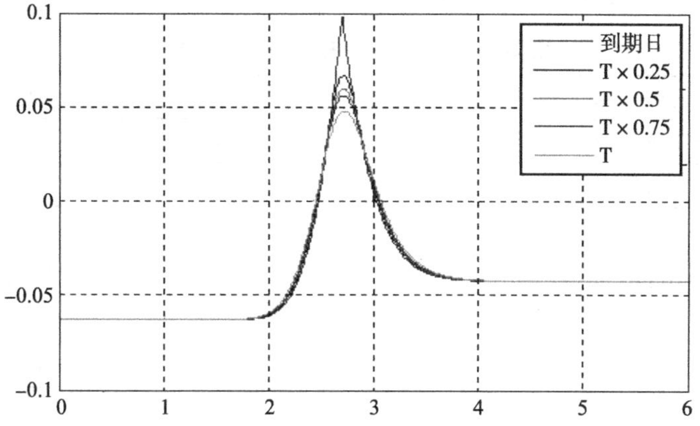

图 24－5 日历价差看跌多头损益

注意：最大亏损大于初始权利金！

24.4.2 日历价差空头组合

（1）看涨期权空头（见表 24－3、图 24－6）

表 24－3 日历价差看涨期权空头组合

标的合约名称	买卖方向	买卖数量	期权价格
50ETF 购 9 月 2700	买入	1	0.0399
50ETF 购 12 月 2700	卖出	1	0.0963

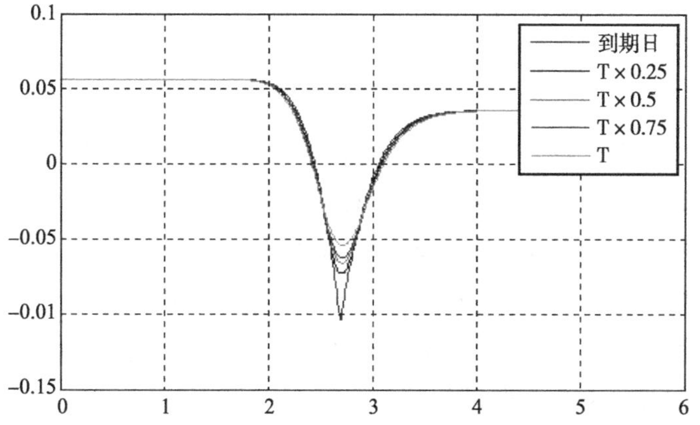

图 24－6 日历价差看涨空头损益

（2）看跌期权空头（见表 24－4、图 24－7）

表 24－4　日历价差看跌期权空头组合

标的合约名称	买卖方向	买卖数量	期权价格
50ETF 沽 9 月 2700	买入	1	0.0373
50ETF 沽 12 月 2700	卖出	1	0.0795

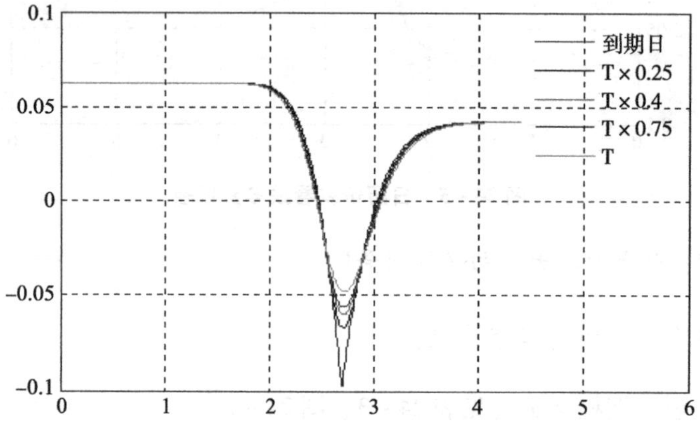

图 24－7　日历价差看跌空头损益

注意：最大收益大于初始权利金收益！

24.5　利率和股利的影响

与前面讲过的期权策略不同，对于日历价差，由于存在到期时间不同的期权，必须考虑两个价格，它们对利率就很可能有不同的敏感性。

我们以一个看涨日历价差多头组合为例：组合中的期权有相同执行价 2.7 元，卖出一份 8 月到期的 50ETF 看涨期权，买入一份 9 月到期的 50ETF 看涨期权，假设两份合约的 Delta 大致相等，均为正。如果利率 r 上升，9 月期权远期价格会比 8 月期权远期价格上涨更快，日历价差价值变大。因此股票期权市场中，看涨期权日历价差多头一定有正的 Rho 值，而日历价差空头一定为负的 Rho 值。

利率变化对看跌期权的影响则恰好相反，还是假设两份期权的 Delta 值大致相等，均为负。当利率上升时，9 月看跌期权价格的下降幅度小于 8

月期权价格的下降幅度，日历价差组合价值减小。因此在股票期权市场中，看跌期权日历价差多头组合一定有负的 Rho 值，而日历价差空头组合一定为正的 Rho 值。

对于股利 q 而言，如果股利发放在两个期权到期日之间，它对组合价值的影响和利率 r 恰好相反，相应 Rho 的符号在每种条件下也相反。

我们给出一个表格便于大家记忆（见表 24－5）。

表 24－5　利率和股利变化对看涨/看跌日历价差组合影响

	利率上升	股利上升
看涨日历价差价值	+	−
看跌日历价差价值	−	+

24.6　牛市、熊市日历价差

Delta 中性策略在期权组合中非常常见，但投资者在交易中往往会有自己对标的资产市场未来走势的判断，那么他们可以通过持有期权组合方向性头寸，来实现方向上在牛市或者熊市状态下的获利。

日历价差多头总希望近期合约到期时恰好为平值，如果日历价差组合的执行价高于标的合约当前市场价，该价差多头是“牛市日历价差”组合；反之，如果日历价差组合的执行价低于标的合约当前市场价，该价差多头是“熊市日历价差”组合。

以 50ETF 不同月份看涨期权合约构造的多头日历价差组合为例，分析“牛市日历价差”（价差组合执行价高于市场价格）和“熊市日历价差”（价差组合执行价低于市场价格），与执行价恰为当前标的资产市场价的价差组合的区别（见表 24－6、图 24－8）。

表 24－6　日历价差多头平值组合

标的合约名称	买卖方向	买卖数量	期权价格
50ETF 购 9 月 2700	卖出	1	0.0396
50ETF 购 12 月 2700	买入	1	0.0966

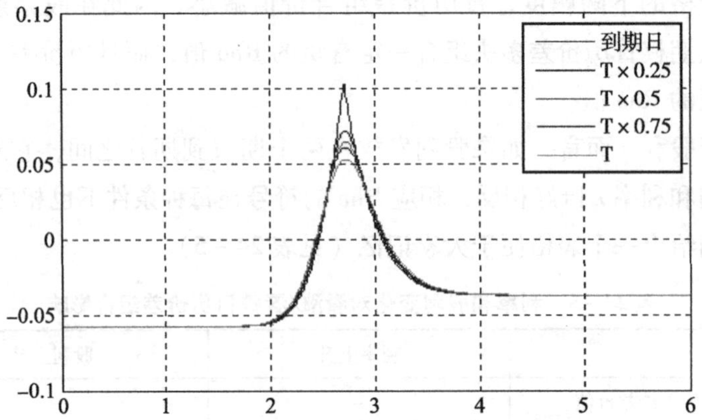

图 24-8 日历价差看涨期权多头平值组合损益

平值价差组合在市场价 2.70 处取得最大收益。如果第一个期权到期时标的市场价格在盈亏平衡点以外，组合亏损，且最大亏损和初始权利金相等，为 570 元/手。

下面我们将此平值价差组合和牛市、熊市价差组合进行比较：

（1）牛市日历价差组合（见表 24-7、图 24-9）

表 24-7 牛市日历价差组合

标的合约名称	买卖方向	买卖数量	期权价格
50ETF 购 9 月 2750	卖出	1	0.0205
50ETF 购 12 月 2750	买入	1	0.0752

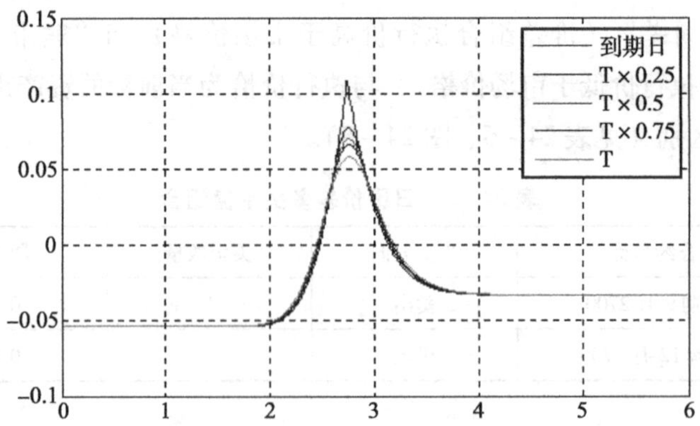

图 24-9 牛市日历价差组合损益

该牛市日历价差组合在组合执行价 2.75 处取得收益的最大值，大于平值价差组合的最大收益；最大亏损为 547 元/手，小于平值价差组合的最大亏损。但该组合两个盈亏平衡点的值比平值价差组合更大。

（2）熊市日历价差组合（见表 24－8、图 24－10）

表 24－8 熊市日历价差组合

标的合约名称	买卖方向	买卖数量	期权价格
50ETF 购 9 月 2650	卖出	1	0.0703
50ETF 购 12 月 2650	买入	1	0.1227

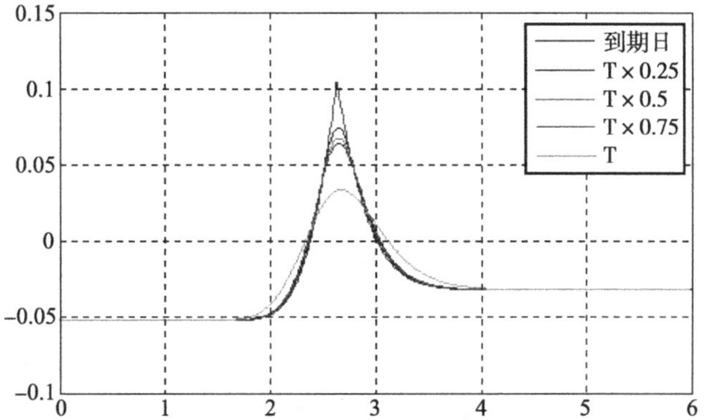

图 24－10 熊市日历价差组合损益

该熊市日历价差组合两个盈亏平衡点的值比平值价差组合更小。

我们这里不再赘述看跌多头和看涨看跌空头构造的牛市和熊市日历价差组合了，大家可以自己利用真实期权数据和软件试试看。

第 25 章　期权策略秘籍之（铁）蝶式期权策略

黑夜无论怎样悠长，白昼总会到来。

——莎士比亚《麦克白》

导语

无论是跨式、宽跨式组合，还是比率价差、日历价差等组合，都是通过对两种不同的期权合约进行组合，构造策略。那么很自然地想到：是否存在组合中不少于三个不同的期权合约所构造的策略呢？下面，我们就要介绍包含三个期权合约的策略——蝶式价差和铁蝶式价差组合。

25.1　什么是蝶式价差策略（Butterfly）

蝶式价差组合的最大特点是：包含三份相同合约类型（同为看涨或看跌期权）、相同到期时间、相同执行价差的期权所构造的组合。此时，要特别注意三个期权的执行价大小关系：$K_1 < K_2 < K_3$且$2K_2 = K_1 + K_3$。

不同方向头寸的蝶式价差组合构成是不同的。

多头蝶式价差组合中，各买入一份执行价为K_1和K_3的期权，卖出两份执行价为K_2的期权；空头蝶式期权组合中操作相反，各卖出一份执行价为K_1和K_3的期权，买入两份执行价为K_2的期权。我们可以把蝶式期权的构成比例简记为1∶2∶1。

温馨提示

广义的蝶式价差组合也可以是不等间距的执行价构成的组合。

25.2 蝶式价差策略损益图

我们最为关心的就是标的资产在不同价格时，蝶式价差组合的损失或收益情况，也就是啥时候赚钱，啥时候赔钱了。牢记以下关系式：$K_1 < K_2 < K_3$，期权费分别为$C_1 > C_2 > C_3$且$2K_2 = K_1 + K_3$，我们可以在不同价格区间内，分别分析每个头寸的损益，相加得到组合损益。

以看涨蝶式价差组合为例，损益见表 25－1（考虑初始投入$2C_2 - C_1 - C_3$）。

表 25－1 看涨蝶式价差组合收益

股价范围	看涨多头K_1收益	看涨空头K_2收益	看涨多头K_3收益	整体收益
$S_T \leqslant K_1$	$-C_1$	$2C_2$	$-C_3$	$2C_2 - C_1 - C_3$
$K_1 < S_T \leqslant K_2$	$S_T - K_1 - C_1$	$2C_2$	$-C_3$	$S_T - K_1 + 2C_2 - C_1 - C_3$
$K_2 < S_T \leqslant K_3$	$S_T - K_1 - C_1$	$2C_2 - 2(S_T - K_2)$	$-C_3$	$K_3 - S_T + 2C_2 - C_1 - C_3$
$S_T > K_3$	$S_T - K_1 - C_1$	$2C_2 - 2(S_T - K_2)$	$S_T - K_3 - C_3$	$2C_2 - C_1 - C_3$

温馨提示

对于看涨期权，执行价越高，期权费越低；而对于看跌期权，执行价越高，期权费也越高！尽管有$2K_2 = K_1 + K_3$的关系式存在，但对于期权费是$2C_2 < C_1 + C_3$，即收取的权利金小于支出的权利金，因此表中多头组合的构造一定是有初始投入的，若发现了没有初始投入的组合，那就是无风险套利机会！

（蝶式价差组合多头，初始时刻都是需要投入权利金的，之所以称为多头，就是因为有权利金支出。Long Butterfly，构建组合时支出初始权利金；Short Butterfly，构建组合时收入初始权利金。）记住多头还是空头，有一个小技巧，即一开始付出权利金的就是多头，一开始收到权利金的就是空头。

有了组合损益表，我们可以很轻易地画出蝶式价差策略的损益图（如图 25－1、图 25－2 所示）。

从两幅图中可以清晰地看到：对于“多头价差组合”，在标的资产价格恰为中间执行价时，组合可以实现理论最大收益$S_2 - K_1 + 2C_2 - C_1 - C_3$，而当价格偏离$K_2$执行价时，组合变得越来越没有价值，最大损失为一开始

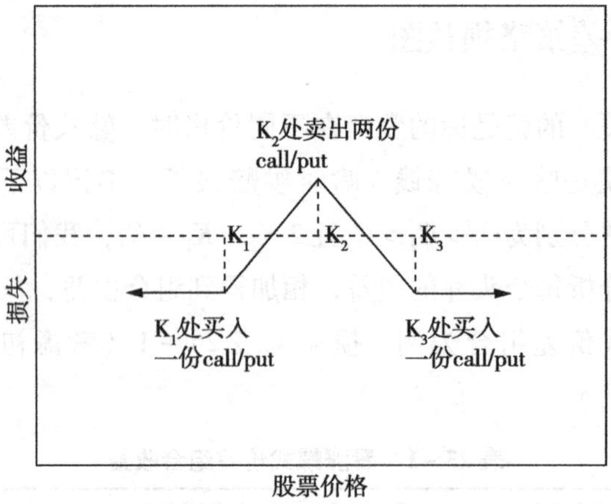

图 25-1 多头蝶式价差（Long-Butterfly）损益

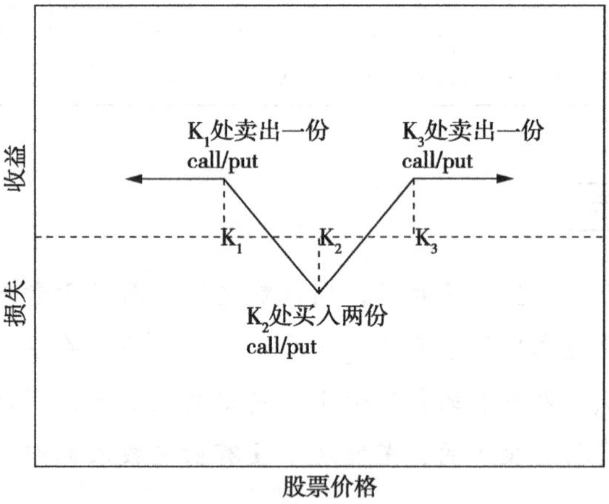

图 25-2 空头蝶式价差（Short-Butterfly）损益

付出的权利金$C_1+C_3-2C_2$；"空头价差组合"则恰好相反，我们希望最终标的资产价格偏离中间执行价越远越好，最大收益为一开始收入的权利金$C_1+C_3-2C_2$，若接近中间执行价则反而会有较大损失，在中间执行价处有理论最大损失$-(S_2-K_1+2C_2-C_1-C_3)$。

25.3 蝶式价差策略实例

下面我们来构造50ETF的四个蝶式价差组合，让大家对蝶式价差组合有全方位的认识！

（1）看涨多头蝶式价差组合（见表25－2、图25－3）

表25－2 看涨多头蝶式价差组合

标的合约名称	买卖方向	买卖数量	期权价格
50ETF购8月2600	买入	1	0.0870
50ETF购8月2700	买入	1	0.0230
50ETF购8月2650	卖出	2	0.0483

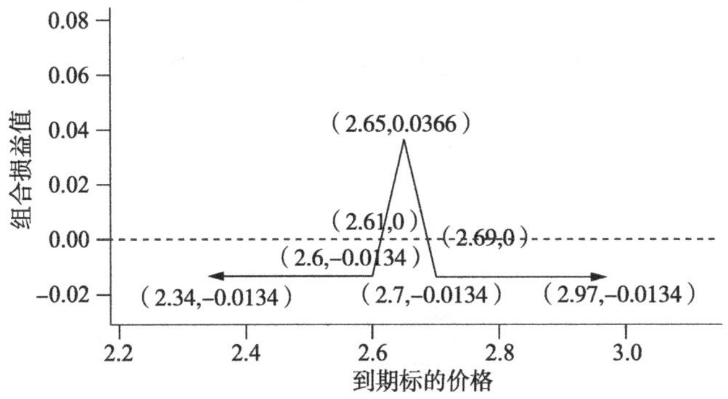

图25－3 看涨多头蝶式价差实例损益

该组合由一份$K_1=2.6$和一份$K_3=2.7$的50ETF看涨期权多头，以及两份$K_2=2.65$的50ETF看涨期权空头组成。

初始构造组合的投资和最大亏损值相等，为134元/份；最大收益在股价为2.65元时得到，为366元/份。盈亏平衡点为2.6134元（2.6＋0.0134＝2.6134，图中四舍五入为2.61元）和2.6866元（2.7－0.0134＝2.6866，图中四舍五入为2.69元）。

下面的几个蝶式价差组合也可以进行类似解读，大家可以自己试试看！

（2）看跌多头蝶式价差组合（见表25－3、图25－4）

表25－3 看跌多头蝶式价差组合

标的合约名称	买卖方向	买卖数量	期权价格
50ETF沽8月2600	买入	1	0.0055
50ETF沽8月2700	买入	1	0.0412
50ETF沽8月2650	卖出	2	0.0170

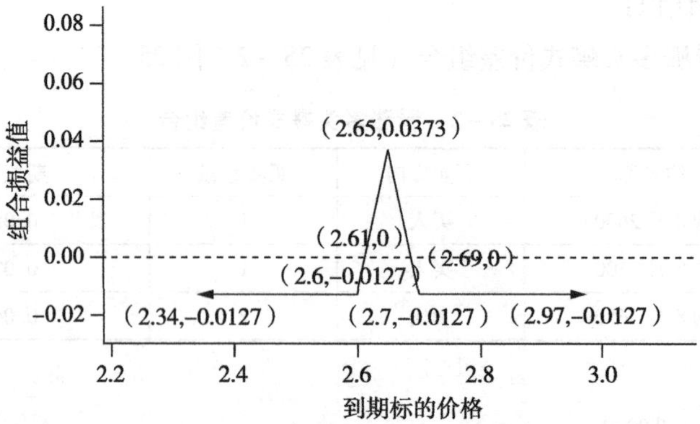

图 25－4 看跌多头蝶式价差实例损益

（3）看涨空头蝶式价差组合（见表 25－4、图 25－5）

表 25－4 看涨空头蝶式价差组合

标的合约名称	买卖方向	买卖数量	期权价格
50ETF 购 8 月 2600	卖出	1	0.0866
50ETF 购 8 月 2700	卖出	1	0.0229
50ETF 购 8 月 2650	买入	2	0.0485

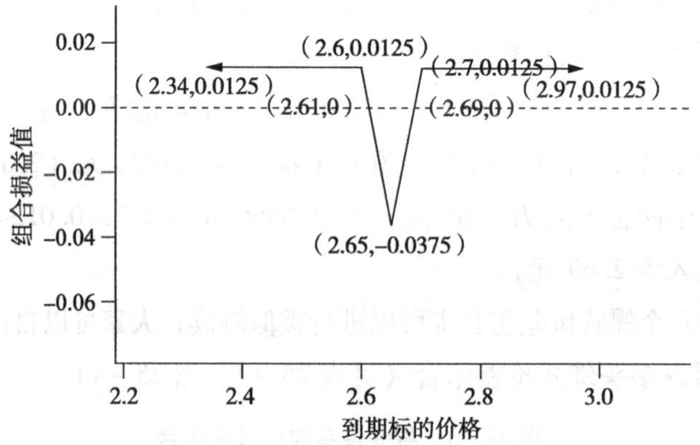

图 25－5 看涨空头蝶式价差实例损益

（4）看跌空头蝶式价差组合（见表 25－5、图 25－6）

表 25-5 看跌空头蝶式价差组合

标的合约名称	买卖方向	买卖数量	期权价格
50ETF 沽 8 月 2600	卖出	1	0.0054
50ETF 沽 8 月 2700	卖出	1	0.0410
50ETF 沽 8 月 2650	买入	2	0.0171

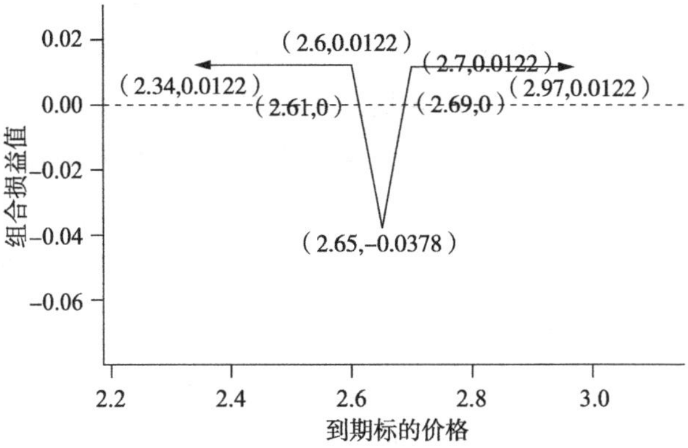

图 25-6 看跌空头蝶式价差实例损益

25.4 蝶式价差策略特点

（1）与跨式策略或宽跨式策略相比，蝶式价差的最大特点是对隐含波动率变化的敏感度较低。想要利用隐含波动率的变化来大幅获利时，最好不要使用蝶式价差策略。由于蝶式策略的净费用支出较低，因而盈亏临界点的间距比相应的跨式策略要小。但蝶式价差组合依然有 Vega 风险暴露，若中间执行价 K_2为平值期权，那么蝶式价差组合策略就是做空 Vega 的组合，波动率下降会增加组合的收益。

（2）蝶式组合的最大特征是它只有有限的风险，如果投资者对于市场波动判断失误损失的最大金额就是初始的期权费，但同时潜在的收益也较小。

（3）如果现在的股价在 K_2附近，如果预计股价在将来一段时间内波动不大，可以选择中间执行价为 K_2的“多头价差组合”；如果预计股价在将来这段时间波动很大，可以选择中间执行价为K_2的“空头价差组合”，那么无论股价上升或下降多少，投资者都可以获利。

25.5 蝶式价差敏感度指标

对于构建波动率价差组合的投资者，首要考虑的因素是价格变化的幅度，其次才是方向，因此几乎所有波动率价差组合都是Delta为中性的。

如果蝶式价差组合的中间执行价K_2是平值期权，那么组合Delta值为0或接近于0。但如果蝶式价差组合的中间执行价K_2大于目前的标的价格，那么就希望行情上涨到K_2从而获得最大收益，因此Delta就是正数（即下文所说的牛市蝶式价差组合）；如果蝶式价差组合的中间执行价K_2小于目前的标的价格，那么就希望行情下跌到K_2从而获得最大收益，因此Delta就是负数，若要保持Delta中性，就需要进行Delta对冲（即下文所说的熊市蝶式价差组合）。

我们再来考虑其他希腊值的状态。对“蝶式价差多头组合”而言，我们希望它在K_2（假设K_2为平值）附近的波动小，则可获得较高收益，因此我们希望标的资产有负的Gamma值，可使组合的波动相比标的资产波动小。有负的Gamma值一般都有正的Theta值，因为标的资产市场价格变动降低了价差价值，那么时间流逝会增加价差价值，交易者不可能同时受益于两个因素。另外该组合显然受益于波动率下降，因此希望Vega值为负。

对“蝶式价差空头组合”而言，情况恰好相反。我们希望它在K_2（假设K_2为平值）附近的波动尽可能大，则可获得较大收益，因此我们希望标的资产有正的Gamma值，有正的Gamma值必然有负的Theta值，此时标的资产市场价格变动升高了价差价值，时间流逝会相应减少价差价值。另外该组合显然受益于波动率上升，因此希望Vega值为正。

25.6 牛市、熊市蝶式价差

虽然Delta中性策略在期权交易中是最常用的，但很多投资者在交易中会有自己对标的资产市场在未来走势中呈现牛市或熊市的判断，他们可以通过持有期权组合方向性头寸来实现在方向上的获利。

以50ETF期权为例来进行分析：

当50ETF市场价格为2.65时，Delta中性交易策略下可以选择买入2.6/2.65/2.7的看涨蝶式价差期权组合（买入一份$K_1 = 2.6$和一份$K_3 = 2.7$的看涨期权，卖出两份$K_2 = 2.65$的看涨期权），构造组合及损益图见

表 25 -6 和如图 25 -7 所示。

表 25 -6 看涨多头蝶式价差组合

标的合约名称	买卖方向	买卖数量	期权价格
50ETF 购 8 月 2600	买入	1	0. 0736
50ETF 购 8 月 2700	买入	1	0. 0146
50ETF 购 8 月 2650	卖出	2	0. 0362

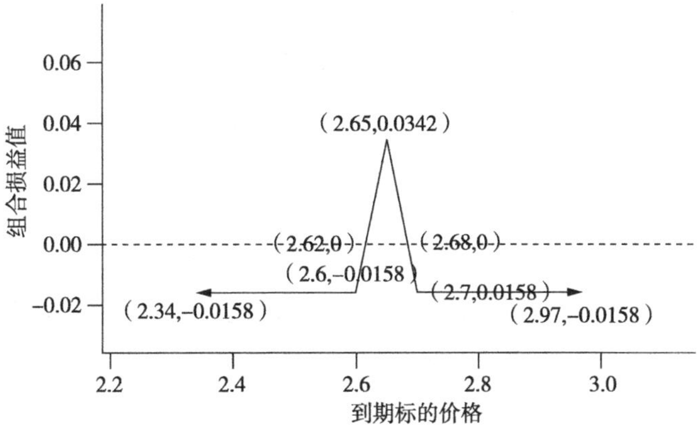

图 25 -7 看涨多头蝶式价差实例损益

由损益图可知，当 50ETF 股价为 2. 65 时可以获得最大的收益，为 342 元/手，付出的权利金为 158 元/份，盈亏平衡点分别为 2. 6158 和 2. 6842。

(1) 牛市蝶式价差策略

如果交易者既想买蝶式组合，同时对 50ETF 市场未来的走势十分乐观，他可以选择内部执行价 $K_2 > 2.65$ (2. 65 为平值) 的“牛市蝶式价差组合”。

例如，可买入执行价为 2. 7/2. 75/2. 8 的蝶式期权组合，组合及损益图见表 25 -7 和如图 25 -8 所示。

表 25 -7 牛市蝶式价差策略

标的合约名称	买卖方向	买卖数量	期权价格
50ETF 购 8 月 2700	买入	1	0. 0146
50ETF 购 8 月 2800	买入	1	0. 0025
50ETF 购 8 月 2750	卖出	2	0. 0051

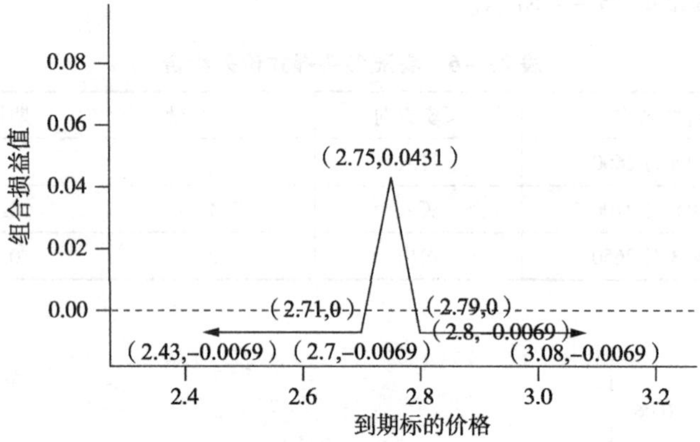

图 25－8　牛市蝶式价差实例损益

由损益图可知，当 50ETF 股价为 2.75 时可以获得最大的收益，为 431 元/手，付出的权利金为 69 元/手，盈亏平衡点分别为 2.7059 和 2.7931。

相比于内部价格和股价相等时构造的蝶式组合，牛市组合在股价上升时可获得的最大收益更高，初始付出的权利金更少，但是盈亏平衡点处股价相应更高。如果股价最终没有涨到 2.7069，投资者将有损失，因此一旦投资者对标的市场价格变动方向的判断错误，面临损失的可能性也更大。

（2）熊市蝶式价差策略

如果交易者既想买蝶式组合，同时对 50ETF 市场未来的走势比较悲观，他可以选择内部执行价 $K_2<2.65$（2.65 为平值）的"熊市蝶式价差组合"。

例如，可买入执行价为 2.55/2.6/2.65 的蝶式期权组合，组合及损益见表 25－8 和如图 25－9 所示。

表 25－8　熊市蝶式价差策略

标的合约名称	买卖方向	买卖数量	期权价格
50ETF 购 8 月 2550	买入	1	0.1196
50ETF 购 8 月 2650	买入	1	0.0364
50ETF 购 8 月 2600	卖出	2	0.0735

类似牛市情况，由损益图可知，当 50ETF 股价为 2.6 时可以获得最大的收益，为 410 元/手，付出的权利金为 90 元/手，盈亏平衡点分别为 2.5590

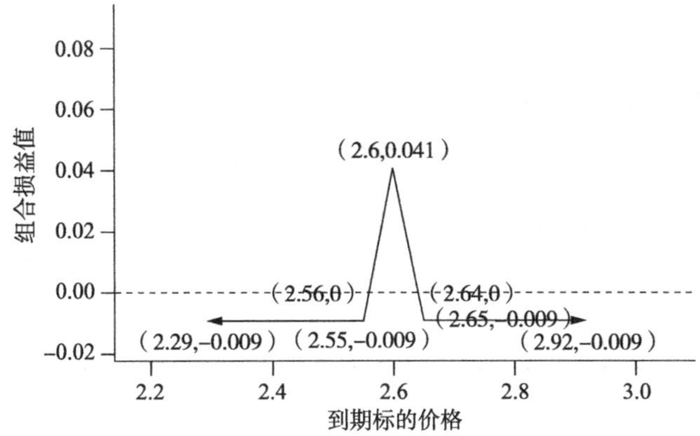

图 25－9 熊市蝶式价差实例损益

和 2.6410。

相比于内部价格和股价相等时的蝶式组合，熊市组合在股价下降时可获得的最大收益更高，初始付出的权利金更少，但是盈亏平衡点处股价相应降低。如果股价最终没有跌到 2.6410，投资者就有损失，因此一旦投资者对标的市场价格变动的方向判断错误，面临损失的可能性也更大。

25.7 铁蝶式价差策略（Iron Butterfly）

铁蝶式价差策略是蝶式策略的一个变形。铁蝶式价差策略通过同时买入一份跨式期权（宽跨式期权）和卖出一份宽跨式期权（跨式期权）构建价差组合。其组合构造和损益图都可以参考蝶式价差策略。

注意头寸的构建：如果买入跨式期权，同时卖出宽跨式期权，头寸产生资金流出（初始构建成本），为“铁蝶式价差多头”，到期时，若标的资产价格落在宽跨式期权执行价外，头寸实现理论上最大收益。反之，若卖出跨式期权，同时买入宽跨式期权，头寸产生资金流入（初始构建时有收益），此时为“铁蝶式价差空头”。到期时，若标的资产价格恰好为内部执行价（即跨式期权执行价），头寸将实现理论上的最大收益。

温馨提示

铁蝶式组合多头和空头获得理论上最大收益的条件和蝶式组合恰好相

反！注意区分！

来看两个实例：

（1）铁蝶式价差多头组合（见表25－9、图25－10）

表25－9　铁蝶式价差多头组合

选取跨式组合：

标的合约名称	买卖方向	买卖数量	期权价格
50ETF购8月2700	买入	1	0.0225
50ETF沽8月2700	买入	1	0.0392

选取宽跨式组合：

标的合约名称	买卖方向	买卖数量	期权价格
50ETF购8月2750	卖出	1	0.0097
50ETF沽8月2650	卖出	1	0.0147

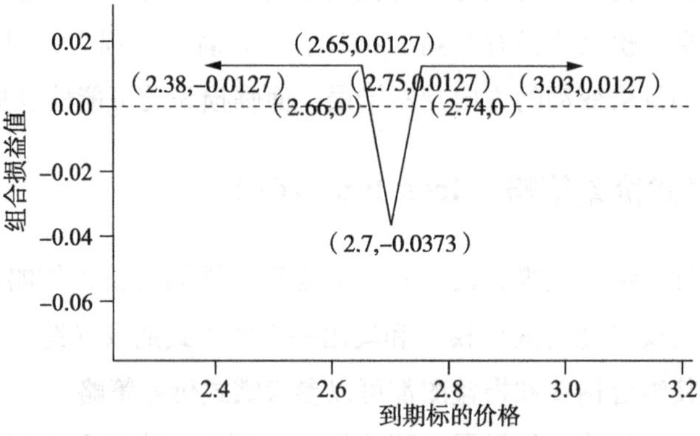

图25－10　铁蝶式价差多头实例损益

到期时，若标的资产价格落在宽跨式期权执行价（$K_1=2.65$，$K_3=2.75$）外，多头组合实现理论上的最大收益127元；若标的资产价格落在跨式期权执行价（$K_2=2.7$）处，损失最多373元，即一开始付出的权利金。该组合盈亏平衡点为2.6627（2.65＋0.0127＝2.6627，图中四舍五入为2.66）元和2.7373（2.75－0.0127＝2.7373，图中四舍五入为2.74）元。最大损失即为构建组合时付出的权利金。

细心的读者是否注意到蝶式和铁蝶式价差收益曲线的异同之处呢？

（2）铁蝶式价差空头组合（见表 25－10、图 25－11）

表 25－10 铁蝶式价差空头组合

选取跨式组合：

标的合约名称	买卖方向	买卖数量	期权价格
50ETF 购 8 月 2700	卖出	1	0.0199
50ETF 沽 8 月 2700	卖出	1	0.0418

选取宽跨式组合：

标的合约名称	买卖方向	买卖数量	期权价格
50ETF 购 8 月 2750	买入	1	0.0089
50ETF 沽 8 月 2650	买入	1	0.0169

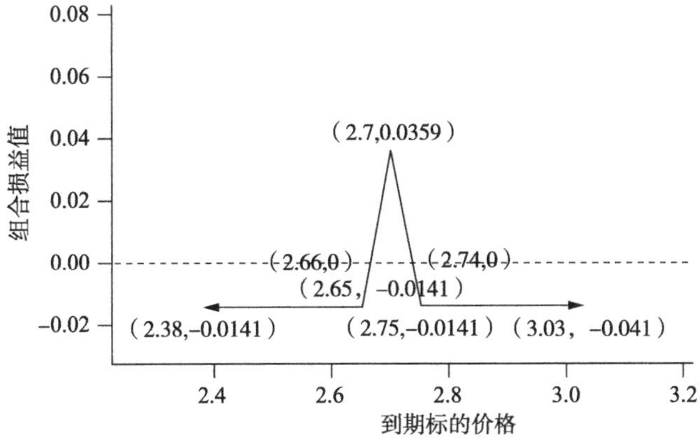

图 25－11 铁蝶式价差空头实例损益

到期时，若标的资产价格恰好为内部执行价（即跨式期权执行价 $K_2=2.7$），空头组合将实现理论上最大收益 359 元，即一开始得到的权利金；若标的资产价格落在宽跨式期权执行价（$K_1=2.65$，$K_3=2.75$）外，损失较大，最大损失为 141 元。组合盈亏平衡点为 2.6627 元和 2.7373 元。

温馨提示

“铁蝶式价差组合”和“蝶式价差组合”的损益图在“多头组合”和“空头组合”两种情况下恰好相反！大家不要弄混了哦！

结语

别看蝶式和铁蝶式价差策略的基础组合十分简单，它们的几类变形以及牛市、熊市下的投资组合形式很多而且十分灵活，我们后面还会进一步学习。

第 26 章　期权策略秘籍之（铁）鹰式期权策略

稳定慢行也能走远。

——德国谚语

导语

前面介绍了蝶式价差策略的不同组合，本章我们讨论它的其他变形——鹰式和铁鹰式价差策略，看名字就比蝶式霸气很多吧！我们来看看它们到底有多厉害！

26.1　什么是鹰式价差策略（Condor）

相比于蝶式价差，鹰式价差组合通过不同的中间执行价（也称“内部执行价”）构建。一般来说，组合由四个执行价连续的期权构成：买入两个外部执行价对应的期权，同时卖出两个内部执行价的期权可以构建“鹰式价差组合多头”；反之，卖出两个外部执行价的期权，买入两个内部执行价的期权可以构建空头组合。四个执行价$K_1 < K_2 < K_3 < K_4$满足$K_4 - K_3 = K_3 - K_2 = K_2 - K_1$。与蝶式期权一样，所有期权必须同为看涨或看跌期权，并且有相同的到期时间。

到期时，对于多头组合，若标的资产价格等于内部执行价，或在两个内部执行价之间时，组合价值达到最大，且最大价值为相邻执行价之差；如果标的资产价格落在两个外部执行价之外，该组合没有价值；空头组合恰好相反。

相比蝶式组合，鹰式组合中可获得最大价值的标的资产价格区间范围更大，因此在执行价相近的情况下，鹰式组合的价值会高于蝶式组合的价值。

温馨提示

鹰式价差组合可在一段价格区间取得最大收益！不再是一个点啦！

26.2 鹰式价差组合实例

（1）鹰式价差多头组合（见表26－1、图26－1）

表26－1 鹰式价差多头组合

内部执行价：

标的合约名称	买卖方向	买卖数量	期权价格
50ETF购8月2700	卖出	1	0.0193
50ETF购8月2750	卖出	1	0.0085

外部执行价：

标的合约名称	买卖方向	买卖数量	期权价格
50ETF购8月2650	买入	1	0.0439
50ETF购8月2800	买入	1	0.0033

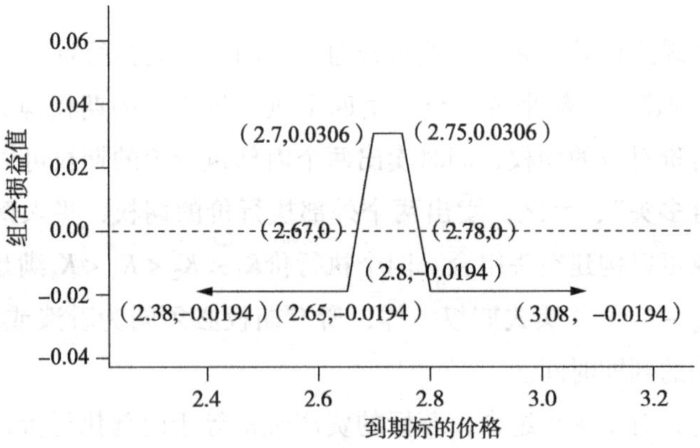

图26－1 鹰式价差多头实例损益

到期时，若标的资产价格S_T满足K_2（2.7）$\leqslant S_T \leqslant K_3$（2.75）时，组合价值达到最大，且最大价值为相邻执行价之差；如果标的资产价格落在两个外部执行价之外（$S_T>2.8$ 或 $S_T<2.65$）时，该组合没有价值，最终损益为初始构造组合的成本。

（2）鹰式价差空头组合（见表 26－2、图 26－2）

表 26－2　鹰式价差空头组合

内部执行价：

标的合约名称	买卖方向	买卖数量	期权价格
50ETF 购 8 月 2700	买入	1	0.0190
50ETF 购 8 月 2750	买入	1	0.0085

外部执行价：

标的合约名称	买卖方向	买卖数量	期权价格
50ETF 购 8 月 2650	卖出	1	0.0436
50ETF 购 8 月 2800	卖出	1	0.0032

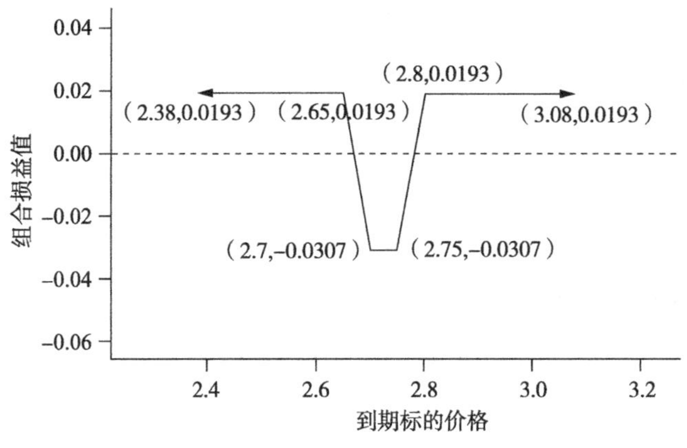

图 26－2　鹰式价差空头实例损益

鹰式价差空头组合损益情况和多头组合恰好相反，大家可以尝试自己看图分析一下。

26.3　铁鹰式价差策略（Iron Condor）

一看名字就知道，铁鹰式策略是鹰式价差策略的一个变形。在鹰式价差策略中，组合中四个期权均为看涨期权或者看跌期权。铁鹰式策略的区别在于，它既包括看涨期权又包括看跌期权。

表 26－3 为鹰式价差策略与铁鹰式策略的不同。

表 26－3　鹰式价差策略与铁鹰式价差策略的不同

策略名称	策略构成（从左到右期权执行价依次升高）
买入鹰式看涨期权	买入看涨期权，卖出看涨期权，卖出看涨期权，买入看涨期权
买入鹰式看跌期权	买入看跌期权，卖出看跌期权，卖出看跌期权，买入看跌期权
买入铁鹰式期权	买入看跌期权，卖出看跌期权，卖出看涨期权，买入看涨期权

我们来看两个实例：

（1）买入铁鹰式价差组合

在某交易日，我们通过买入一个 50ETF 沽 8 月 2650 和 50ETF 购 8 月 2850，卖出一个 50ETF 沽 8 月 2700 和 50ETF 购 8 月 2800，来构建买入铁鹰式策略（见表 26－4）。

表 26－4　买入铁鹰式价差组合

标的合约名称	买卖方向	买卖数量	期权价格
50ETF 沽 12 月 2650	买入	1	0.0364
50ETF 沽 12 月 2700	卖出	1	0.0571
50ETF 购 12 月 2800	卖出	1	0.0951
50ETF 购 12 月 2850	买入	1	0.0749

（2）卖出铁鹰式价差组合

在同一个时刻，我们也可以通过相反的操作来构建一个卖出铁鹰式价差策略（见表 26－5）。

表 26－5　卖出铁鹰式价差组合

标的合约名称	买卖方向	买卖数量	期权价格
50ETF 沽 12 月 2650	卖出	1	0.0364
50ETF 沽 12 月 2700	买入	1	0.0571
50ETF 购 12 月 2800	买入	1	0.0951
50ETF 购 12 月 2850	卖出	1	0.0749

针对以上两个期权组合，画出到期日组合损益图，如图 26－3 所示。

由图 26－3 可见，对于买入铁鹰式期权，风险和收益都是有限的。到

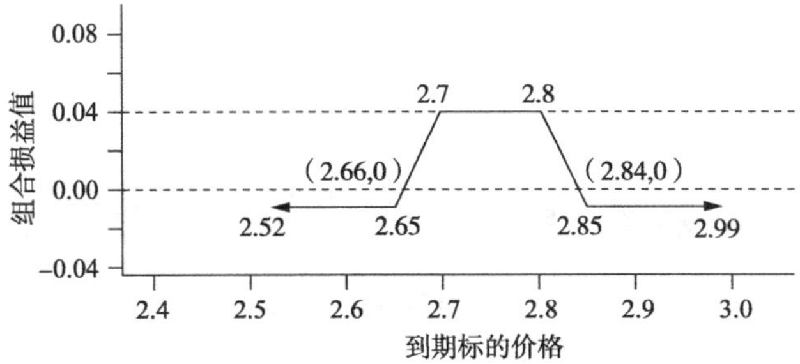

图 26－3　买入铁鹰式实例损益

期时，当期货价格跌至低执行价以下或高于高执行价以上时，遭受最大损失为（低执行价－中低执行价＋净权利金）或（中高执行价－高执行价＋权利金），在本例中为0.0091×10000＝91元；当期货价格位于中低执行价与中高执行价之间任一价位时，我们将获得最大收益，即净权利金0.0409×10000＝409元。其中，组合的损益平衡点为中低执行价－净权利金或中高执行价＋净权利金。

所以，买入铁鹰式期权的投资者希望到期时标的价格不会发生剧烈的变动。

卖出铁鹰式期权的到期损益情况则与买入铁鹰式策略正好相反。如果到期时标的价格发生剧烈的变动，投资者可以获得最大收益。如果价格变动不大，投资者会遭受最大损失，最大损失等于净权利金支出（如图26－4所示）。

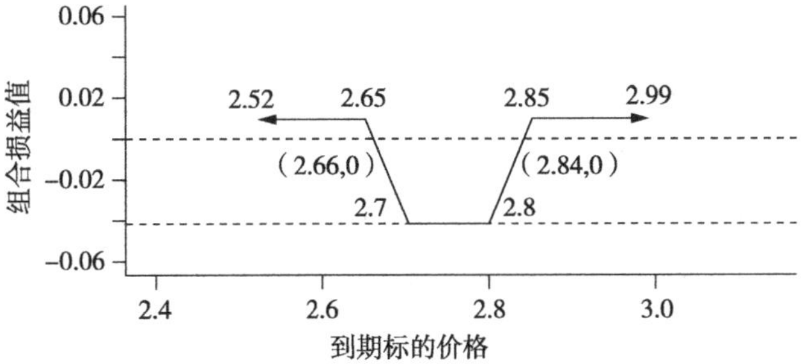

图 26－4　卖出铁鹰式实例损益

温馨提示

注意区分蝶式、铁蝶式、鹰式和铁鹰式的不同组合损益图哦！

第 27 章　期权策略秘籍之垂直价差策略

投资人的心境必须和乌龟一样，慢慢观察，谨慎买卖。

——是川银藏

导语

若投资者对标的市场价格变动方向有兴趣，首先考虑方向性因素，其次才是波动率因素，那么他可能会选择垂直价差，那么垂直价差到底是什么呢？

27.1　什么是垂直价差策略（Vertical Spread）

垂直价差总是由一个期权多头和一个期权空头构成，两个期权都是同时到期，同一种类型，但是行权价格不同。如果交易者认为未来是牛市，他会选择牛市看涨期权垂直价差或牛市看跌期权垂直价差；如果认为未来是熊市，则会选择熊市看涨期权垂直价差或熊市看跌期权垂直价差。常用的垂直价差策略如下所示：

（1）牛市看涨期权垂直价差（bull call spread）：

一个看涨期权多头，行权价为K_1

一个看涨期权空头，行权价为K_2

$$K_1 < K_2$$

（2）牛市看跌期权垂直价差（bull put spread）：

一个看跌期权多头，行权价为K_1

一个看跌期权空头，行权价为K_2

$$K_1 < K_2$$

（3）熊市看涨期权垂直价差（bear call spread）：

一个看涨期权多头，行权价为K_1

一个看涨期权空头，行权价为K_2

$$K_1 > K_2$$

（4）熊市看跌期权垂直价差（bear put spread）：

一个看跌期权多头，行权价为K_1

一个看跌期权空头，行权价为K_2

$$K_1 > K_2$$

记忆小技巧：牛市价差组合代表后市观点是看多；熊市价差组合代表后市观点是看空。牛市价差组合和熊市价差组合都可以由看涨期权或看跌期权构成。只要是买入低执行价的，卖出高执行价的（买低卖高）都是牛市价差组合（无论是由看涨期权组成，还是由看跌期权组成）；反之亦然。

27.2 垂直价差组合实例演示

（1）牛市看涨期权垂直价差（见表27－1）

表27－1 牛市看涨期权垂直价差

标的合约名称	买卖方向	买卖数量	期权价格
50ETF 购 9 月 2700	买入	1	0.0399
50ETF 购 9 月 2750	卖出	1	0.0206

（2）牛市看跌期权垂直价差（见表27－2）

表27－2 牛市看跌期权垂直价差

标的合约名称	买卖方向	买卖数量	期权价格
50ETF 沽 9 月 2700	买入	1	0.0373
50ETF 沽 9 月 2750	卖出	1	0.0675

（3）熊市看涨期权垂直价差（见表27－3）

表27－3 熊市看涨期权垂直价差

标的合约名称	买卖方向	买卖数量	期权价格
50ETF 购 9 月 2700	卖出	1	0.0399
50ETF 购 9 月 2750	买入	1	0.0206

(4) 熊市看跌期权垂直价差(见表 27-4)

表 27-4 熊市看跌期权垂直价差

标的合约名称	买卖方向	买卖数量	期权价格
50ETF 沽 9 月 2700	卖出	1	0.0373
50ETF 沽 9 月 2750	买入	1	0.0675

27.3 垂直价差到期损益特征

对于上述四种垂直价差,画出到期组合损益图:

(1) 牛市看涨期权垂直价差(如图 27-1 所示)

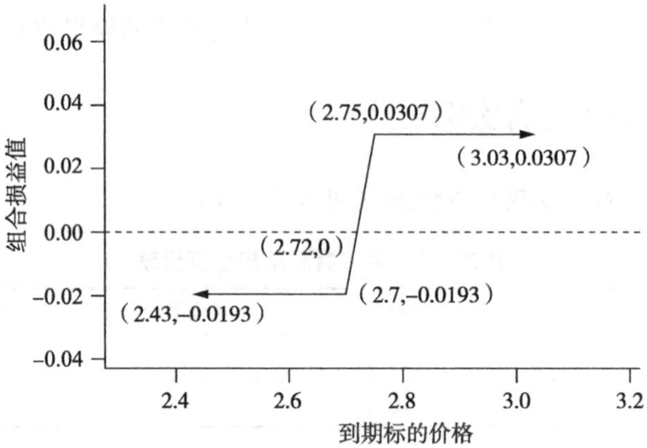

图 27-1 牛市看涨期权垂直价差实例损益

对于牛市看涨期权垂直价差来说,风险有限,在实例中,最大损失为 (0.0399-0.0206)×10000=193 元;同时,最大收益有限,最大收益为 (0.05-0.0193)×10000=307 元,盈亏平衡点是 2.7193 元(图中四舍五入为 2.72),也就是说,当标的市场价格大于 2.7193 元时,都会盈利。

(2) 牛市看跌期权垂直价差(如图 27-2 所示)

对于牛市看跌期权垂直价差来说,收益有限,当到期标的价格大于 2.75 元时,两个看跌期权均不会行权,收益为权利金之差 0.0302×10000=302 元;风险有限,当标的市场价格小于 2.70 元时,两个看跌期权都会行权,损失为 (0.05-0.0302)×10000=198 元。

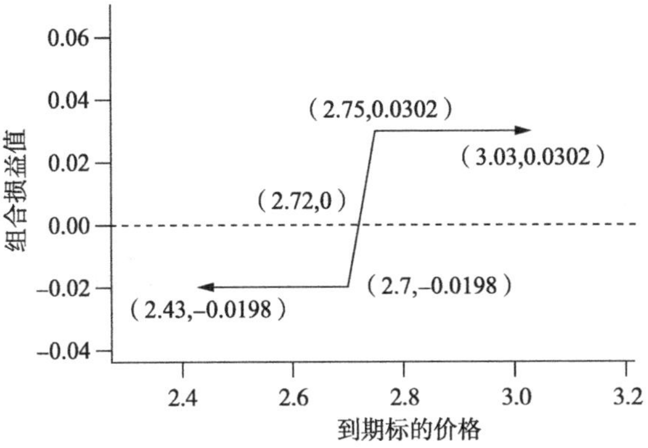

图 27-2 牛市看跌期权垂直价差实例损益

(3) 熊市看涨期权垂直价差（如图 27-3 所示）

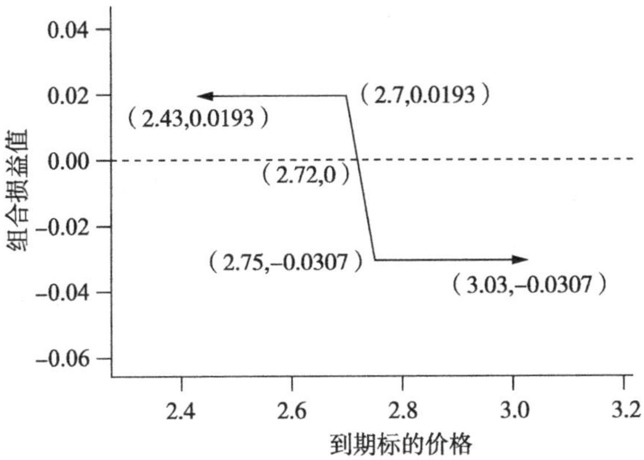

图 27-3 熊市看涨期权垂直价差实例损益

同样的，熊市看涨期权垂直价差的收益有限，最大收益是权利金之差 (0.0399-0.0206)×10000=193 元；最大损失也是有限的，当标的价格大于 2.75 元时，损失为（0.05-0.0193）×10000=307 元。

(4) 熊市看跌期权垂直价差（如图 27-4 所示）

这里，熊市看跌期权垂直价差的最大损失是（0.0675-0.0373）×10000=302 元（当标的价格 >2.75 元时），最大收益为（0.05-0.0302）×10000=198 元（当标的价格 <2.7 元时），当标的价格 <2.7198 元时，就会有盈利。

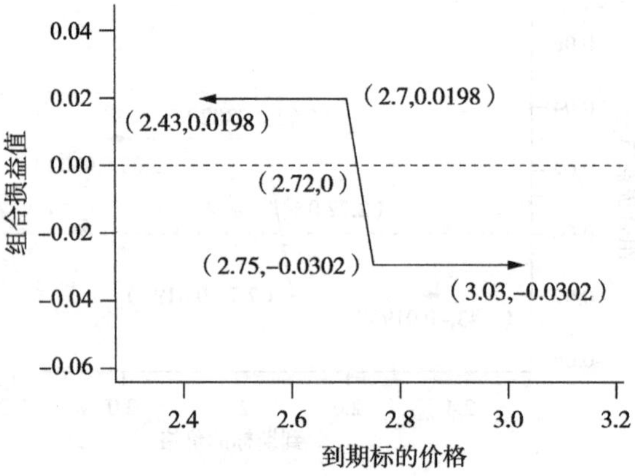

图 27－4　熊市看跌期权垂直价差实例损益

27.4　垂直价差的希腊值风险特征

在持仓过程中，垂直价差组合的 Gamma、Vega 和 Theta 的符号并不确定。但 Delta 的符号是确定的。

对于牛市价差，Delta≥0，期权的价格随着标的价格的上涨而上涨；对于熊市价差，Delta≤0，期权的价格随着标的价格的上涨而下降。

所以，垂直价差非常适合对标的后市有方向性观点的投资者。

第七篇　其他常用策略

第 28 章　期权策略秘籍之领子期权策略

道常无为而无不为。

——老子《道德经》

导 语

领子期权是备兑卖出看涨期权的一种变形，当投资者在建立备兑卖出看涨期权时，若不想受到标的价格大幅下跌的风险，可以通过领子期权来规避风险。

28.1　什么是领子期权策略（Collar）

领子期权由以下头寸组成：

（1）1 手股票多头；

（2）1 个高执行价的看涨期权空头；

（3）1 个低执行价的看跌期权多头。

其实，这就是一个虚值备兑卖出看涨期权和一个额外的看跌期权的组合。

最大利润 = 看涨期权行权价 - 建仓时标的价格 + 净权利金收入

（当标的价格≥看涨期权的行权价时有最大利润）

最大风险 = 建仓时标的价格 - 看跌期权的行权价 - 净权利金收入

（当标的价格≤看跌期权的行权价时有最大风险）

28.2　领子期权实例演示及到期损益

假设股票 XYZ 的当前价格为 48 美元/股，可构建如下期权组合（见表

28－1）。

表 28－1 股票 XYZ 领子期权组合

标的合约名称	买卖方向	买卖数量	期权价格
股票 XYZ	买入	100	48 美元/股
7 月行权价为 50 的看涨期权	卖出	1	2 美元
7 月行权价为 45 的看跌期权	买入	1	1 美元

初期支出为：48×100－2×100＋1×100＝4700（美元）

在到期日：

（1）如果股票价格涨到了 53 美元/股，看涨期权被执行，看跌期权不被执行，此时将股票以 53 美元/股的价格卖出，得到的收益－看涨期权被执行而带来的损失，是 5000 美元，因此最后的收益为 5000－4700＝300 美元。

（2）如果股票价格跌至 43 美元/股，看涨期权不执行，看跌期权执行，此时将股票以 43 美元/股的价格卖出，得到的收益＋看跌期权执行得到的利润，是 4300＋200＝4500 美元，因此最后的收益为－200 美元。

根据这种算法，我们来画一下损益图，以便有更直观的认识（如图 28－1 所示）。

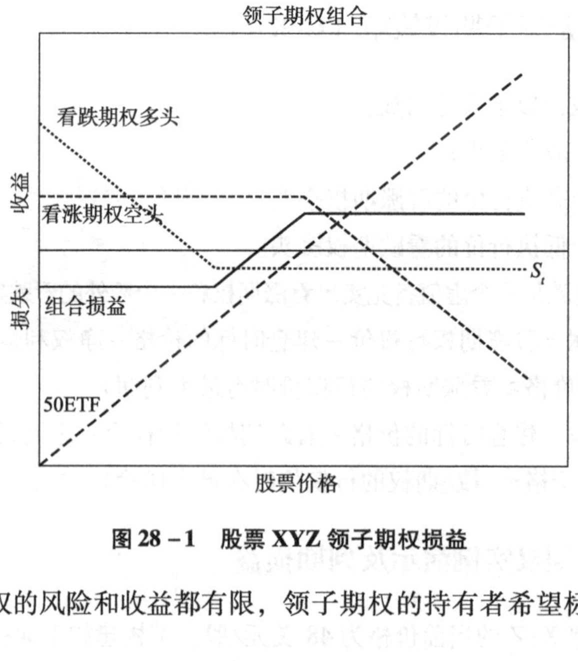

图 28－1 股票 XYZ 领子期权损益

领子期权的风险和收益都有限，领子期权的持有者希望标的价格可以上涨，相比于备兑卖出看涨期权来说，又担心价格会下跌，因此多购买了一个看跌期权。

在一些特别的情况下，领子期权甚至还可能形成无风险套利的机会。假设股票XYZ目前的交易价格为50美元/股，交易者持有以下头寸（见表28－2、图28－2）：

表28－2 无风险套利领子期权组合

标的合约名称	买卖方向	买卖数量	期权价格
股票XYZ	买入	100	50美元/股
7月行权价为60的看涨期权	卖出	1	5美元
7月行权价为50的看跌期权	买入	1	5美元

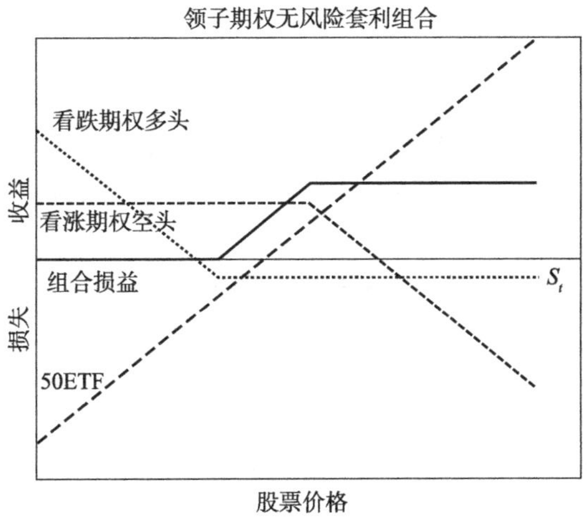

图28－2 领子期权无风险套利损益

组合的损益曲线一直在0轴或以上，所以是一个稳赚钱的情况呀！

第29章　期权策略秘籍之梯式期权策略

人无常师，水无常形。兵无常势，文无定法。

——孙武《孙子兵法》

导 语

梯式期权的构成与蝶式期权类似，而损益图与比率价差类似，使用的环境则是基于对后市波动率的估计，也是设立3个不同执行价的期权。

29.1　什么是梯式期权（Ladder Option）

梯式期权又称作圣诞树形期权，泛指一大类价差，这类价差中经常出现3个不同的执行价，且所有期权都是相同类型、相同到期日。

看涨梯式期权多头的构成为：买入1份低执行价的看涨期权，在更高的两个执行价上各卖出1份看涨期权。

看涨梯式期权空头的构成为：卖出1份低执行价的看涨期权，在更高的两个执行价上各买入1份看涨期权。

看跌梯式期权多头的构成为：买入1份高执行价的看跌期权，在两个较低的执行价上各卖出1份看跌期权。

看跌梯式期权空头的构成为：卖出1最高执行价的看跌期权，在两个较低的执行价上各买入1份看跌期权。

29.2　梯式期权实例演示及到期损益

（1）看涨梯式期权多头

在某交易日，我们通过持有以下头寸，构建一个看涨梯式期权多头（见表 29－1、图 29－1）。

表 29－1 看涨梯式期权多头

标的合约名称	买卖方向	买卖数量	期权价格
50ETF 购 9 月 2600	买入	1	0. 0867
50ETF 购 9 月 2650	卖出	1	0. 0519
50ETF 购 9 月 2700	卖出	1	0. 0297

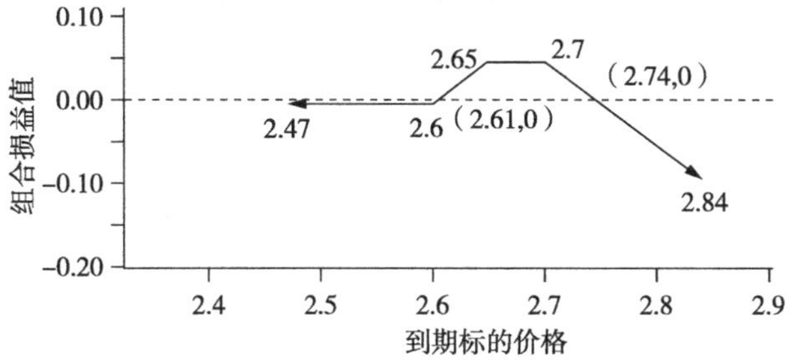

图 29－1 看涨梯式期权多头实例损益

对于看涨梯式期权多头来说，风险无限而收益有限，当标的合约上涨时，将会面临大亏的风险，因此适用于低波动率的情形。在上述实例中，盈亏平衡点是 2. 6051 元和 2. 7449 元，只要到期日标的价格在这两者之间，就可以取得盈利，当标的价格在 2. 65 元和 2. 70 元之间时，有最大盈利（0. 05 +0. 0519 +0. 0297 －0. 0867）×10000 =449 元。

（2）看涨梯式期权空头

同一时刻，我们通过以下头寸，构建一个看涨梯式期权空头（见表 29－2、图 29－2）。

表 29－2 看涨梯式期权空头

标的合约名称	买卖方向	买卖数量	期权价格
50ETF 购 9 月 2600	卖出	1	0. 0855
50ETF 购 9 月 2650	买入	1	0. 0520
50ETF 购 9 月 2700	买入	1	0. 0298

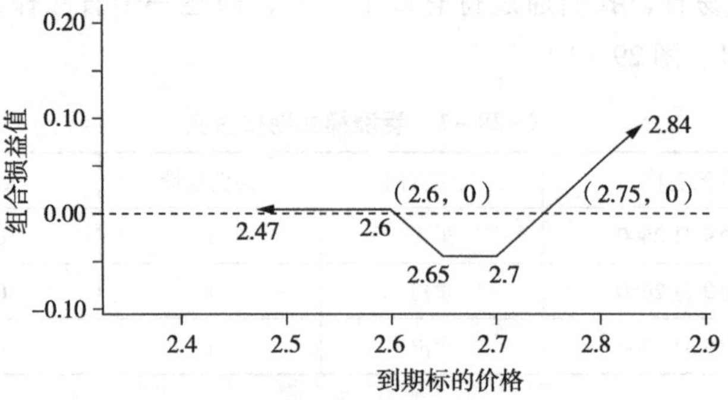

图 29－2　看涨梯式期权空头实例损益

对于看涨梯式期权空头，风险有限而收益无限，当标的合约价格上涨时，有无限的利润，而当标的价格小范围波动时，有有限的损失，在上述例子中，当价格位于2.65元和2.70元之间时，损失为（0.05＋0.0520＋0.0298－0.0855）×10000＝463元。因此，当标的价格有较大幅波动时，适用于持有看涨梯式期权空头。

（3）看跌梯式期权多头（见表29－3、图29－3）

表 29－3　看跌梯式期权多头

标的合约名称	买卖方向	买卖数量	期权价格
50ETF 沽 9 月 2600	卖出	1	0.0157
50ETF 沽 9 月 2650	卖出	1	0.0313
50ETF 沽 9 月 2700	买入	1	0.0588

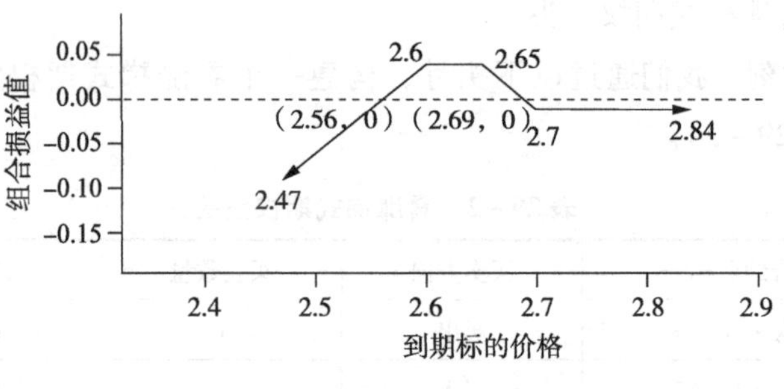

图 29－3　看跌梯式期权多头实例损益

对于看跌梯式期权多头，风险无限而收益有限。若标的价格位于2.60元和2.65元之间，最大利润为（0.05＋0.0157＋0.0313－0.0588）×10000＝

382 元；若标的暴跌，风险无限。盈亏平衡点为 2.56 元和 2.69 元，只要标的价格位于这个区间，都会盈利。

（4）看跌梯式期权空头（见表 29－4、图 29－4）

表 29－4 看跌梯式期权空头

标的合约名称	买卖方向	买卖数量	期权价格
50ETF 沽 9 月 2600	买入	1	0.0157
50ETF 沽 9 月 2650	买入	1	0.0314
50ETF 沽 9 月 2700	卖出	1	0.0588

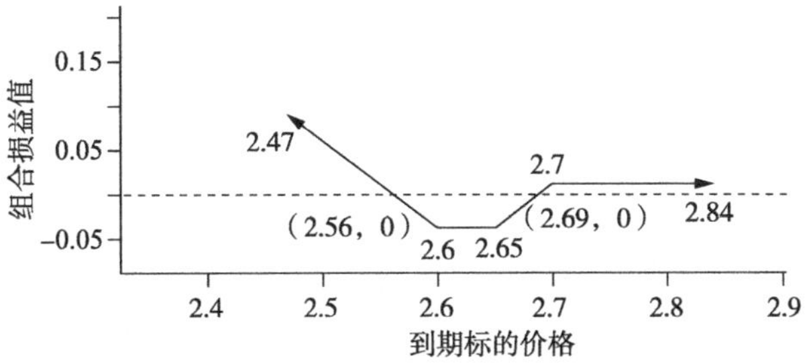

图 29－4 看跌梯式期权空头实例损益

对于看跌梯式期权空头，风险有限而收益无限，在上述例子中，当标的价格位于 2.60 元和 2.65 元之间时，有最大损失：（0.05＋0.0314＋0.0157－0.0588）×10000＝383 元，盈亏平衡点是 2.5617 元和 2.6883 元，只要价格不在这个区间都可以盈利。

第30章　期权策略秘籍之折式合成期权策略

有道无术，术尚可求。有术无道，止于术。

——老子《道德经》

导 语

折式合成标的合约是合成标的合约的变形，区别在于行权价不同，其余特征与合成标的合约类似，之所以叫作折式，我们不妨注意一下损益图和合成标的合约的损益图的区别。

30.1　什么是折式合成期权（Combo）

折式合成期权使用两个具有相同到期日、不同行权价格的期权合约。

（1）折式合成期权多头（Long Combo）

构造：

1个OTM看跌期权空头，行权价格为 K_1

1个OTM看涨期权多头，行权价格为 K_2

显然，$K_1 < K_2$

注意：以上两个期权的到期日相同

比如说，小明对股票XYZ的价格看涨，于是他决定持有以下头寸（见表30－1、图30－1）。

表30－1　XYZ股票折式合成期权多头

标的合约名称	买卖方向	买卖数量	期权价格
XYZ股票看跌期权（$K_1=65$）	卖出	1	1.85
XYZ股票看涨期权（$K_2=70$）	买入	1	3.80

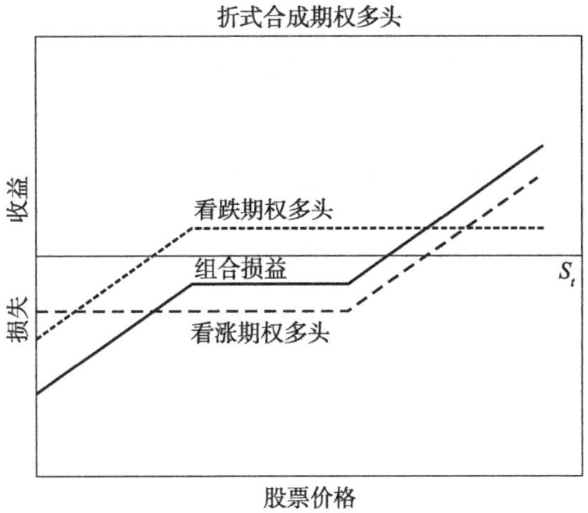

图 30－1 折式合成期权多头损益

损益情况：

①若到期日的股价在 70 元以上，看涨期权被行权，看跌期权不行权，收益为（股价－70）+（1.85－3.80）；

②若到期日的股价在 65 元以下，看跌期权被行权，看涨期权不行权，收益为（股价－65）+（1.85－3.80）；

③若到期日的股价在 65 元和 70 元之间，看涨期权和看跌期权均不行权，收益为 1.85－3.80＝－1.95 元。

优点：

①相比于直接投资标的，折式合成期权的初期投资更低；

②收益可达到无限。

缺点：

风险没有保护，若股市大跌，则会损失惨重。

（2）折式合成期权空头（Short Combo）

折式合成期权多头是为了一定程度地复制期权的多头头寸，而折式合成期权空头是为了一定程度地复制标的合约的空头头寸。

构成：

1 个 OTM 看跌期权多头，行权价格为 K_1

1 个 OTM 看涨期权空头，行权价格为 K_2

显然，$K_1 < K_2$

注：以上两个期权的到期日相同

比如说，小明对股票 XYZ 看跌，于是他决定持有以下头寸（见表 30－2、图 30－2）。

表 30－2　XYZ 股票折式合成期权空头

标的合约名称	买卖方向	买卖数量	期权价格
XYZ 股票看跌期权（$K_1=30$）	买入	1	0.90
XYZ 股票看涨期权（$K_2=40$）	卖出	1	1.00

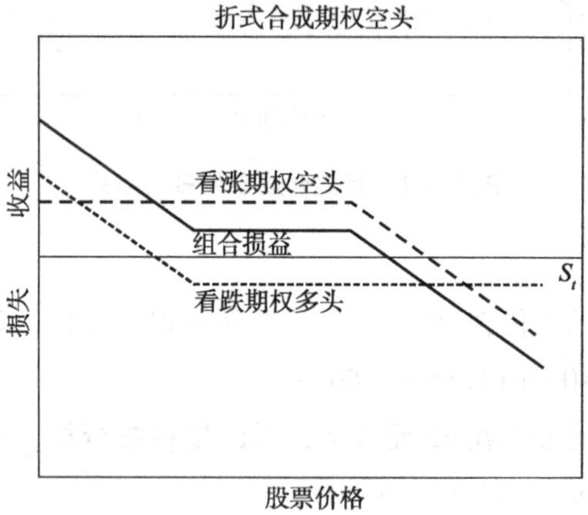

图 30－2　折式合成期权空头损益

损益情况：

①若到期日的股价在 40 元以上，看涨期权被行权，看跌期权不行权，收益为（40－股价）+（1.00－0.90）；

②若到期日的股价在 30 元以下，看跌期权被行权，看涨期权不行权，收益为（30－股价）+（1.00－0.90）；

③若到期日的股价在 30 元和 40 元之间，看涨期权和看跌期权均不行权，收益为 1.00－0.90＝0.10 元。

优点：

①使用较少的初期资本在一定程度上复制出一个标的的空头头寸；

②当股市/期货市场大跌时，收益无限。

缺点：

当对股市的方向判断错误大涨时，风险无限。

30.2 折式合成期权实例演示及到期损益

（1）折式合成期权多头（见表 30－3、图 30－3）

表 30－3 折式合成期权多头组合

标的合约名称	买卖方向	买卖数量	期权价格
50ETF 沽 8 月 2650	卖出	1	0.0058
50ETF 购 8 月 2700	买入	1	0.0031

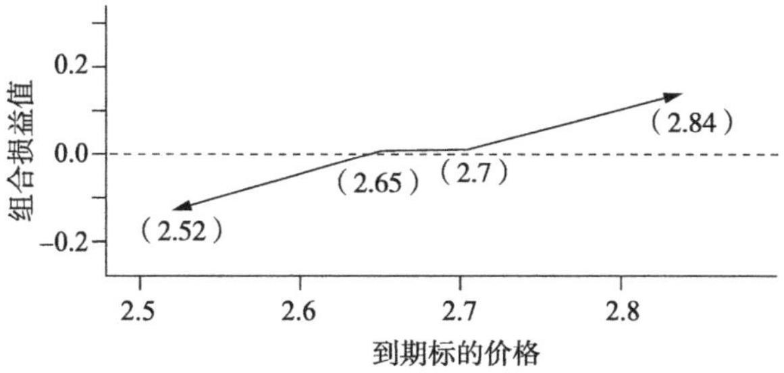

图 30－3 折式合成多头实例损益

（2）折式合成期权空头（见表 30－4、图 30－4）

表 30－4 折式合成期权空头组合

标的合约名称	买卖方向	买卖数量	期权价格
50ETF 沽 8 月 2650	买入	1	0.0059
50ETF 购 8 月 2700	卖出	1	0.0030

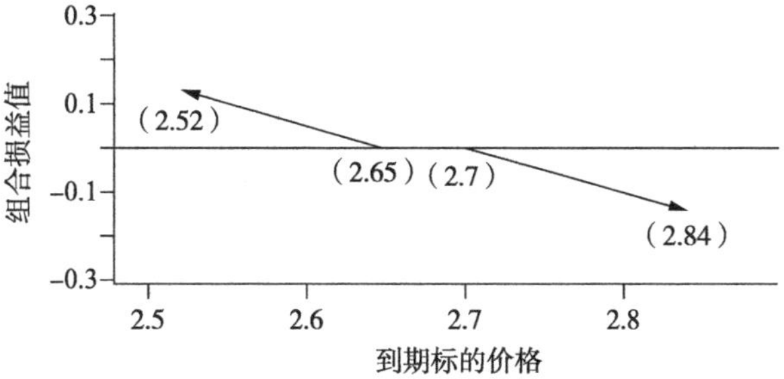

图 30－4 折式合成空头实例损益

30.3 折式合成期权希腊值风险特征

在持仓过程中，折式合成期权的 Delta 值符号确定，但 Gamma、Vega 和 Theta 的符号不确定（见表 30 -5）。

表 30 -5 折式合成期权持仓希腊值

	Delta	Gamma	Vega	Theta
Long Combo	正	正负均有可能	正负均有可能	正负均有可能
Short Combo	负	正负均有可能	正负均有可能	正负均有可能

对于折式合成多头来说，Delta 值为看涨期权多头和看跌期权空头的和，因此为正；相反，对于折式合成空头，Delta 值为看涨期权空头和看跌期权多头的和，是负的。

第八篇　套利策略

第31章　期权策略秘籍之合成头寸策略

一个人必须善于组合资讯，并且能够分析各种组合的意义，也就是必须够聪明，才有可能发明前所未有的创见。

——阿西莫夫《基地》

导语

当我们谈论到合成这个词时，我们在心里大致有一个定义，就是将不同元素组合成一个整体。当我们将这个定义应用到期权上时，我们指的是通过使用期权组合复制出标的或用期权和标的复制出另一种期权，这也是期权的魅力之一，可以使得交易员们利用期权组合复制出不同的产品。

31.1　合成标的合约多头

一份合成标的合约多头是由一个看涨期权多头和对应执行价的看跌期权空头以1∶1的比例构成。

考虑这样一个组合（如图31-1所示）：

1份执行价为2.60的8月50ETF看涨期权多头（买入价格为0.0370）

1份执行价为2.60的8月50ETF看跌期权空头（卖出价格为0.0137）

这就是一个合成标的多头啦！那么到期时的损益情况是怎样的?

若标的价格大于2.60元，则看跌期权价值为0，且看涨期权会被交易者执行，以2.60元的价格买入标的合约。相反，若标的价格小于2.60元，则看涨期权价值为0，看跌期权会被执行，以2.60元买入标的合约。

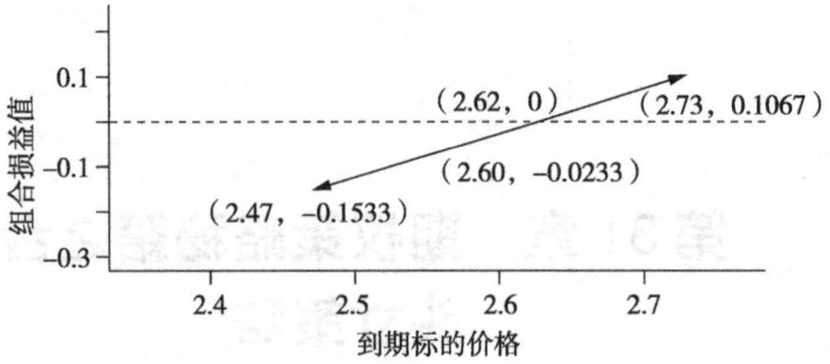

图 31-1　合成标的合约多头实例损益

也就是说，当标的价格不为 2.60 元时，交易者都会以 2.60 元买入标的合约，这与直接投资标的合约十分相似。

组合的盈亏平衡点为 2.60+0.0370-0.0137=2.6233 元。

小拓展：其实，在合成标的期权中，看涨和看跌期权执行价不必那么一致。

在不一致的情况下，我们称为区间多头，顾名思义，合成多头是一条直线，而区间多头在直线中间挖出了一段线段，那我们就来举个例子吧（如图 31-2 所示）：

1 份执行价为 2.65 的 8 月 50ETF 看涨期权多头（买入价格为 0.0151）

1 份执行价为 2.60 的 8 月 50ETF 看跌期权空头（卖出价格为 0.0097）

当到期价格大于 2.65 元时，看涨期权为实值，看跌期权为虚值，以 2.65 元买入对应 50ETF；当到期价格小于 2.60 元时，看涨期权为虚值，看跌期权为实值，以 2.60 元买入对应 50ETF；而当到期价格在 2.60 元和 2.65 元之间时，看涨看跌都为虚值，亏损为（0.0151-0.0097）×10000=54 元。盈亏平衡点为：2.6500+0.0054=2.6554 元。

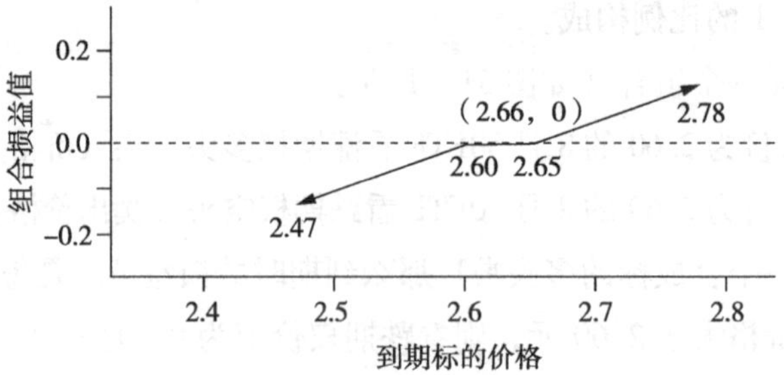

图 31-2　合成标的合约多头实例损益

说了这么多，我们为什么要构建这样一个组合呢，或者说，我们怎样利用现货市场和期权市场的不同来套利呢?

假设50ETF目前的价格是2.624元，买入8月执行价为2.60元的看涨期权交易价格为0.0370元，8月同执行价的看跌期权交易价格是0.0137元，此时按照上面的方法构建标的合约多头，当前的资金支出为233元，若50ETF到期时价格为2.625元，则该头寸的收益为（0.025 - 0.0233）× 10000 = 17元；而以2.624元的价格持有标的合约多头收益为10元，这样一来，期权合成投资策略获得的收益更多。

我们注意到，当到期标的价格大于执行价时，期权合成头寸所得为：到期价格 - 执行价 - 看涨期权价格 + 看跌期权价格，现货头寸所得价格为：到期价格 - 标的初期价格。在不考虑利率和股利的条件下，合成市场的价值可以表示为

看涨期权价格 - 看跌期权价格 = 标的合约价格 - 执行价

如果上述等式成立，就说明持有标的合约与在期权市场上持有合成头寸不存在差异，否则总是可以通过两边价格的不平等进行套利。

还是以上面的例子进行说明：

$$0.0370 - 0.0137 \neq 2.624 - 2.600$$

$$0.0233 \neq 0.024$$

现在，期权合成的头寸投资成本更低，因此我们会倾向于选择买入合成头寸持有多头头寸。

31.2 合成标的合约空头

一份合成标的合约空头是由一份看涨期权空头和一份看跌期权多头以1∶1的比例组成。与合成标的合约多头类似，我们来举个例子：

以下组合就构成了一个合成标的合约空头（如图31 - 3所示）：

1份执行价为2.60的8月50ETF看涨期权空头（价格为0.0453）

1份执行价为2.60的8月50ETF看跌期权多头（价格为0.0098）

其中，盈亏平衡点为2.60 + 0.0453 - 0.0098 = 2.6355元。

与前面类似，我们再来看一下区间空头（如图31 - 4所示）：

有这样一个组合：

1份执行价为2.65的8月50ETF看涨期权空头（价格为0.0150）

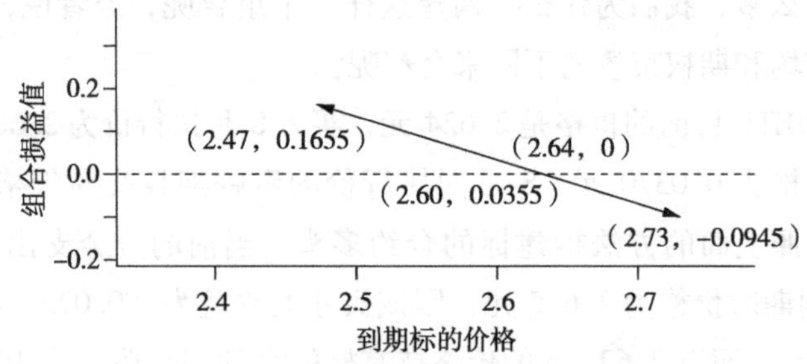

图 31-3　合成标的合约空头实例损益

1 份执行价为 2.60 的 8 月 50ETF 看跌期权多头（价格为 0.0098）

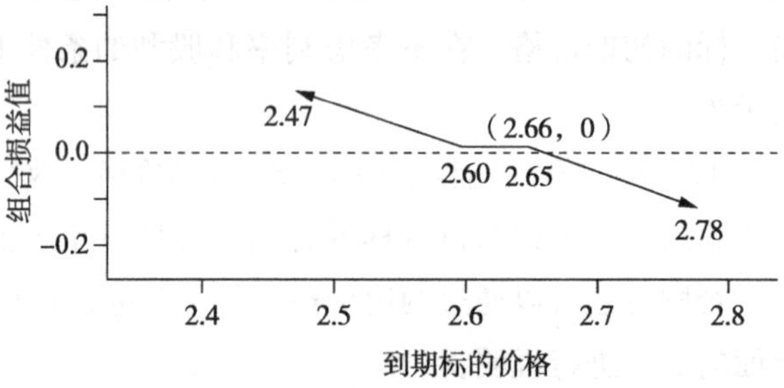

图 31-4　区间空头实例损益

当到期价格大于 2.65 元时，看涨期权为实值，看跌期权为虚值，以 2.65 元卖出对应 50ETF；当到期价格小于 2.60 元时，看涨期权为虚值，看跌期权为实值，以 2.60 元卖出对应 50ETF；而当到期价格在 2.60 元和 2.65 元之间时，看涨看跌都为虚值，盈利为（0.0150 - 0.0098）×10000 = 52 元。

盈亏平衡点为：2.6500 + 0.0052 = 2.6552 元

前面介绍了如何利用期权和期权复制出标的资产，以下利用期权和标的资产复制出另一种期权。

31.3　合成看涨期权多头

合成看涨期权多头其实就是我们之前讲过的保护性看跌期权，此处再简单说明一下这个期权的合成过程。

合成看涨期权多头 = 标的合约多头 + 看跌期权多头

举个例子：

假设股票 A 的当前价格为 40 元/股，当前执行价为 40 元/股的看涨期权与看跌期权价格均为 3 元/股

假设股票 A 在看涨/看跌期权到期时涨到了 50 元/股

买入看涨期权：买入 1 手看涨期权的到期收益为（10 - 3）×100 = 700 元

合成看涨期权：买入 1 手看跌期权，同时买入 1 手（100 股）A 股票，到期时看跌期权为虚值，损失权利金 300 元，股票多头的收益为（50 - 40）×100 = 1000 元，总体收益为 700 元。

假设股票 A 下跌至 35 元/股

买入看涨期权：买入 1 手看涨期权的到期收益为 -3×100 = -300 元

合成看涨期权：买入 1 手看跌期权，到期时看跌期权为实值，收益为（5 -3）×100 = 200 元，股票损失（40 -35）×100 = 500 元，总体损失 -300 元。

由此可见，"买入看跌期权 + 标的多头"所合成的看涨期权与直接买入看涨期权的损益是完全相同的。

我们通过如图 31 -5 所示来直观地看一下：

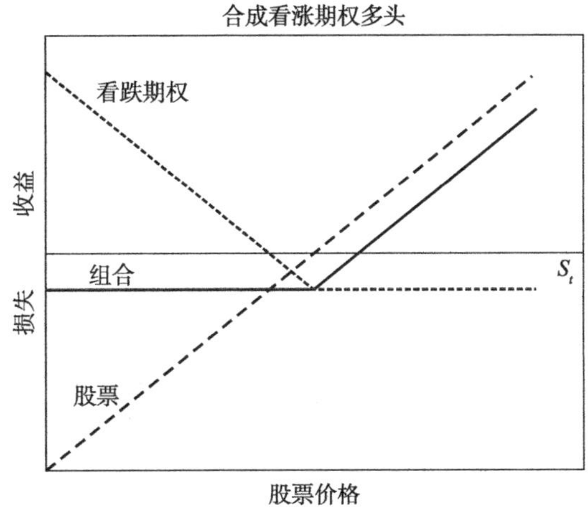

图 31 -5 合成看涨期权多头损益

我们可以看到，该策略之所以又被称为保护性看跌期权策略，是因为在持有现货头寸的同时，买入等头寸的看跌期权，希望通过看跌期权对冲现货大幅下跌的风险，同时又希望保留未来上涨的收益，从收益特征来

看，实际上相当于构建了一个看涨期权多头。

31.4　合成看涨期权空头

而合成看涨期权空头就是我们之前讲过的备兑看涨期权。

合成看涨期权空头 = 标的合约空头 + 看跌期权空头

假设股票 A 当前价格为 30 元/股，执行价为 30 元/股的看涨期权与看跌期权的价格都是 2.00 元/股。

我们来看一下直接卖出看涨期权和合成看涨期权空头的损益状况（如图 31 -6 所示）：

若股票 A 在期权到期日时下跌到了 25 元/股，对于合成的情形：看跌期权为实值，损失 3 × 100 = 300 元，标的盈利 5 × 100 = 500 元，总盈利 200 元；对于直接卖出看涨期权的情形，此时看涨期权为虚值，不会被行使，收获权利金 2 × 100 = 200 元。

若股票 A 在期权到期日时上涨到了 35 元/股，对于合成的情形：看跌期权为虚值，得到权利金 2 × 100 = 200 元，标的损失 5 × 100 = 500 元，总的损失为 300 元；对于直接卖出看涨期权的情形，此时看涨期权为实值，会被行使，总的损失为（5 - 2）× 100 = 300 元。

由此可见，不论标的的价格是上涨还是下跌，合成看涨期权和看涨期权的到期损益都是相同的。

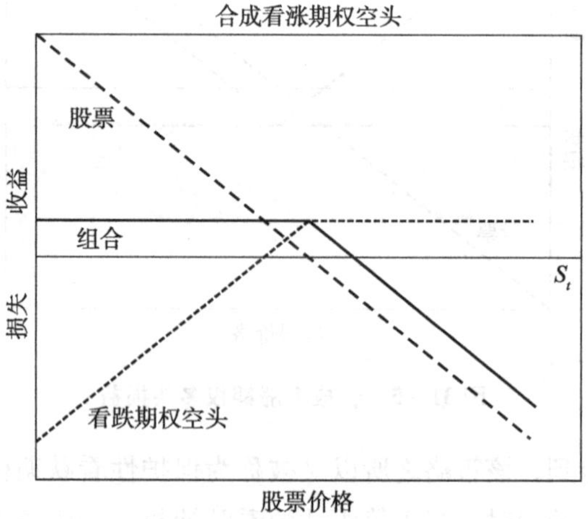

图 31 -6　合成看涨期权空头损益

31.5 合成看跌期权多头

与前面两个合成期权类似，合成看跌期权多头可以看成由标的合约空头和看涨期权多头组成。

合成看跌期权多头 = 标的合约空头 + 看涨期权多头

如果我们持有一份看涨期权多头，但预期标的价格会下行，想参与下跌的行情，又不想将已持有的看涨期权平仓，则可以通过卖出标的资产来合成买入看跌期权头寸，与前面的情形相似，这次我们仅画图 31 -7 所示来进行说明：

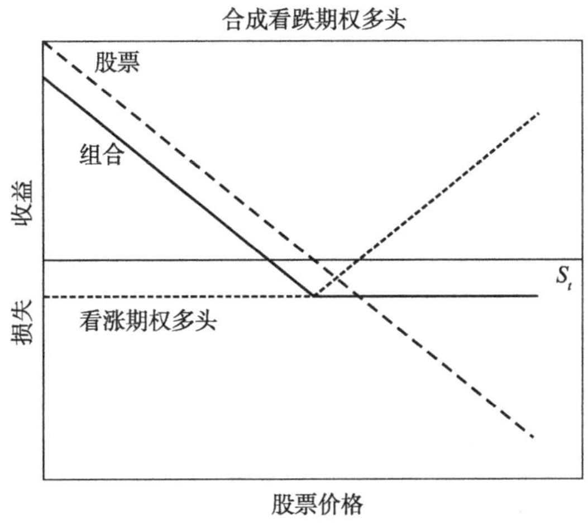

图 31 -7 合成看跌期权多头损益

31.6 合成看跌期权空头

合成看跌期权多头即我们之前讲过的备兑看跌期权（如图 31 -8 所示）。

合成看跌期权空头 = 标的合约多头 + 看涨期权空头

讲到这里，你已经注意到了我们的套路，即我们的三大元素：看涨期权、看跌期权、标的资产，我们可以用它们来构建出丰富多彩的合成头寸。

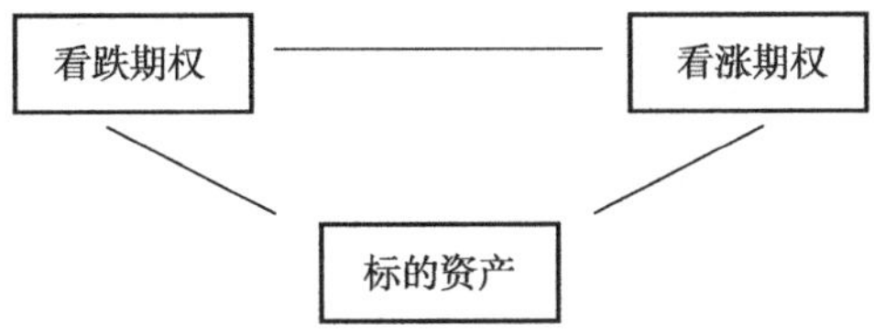

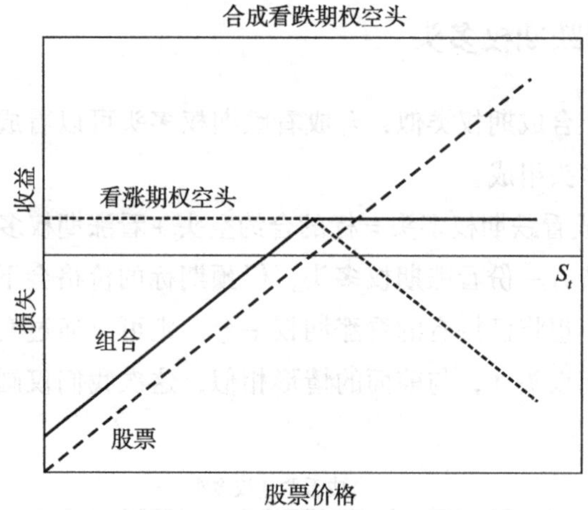

图 31 - 8　合成看跌期权空头损益

根据上面的图形，我们再来总结一下前面所说的 6 种合成头寸：

合成标的多头 = 买入看涨期权 + 卖出看跌期权

合成标的空头 = 卖出看涨期权 + 买入看跌期权

合成看涨期权多头 = 标的合约多头 + 看跌期权多头

合成看涨期权空头 = 标的合约空头 + 看跌期权空头

合成看跌期权多头 = 标的合约空头 + 看涨期权多头

合成看跌期权空头 = 标的合约多头 + 看涨期权空头

我们在前面解释过了为什么要构建合成标的头寸，不记得的可要认真看看哦，还没有解释为什么要构建合成期权头寸，这里就来解释一下：

（1）合成头寸更加的灵活

合成头寸可以使得交易者在不对原有头寸平仓的情况下就可以实现策略，这种转换十分方便，若本来预计市场为牛市，则投资者会购入看涨期权，可忽然发现市场可能会处于熊市，尽管投资者可以对看涨期权进行平仓，可他又想保留这个头寸，或者看涨期权的波动率已经下跌了，平仓不划算，但预计之后波动率会上升，那么他也可以再持有一份标的合约空头，这样标的合约空头就带有了强劲熊市的意味，之后如果波动率上升，在波动率上看涨期权多头才能有盈利。

（2）策略转换成本更低

在上面的例子中，操作过程应该是：

若不进行合成：先卖出看涨期权，再购买看跌期权
若进行合成：持有标的合约空头
显然，交易次数越少，手续费用越少。

第 32 章　期权策略秘籍之转换套利与反转套利

排除了一切的不可能，剩下的不管多么难以置信，一定就是真相。

——柯南·道尔《夏洛克福尔摩斯探案集》

导语

在上面的合成头寸章节里，我们讲述了如何利用看涨－看跌期权平价公式，找到成本低的一方市场来持有方向性头寸，具体的，在不考虑利率影响或是在期货型结算的交易所中，假设看涨期权价格－看跌期权价格<标的合约价格－执行价，若看多市场，则持有合成标的多头；若看空市场，则持有标的合约空头。反之亦成立。如果我们对持有方向性头寸没有兴趣，就是想套利，该怎样再次利用看涨－看跌期权平价公式利用标的合约市场和合成市场间的差异获取盈利呢？我们讨论转换套利与反转套利，这一章就让我们一探究竟吧！

32.1　转换套利（Conversion）

转换套利＝持有标的合约多头＋合成标的空头

具体来说，它包括：

标的合约多头＋看涨期权空头＋看跌期权多头

温馨提示

这里的看涨期权和看跌期权是到期日相同、执行价相同。

那我们就来看看具体是怎样套利的吧！

在上一章中，我们提到合成标的多头和空头，合成标的多头 = 看涨期权多头 + 看跌期权空头，合成标的空头 = 看涨期权空头 + 看跌期权多头。转换套利的头寸中多了标的合约，从而可以在标的市场和期权市场上同时买卖来进行套利。

举个例子：假设股票 XYZ 在 6 月交易时的价格是 100 元，7 月到期的执行价为 100 元的看涨期权价格是 4 元，看跌期权价格为 3 元，套利者决定进行转换套利，他购买 1 手（100 股）股票 XYZ，花费 100 × 100 = 10000 元，购买看跌期权，花费 3 × 100 = 300 元，卖出看涨期权，得到 4 × 100 = 400 元。初始支出为 10000 − 100 = 9900 元。

我们知道，到期日时，只要股票 XYZ 的价格不等于 100 元，该投资者都会大概率以 100 元的执行价卖出股票，收益是 100 × 100 = 10000 元。

最终的收益是：10000 − 9900 = 100 元。

就让我们画个图 32 − 1 来看看吧：

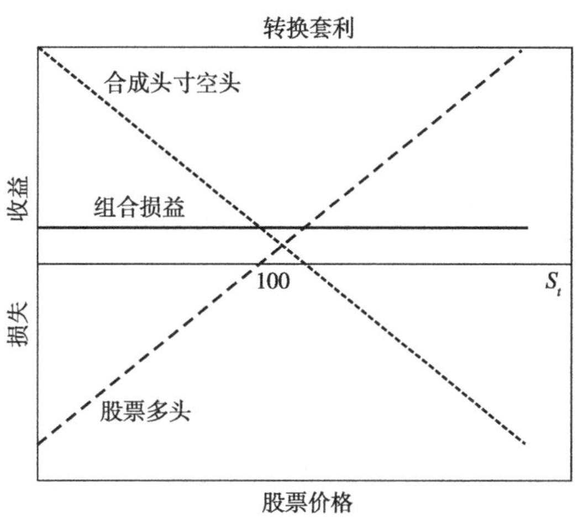

图 32 − 1　转换套利损益

最后，我们得到：

Profit = 执行价 − 标的合约价格 + 看涨期权权利金 − 看跌期权权利金

只举例子怎么行呢？不如来实战一下，看看 8 月 50ETF 以 2.65 元为执行价的转换套利策略（如图 32 − 2 所示）。

50ETF 的价格当前为 2.651 元，看涨期权价格为 0.0211 元，看跌期权价格为 0.0177 元，则根据上面的式子，Profit = 2.65 − 2.651 + 0.0211 −

0.0177 =0.0024 元。

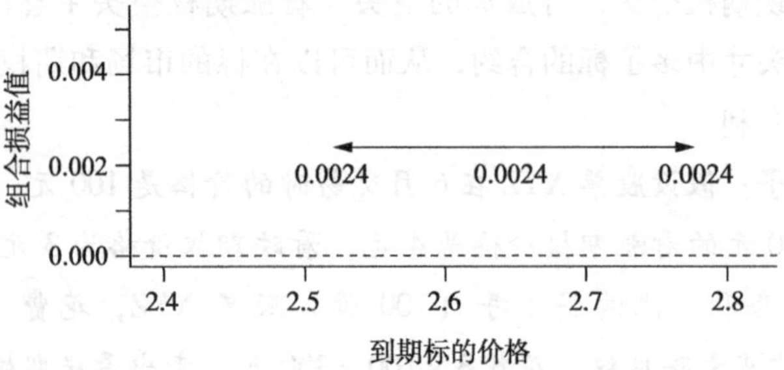

图 32 – 2　转换套利实例损益

32.2　反转套利（Reversal）

反转套利 = 持有标的合约空头 + 合成标的多头

具体来说，它包括：标的合约空头 + 看涨期权多头 + 看跌期权空头

温馨提示

这里的看涨期权和看跌期权是到期日相同、执行价相同。

与转换套利刚好相反，反转套利是在标的市场上卖出，在期权市场上买进来套利。

举个例子：

假设股票 XYZ 在 6 月以 100 元交易，7 月到期的看涨期权价格为 3 元，看跌期权价格为 4 元，一个套利者想要进行反转套利，他卖出标的合约，得到 100 × 100 = 10000 元，同时购买看涨期权，卖掉看跌期权，得到 100 元，初始资金流入为 10100 元。

我们知道，到期日时，只要股票 XYZ 的价格不等于 100 元，该投资者都会大概率以 100 元的执行价买入股票，资金流出是 100 × 100 = 10000 元。

最终收益为 100 元。

再画画图 32 – 3 看看吧！

Profit = 标的合约价格 – 执行价 + 看跌期权权利金 – 看涨期权权利金

看到这里，相信你已经对转换套利和反转套利有了大致的了解，总体来说，当打破平价公式时，就有机会进行套利，但是通常套利的机会并不

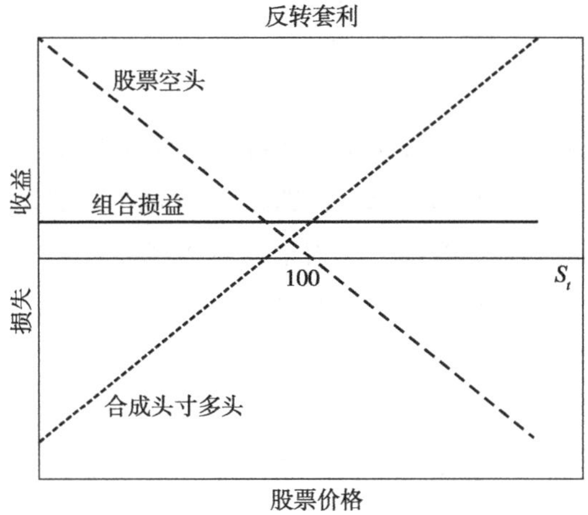

图 32－3 反转套利损益

总是有的，这是因为当大家急于买估值过低的合约时，就会拉高该合约的价格；抛出估值过高的合约时，就会降低其价格，这样一来，价格就会趋于平衡。所以说，套利的机会往往仅存在几秒，还需要火眼金睛！

有心的读者可能注意到了，我们前面说的平价公式是建立在不考虑利率的影响或结算方式为期货型结算方式，对于后一种，初始交易时不产生现金交换，就不会有持有成本的考虑，但是，在大商所和郑商所，标的期货合约采用期货型结算方式，相关期权合约采用股票型结算方式，所以下面就让我们分别考虑利率和股利的影响吧！

32.3 利率和股利的影响

（1）利率

8 月期货合约价格为 65 元，8 月执行价为 62 元的看涨期权价格为 4 元，看跌期权价格为 1 元，我们可以得到

$$看涨期权价格 - 看跌期权价格 + 执行价 = 标的合约价格$$

$$4 - 1 + 62 = 65 \text{ 元}$$

在以上价格条件下，无论是转换套利还是反转套利都没有套利机会。

①如果我们决定实行反转套利策略，即以 65 元的价格卖出标的合约，同时以同样的价格买入合成头寸，当采用股票型结算方式时，在期权交易

上将产生资金支出，假设年利率为10%，还有6个月到期，该期权为欧式期权，持有成本为3×5%=0.15元。

这样就有：

看涨期权价格－看跌期权价格＋执行价＋持有成本＝期货合约价格

②如果我们决定实行转换套利，即以65元的价格买入标的合约，同时以同样的价格持有合成空头头寸，当采用股票型结算方式时，在期权交易上将产生资金收入，假设年利率为10%，还有6个月到期，该期权为欧式期权，持有收益为3×5%=0.15元。

这样就有：

看涨期权价格－看跌期权价格＋执行价＋持有收益＝期货合约价格

（2）股利

继续上面的例子，如果上面的标的不是期货，而是股票XYZ，在到期前会支付1元的股利，那么在实行转换套利时我们买入了股票就会获得股利。

这次就有：

看涨期权价格－看跌期权价格＋执行价＋持有收益＝股票价格－股利

第 33 章　期权策略秘籍之盒式期权策略

洞悉情绪与理性之间的落差，你就会发现可以买进的窗口。

——马克·墨比尔斯

导语

我们前面学习了转换套利和反转套利这两种无风险套利方法，但是事实上，完全没有风险的组合是不存在的，是否有风险只是相对的概念。这次我们讨论另一种套利方法——盒式套利。

33.1　什么是盒式套利（Box Spread）

盒式套利多头持有下面这样一份组合（$K_1 < K_2$）：

一份执行价为K_1的看涨期权多头

一份执行价为K_1的看跌期权空头

一份执行价为K_2的看涨期权空头

一份执行价为K_2的看跌期权多头

注意：这里的期权都是相同到期日的。

这份组合里的种类太多了记不住？那让小明为大家与前面所学的做一个联系吧！

如果把看涨和看涨放在一起，看跌和看跌放在一起，也就是这样看：

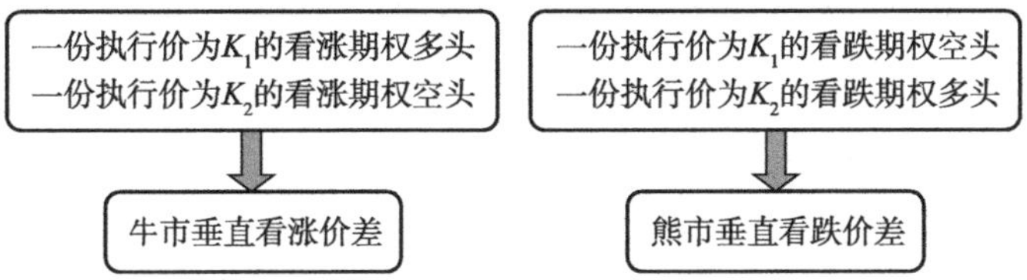

如果把相同执行价放在一起，还可以这样看：

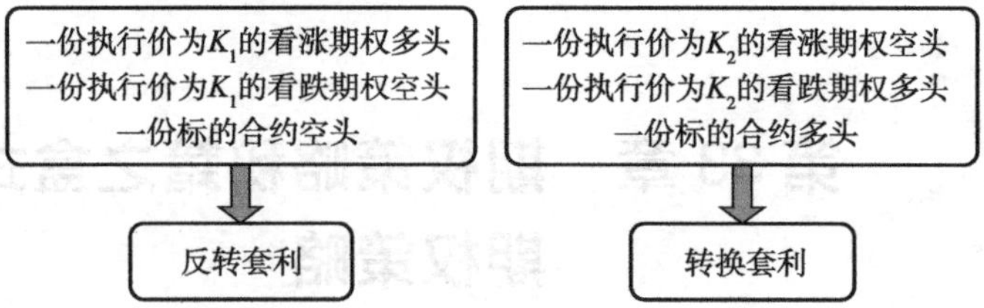

注意：因为两个标的合约可以被抵消，因此可以这样加进去，在实际操作中是不涉及标的合约的，这样只是为了分析方便。

举个例子：小明刚刚入市，决定先持有盒式价差多头，于是他买了以下组合：

- 8 月 50ETF 执行价为 2.6500 的看涨期权多头，价格为 0.0149
- 8 月 50ETF 执行价为 2.6500 的看跌期权空头，价格为 0.0242
- 8 月 50ETF 执行价为 2.7000 的看涨期权空头，价格为 0.0034
- 8 月 50ETF 执行价为 2.7000 的看跌期权多头，价格为 0.0635

结果亏得惨不忍睹：

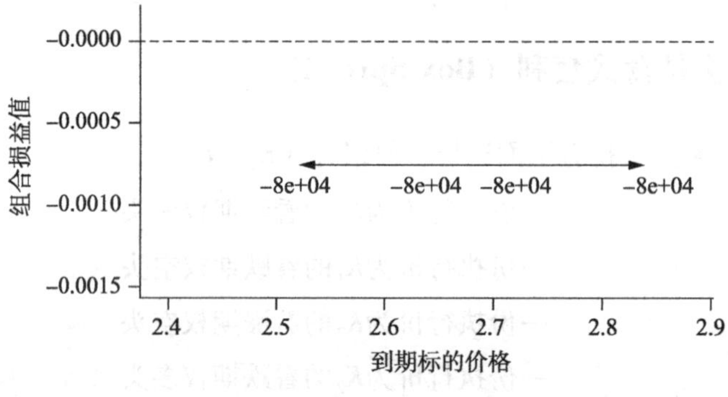

图 33－1　盒式价差多头实例损益

亏损：0.0242 + 0.0034 － 0.0149 － 0.0635 + 0.0500 = － 0.0008（这里不太懂的可以移步后面）。

至于亏损的原因，自然是持有的方向错了，于是我们应该看看盒式价差空头：

盒式套利空头持有下面这样一份组合（$K_1 < K_2$）：

一份执行价为K_1的看涨期权空头

一份执行价为K_1的看跌期权多头

一份执行价为K_2的看涨期权多头

一份执行价为K_2的看跌期权空头

类似的，把看涨和看涨放在一起，看跌和看跌放在一起：

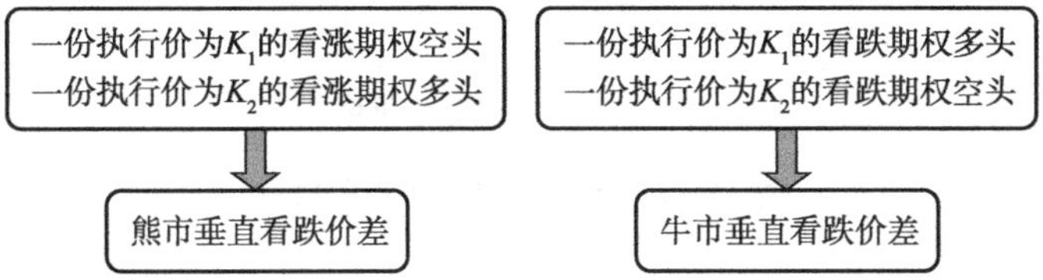

把相同执行价放在一起：

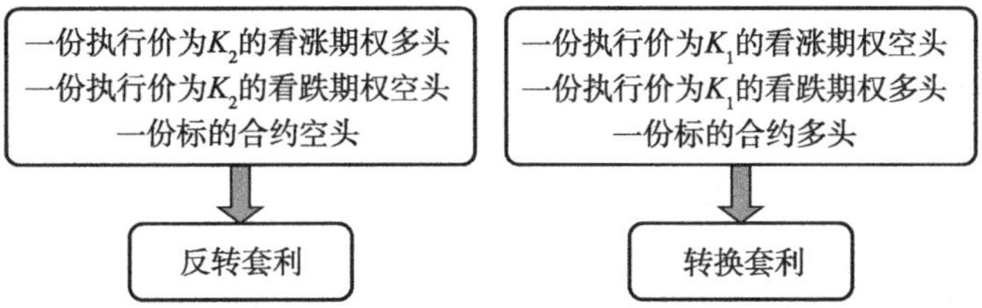

为了挽救刚才的方向性错误，小明痛定思痛，决定将时间倒回，重新持有头寸，那这次我们再来分析一下：

- 8 月 50ETF 执行价为 2.6500 的看涨期权空头，价格为 0.0148
- 8 月 50ETF 执行价为 2.6500 的看跌期权多头，价格为 0.0243
- 8 月 50ETF 执行价为 2.7000 的看涨期权多头，价格为 0.0035
- 8 月 50ETF 执行价为 2.7000 的看跌期权空头，价格为 0.0634

这次是否盈利呢？

盈利：0.0148 + 0.0634 − 0.0243 − 0.0035 − 0.0500 = 0.0004。

然而在现实生活中是不能将时间倒回的，所以对于盒式价差多头和空头，应该如何选择呢？

根据平价关系：

$$C_1 - C_2 + P_2 - P_1 = (K_2 - K_1)e^{-r(T-t)}$$

当这个关系被打破时，说明盒式价差被高估或是低估，我们就可以构建盒式价差，具体地：

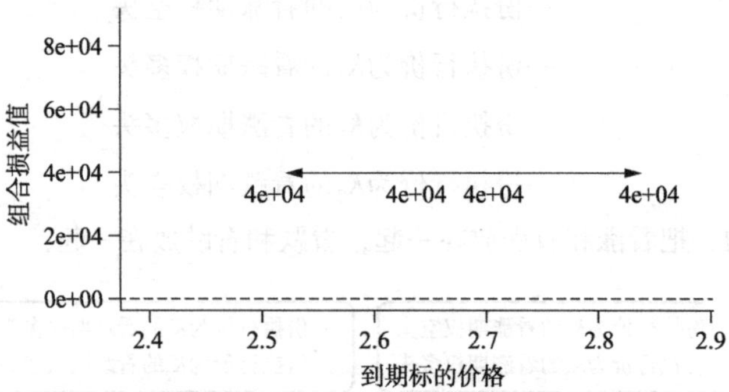

图 33-2　盒式价差空头实例损益

当$C_1 - C_2 + P_2 - P_1 < (K_2 - K_1)e^{-r(T-t)}$时，说明盒式价差被低估，应当持有多头头寸；

当$C_1 - C_2 + P_2 - P_1 > (K_2 - K_1)e^{-r(T-t)}$时，说明盒式价差被高估，应当持有空头头寸。

33.2　盒式套利的收益计算

到期时是以K_1买入标的合约，以K_2卖出标的合约，也就是说，到期日的收益是$K_2 - K_1$。因此，RiskfreeProfit = 到期时的利润 - 权利金

举个例子：小明发现 8 月到期的股票 XYZ 期权合约存在盒式套利空间，股票 XYZ 在 6 月以 45 美元的价格交易，因此他决定持有以下头寸：

- 执行价为 40 的看涨期权多头，6 美元
- 执行价为 40 的看跌期权空头，1.5 美元
- 执行价为 50 的看涨期权空头，1 美元
- 执行价为 50 的看跌期权多头，6 美元

现在，小明的收益该如何计算呢？

盒式价差在到期时的利润是：$(K_2 - K_1) \times 100 = (50 - 40) \times 100 = 1000$ 美元

购买牛市垂直价差（执行价为 40 美元的看涨期权多头 + 执行价为 50 美元的看涨期权空头）的支出是：$(6-1) \times 100 = 500$ 美元

购买熊市垂直价差（执行价为 40 美元的看跌期权空头 + 执行价为 50 美元的看跌期权多头）的支出是：$(6-1.5) \times 100 = 450$ 美元

因此，由上面的公式得

最终的利润 = 到期时的利润 - 权利金 = 1000 - 500 - 450 = 50 美元

画个图 33 - 3 看看吧：

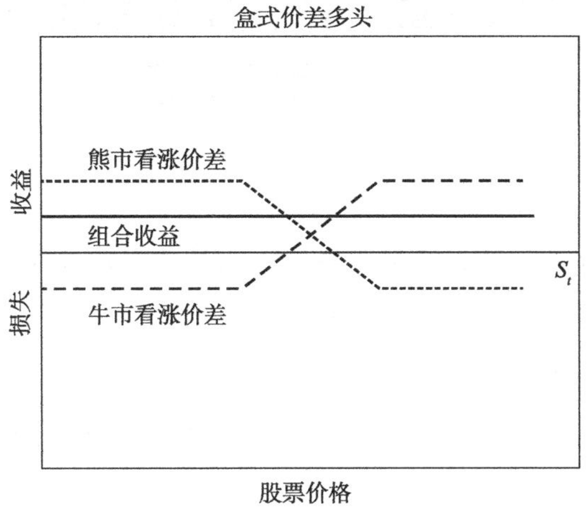

图 33 - 3　盒式价差多头损益

其实，根据小明在前面讲的盒式价差可以拆分成两种方式看，牛市看涨垂直价差 + 熊市看跌垂直价差，转换套利 + 反转套利，而前面的计算方法正是基于第一种方式计算的。还有第二种计算方法：

首先，计算合成标的多头（执行价为 40 美元的看涨期权多头 + 执行价为 40 美元的看跌期权空头）的成本 = 执行价 + 两个期权的权利金之差 = (40 + 6 - 1.5) × 100 = 44.5 美元；

再计算合成标的空头（执行价为 50 美元的看涨期权空头 + 执行价为 50 美元的看跌期权多头）的利润 = 执行价 + 两个期权的权利金之差 = 50 + (1 - 6) = 45 美元；

因此，最终收益 = 合成标的空头的利润 - 合成标的多头的成本 = (45 - 44.5) × 100 = 50 美元（不考虑利率）。

第34章　期权策略秘籍之卷筒式期权策略

我们付出的地方就是收获的地方。信仰会陪伴着最后的结果来到你的面前，在这里没有宿命，没有虚浮，当思想超越怀疑和浮浅，奋斗者剩下的事就是等待着祈祷成为现实。

——Florence Scovel Shinn《一生的游戏规则》

导 语

上次我们讲述了盒式套利，以及盒式套利与转换套利和反转套利之间的联系，这次我们讨论另一个与转换套利和反转套利有着密切联系的套利组合——卷筒式套利，与盒式套利组合不同的是，卷筒式套利组合中具有不同到期日的头寸，而执行价相同，那它到底是怎样组合头寸的呢？又是如何套利的呢？

34.1　什么是卷筒式套利（Jelly Rolls）

卷筒式套利是一种期权策略，从不同到期日的两个看涨期权和两个看跌期权的日历价差中获利，广泛地应用于股票期权市场。

1. 卷筒式套利多头持有的是下面这样一份组合（$T_1 < T_2$）：

一份到期日为T_1的看涨期权空头

一份到期日为T_1的看跌期权多头

一份到期日为T_2的看涨期权多头

一份到期日为T_2的看跌期权空头

注：这四个头寸的执行价都是 K。

这样四个头寸放在这里好像有点凌乱，下面就来梳理一下：

如果把相同到期日的放在一起：

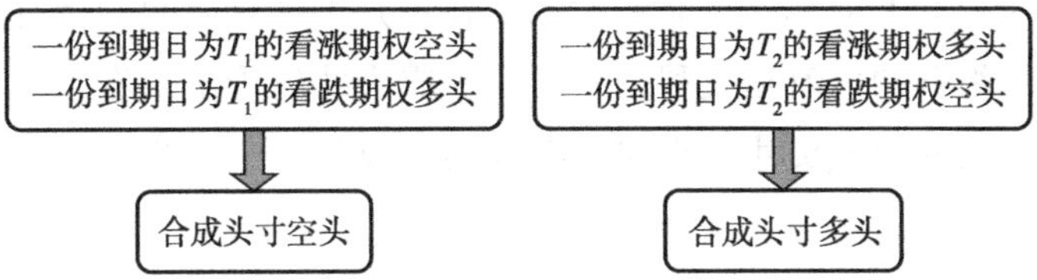

如果把看涨期权放在一起，看跌期权放在一起：

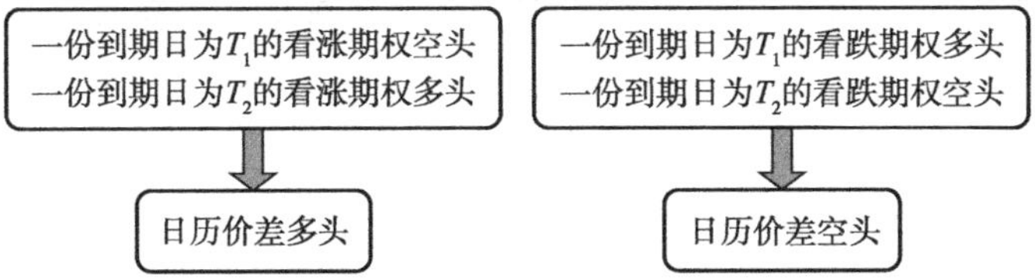

2. 卷筒式套利空头持有的是下面这样一份组合（$T_1 < T_2$）：

一份到期日为T_1的看涨期权多头

一份到期日为T_1的看跌期权空头

一份到期日为T_2的看涨期权空头

一份到期日为T_2的看跌期权多头

类似地，如果把相同到期日的放在一起：

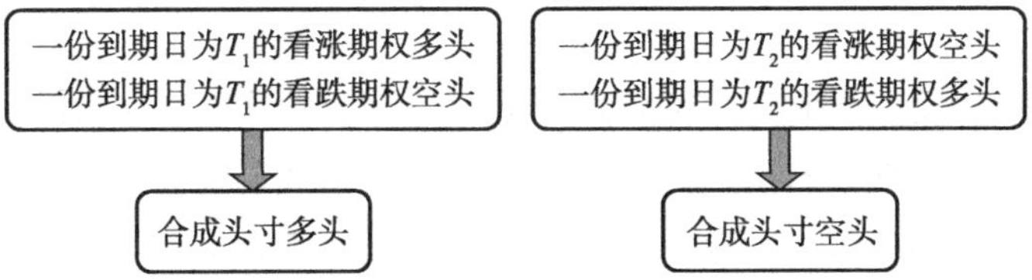

如果把看涨期权放在一起，看跌期权放在一起：

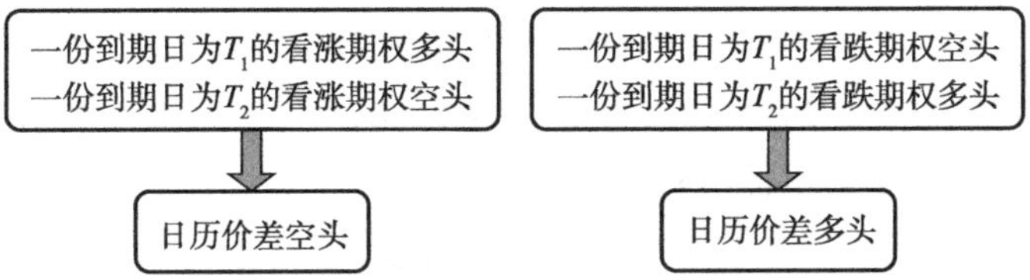

34.2 卷筒式套利的价值组成

对于卷筒式套利空头，在近月到期时以执行价 K 买入标的合约，远月到期时以执行价 K 卖出标的合约，那么在近月到远月之间的持有成本就是卷筒式套利组合的价值和股利之和；从合成头寸的价值来看，卷筒式套利空头由短期限的合成头寸多头和长期限的合成头寸空头构成，基于上述两个关系，我们有：

卷筒式套利的价值 = 长期限合成头寸价值 - 短期限合成头寸价值

= 持有成本 - 预期股利

举个例子：小明发现股票 XYZ 期权合约存在卷筒式套利空间，他决定持有以下头寸：

- 5 月到期的看涨期权多头，1.5 美元
- 5 月到期的看跌期权空头，3 美元
- 6 月到期的看涨期权空头，4.5 美元
- 6 月到期的看跌期权多头，5 美元

以上的执行价均为 50 美元，股利为 0.1 美元。那小明的收益是多少呢?

5 月到期时，小明要去以 50 美元的执行价买入股票 XYZ，6 月以 50 美元卖出，设年化利率为 7%，则她这段时间的持有成本是 $50\times7\%/12=0.29167$ 美元，因此，卷筒式套利的价值 = 持有成本 - 预期股利 $=0.29167-0.1=0.19167$ 美元

期权头寸净利润为：$3+4.5-1.5-5=1$ 美元

因此，最终的利润为 $1-0.19167=0.80833$ 美元。

从日历价差空头和多头的角度来看，卷筒式套利空头由看涨期权日历价差空头和看跌期权日历价差多头组成，因此，我们有：

卷筒式套利价值 = 看涨期权日历价差空头 - 看跌期权日历价差多头

=（长期限看涨期权 - 短期限看涨期权）-（长期限看跌期权 - 短期限看跌期权）

在这个例子中，看涨期权日历价差空头的价值 $=4.5-1.5=3$ 美元；看跌期权日历价差多头的价值 $=5-3=2$ 美元。

因此卷筒式套利价值 $=3-2=1$ 美元。

最终的利润为 $1-0.19167=0.80833$ 美元。

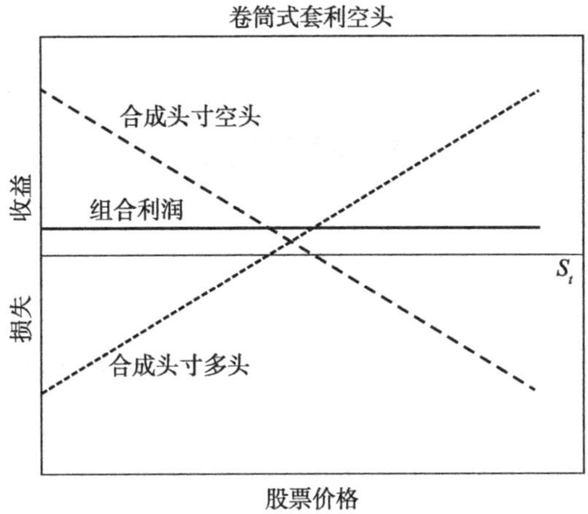

图 34－1　卷筒式套利空头损益（1）

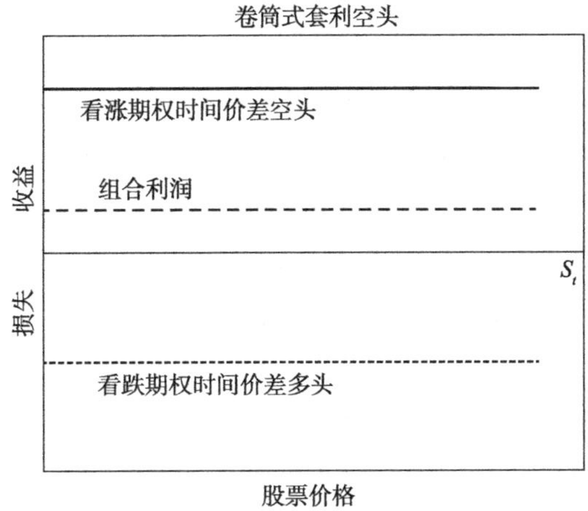

图 34－2　卷筒式套利空头损益（2）

结 语

到此为止，关于期权策略就介绍完了。但实际上，由于期权非线性的特性，期权策略可以千变万化，这里的知识也只是冰山一角，要成为一个期权交易的高手，还需不断地在实践中学习！

参考文献

[1] John C Hull. Options, Futures, and Other Derivatives [M]. 北京: 机械工业出版社, 2014.

[2] Euan Sinclair. Volatility Trading [M]. John Wiley & Sons, 2007.

[3] Garman M B, Klass M J. On the Estimation of Security Price Volatilities from Historical Data [J]. *Journal of Business*, 1980, 53 (1): 67 -78.

[4] Parkinson M. The Extreme Value Method for Estimating the Variance of the Rate ofReturn [J]. *Journal of Business*, 1980, 53 (1): 61 -65.

[5] L. C. G. Rogers, S. E. Satchell, Y. Yoon. Estimating the volatility of stock prices: a comparison of methods that use high and low prices [J]. Applied Finanlial Economics 1994, 4 (3): 241 -247.

[6] Yang D, Zhang Q. Drift Independent Volatility Estimation Based on High, Low, Open and Close Prices [J]. *Journal of Business*, 2000, 73 (3): 477 -491.

[7] Breeden D T, Litzenberger R H. Prices of State - Contingent Claims Implicit in Option Prices [J]. *Journal of Business*, 1978, 51 (4): 621 -651.

[8] Hull J, White A. The Pricing of Options on Assets with Stochastic Volatilities [J]. *Journal of Finance*, 1987, 42 (2): 281 -300.

[9] 上海证券交易所. 上海证券交易所期权全真模拟交易业务方案, 2014.

[10] 上海证券交易所. 上证50ETF波动率指数编制方案.

[11] 袁冠群. 期权四大基础策略深度解析（下）[R]. 上海证券创新发展总部, 2014.

后　　记

本书最初是打算以一篇篇文章的形式免费发布在网络平台上，旨在给国内期权爱好者提供一个学习和了解期权的途径。但是，由于期权相对于其他投资工具来说较为复杂，如果投资者初步接触时没有遇到比较好的入门体系，不容易理解。而网络文章的形式很难给读者形成一种串联在一起的知识体系。而且，我们在实际工作中发现，不少想要学习期权的人由于年龄或者阅读偏好的关系，并不习惯使用网络阅读。经过考虑，我们最终决定以书籍的形式为投资者展现一扇通往期权王国的大门。

而书籍的形式也给了我们更大的压力，为了体现出本书的专业性、入门性和实战性，我们花费了很多的心血来创作本书，并经过了一次又一次的反复修改。可以说，本书凝聚了浙期实业做市商团队近几年实践以来，对期权和期权交易的理解。

现在展开正题，首先，有必要再说明一下本书的内容选取。在实际交易中，你完全没有必要觉得期权比其他工具更加难以掌握。与其他投资工具类似，了解和熟悉期权交易，无非也是要掌握它的游戏规则、理论价值确定方法、风险管理以及交易的一些策略。依次对应着本书中的交易规则、期权定价、希腊值和交易策略这几部分。唯一不同的是，在期权的世界里，你还可以通过交易波动率（波动率部分）和时间价值来获利。所以，本书特别挑选了这几部分内容，来更清晰简洁地解读期权。

虽然书中也涉及了一些公式和数学推导，但这只是为了兼顾部分读者希望深入了解相关的原理。对于普通的投资者，可以完全不理会这些公式和推导，我们也在网站上提供了包括期权定价等在内的小工具。说了这么多，是希望你在阅读完本书之后，能够相信，期权并没有你想象得那么复杂，只要好好地阅读本书，你的理论知识就已经较为充足了，接下来就需要一步一步地实践来积累和进步了。

我们常说，现货投资是一维的，期货投资是二维的，而期权投资是三维的。期权可以做到很多现货投资和期货投资无法做到的事情。比如，期权可以帮助你在没有任何行情的时候获利，也可以为你的仓位提供下跌保护。中国的期权市场刚刚起步，无数的交易机会有待挖掘。因此，需要更多的人能了解期权，为我国期权事业的发展贡献力量，在成就我国期权事业的同时实现自己的财富自由。

同时，我还希望你能记住，期权再厉害，也只是一个交易工具。切莫得术而忘道。交易更多的是在考验我们的人性，是在塑造我们看待世界的观念和对待世界的品质。只有做好了人，才能做好交易。

需要说明的是，由于我国期权市场还处于发展时期，由于现实中的变化，书中的一些内容可能会出现偏差（如期权交易规则），希望读者能够理解。由于笔者的水平有限，书中也难免会出现一些错误或者不严谨的地方，恳请读者批评指正。如果您有什么宝贵意见，也欢迎发邮件跟我们进行交流，期待能得到您的真挚反馈。

笔者邮箱：optionlearning@ cnzsqh. com

最后，再次感谢公司（浙商期货有限公司）对本书的大力支持。

感谢中国经济出版社的叶主任在本书出版过程中所做的大量工作和给予的宝贵意见。

感谢七禾网对本书出版给予的帮助。

感谢浙期实业同事在本书创作过程中提供的所有帮助。

感谢其他所有为本书提供过帮助或者宝贵意见的人。

谨以此书献给所有的期权爱好者。

陆丽娜

2017 年 12 月 12 日